中华传统文化经典选读

主编　黄海艳

天津大学出版社
TIANJIN UNIVERSITY PRESS

内容提要

本书内容主要包含了小学之教和大学之道上下两编，其中选录了《千字文》《三字经》《百家姓》《弟子规》《朱子家训》《声律启蒙》《千家诗》等内容。按文章的内容又划分为学识篇、明理篇和诗趣篇。

图书在版编目(CIP)数据

中华传统文化经典选读 / 黄海艳主编. —天津：天津大学出版社，2016. 8(2019.12 重印)
ISBN 978-7-5618-5631-4

Ⅰ. ①中… Ⅱ. ①黄… Ⅲ. ①学前教育 - 中华文化 - 高等职业教育 - 教材 Ⅳ. ①G613. 2

中国版本图书馆 CIP 数据核字(2016)第 187405 号

出版发行	天津大学出版社
地　　址	天津市卫津路 92 号天津大学内(邮编:300072)
电　　话	发行部:022-27403647
网　　址	publish. tju. edu. cn
印　　刷	廊坊市海涛印刷有限公司
经　　销	全国各地新华书店
开　　本	185mm × 260mm
印　　张	16
字　　数	396 千
版　　次	2016 年 8 月第 1 版
印　　次	2019 年 12 月第 5 次
定　　价	39. 00 元

凡购本书，如有缺页、倒页、脱页等质量问题，烦请向我社发行部门联系调换

《中华传统文化经典选读》编委会

主　编　黄海艳

主　审　周世华　　徐　青

副主编　李　技　　伊彩霞　　乔海珠
　　　　　张　瑶　　吕小婉

前言

本书结合中国古人读书学习的次第，分为“小学之教”与“大学之道”两个部分。“小学之教”，主要选录整理中华传统文化中的蒙学读本，依照不同的内容和教育目的，划分为“学识篇”“明理篇”和“诗趣篇”。其中，“学识篇”选录《千字文》和《三字经》，同时附录《百家姓》等。《三字经》《百家姓》《千字文》并称“三百千”，可谓家喻户晓。该部分的编写主要从汉字识源的角度解读《千字文》，以求让学生感受中华文字的奥秘，探究民族最本质的因子。而《三字经》的选录则力图突出“知识百科”的性质，力求全面解读作品中关于“社会常识、文化常识、历史常识”等的概述与描绘，破除蒙学读本一直不被人所重视，认为“所录者杂”的偏见。“明理篇”选录《弟子规》和《朱子家训》，同时附录《女儿经》等。《弟子规》是继《三字经》后最受欢迎的、也是现在流传最广的一本蒙学读本，其篇目的辑录主要突出文本对学生“习惯养成”方面的教育，同时联系社会生活，挖掘篇目的现实意义与价值。《朱子家训》则从“家教礼仪”方面给学生带来启示。“诗趣篇”则节录了启蒙诗律、初始音韵的《声律启蒙》和充满童趣特征的《千家诗》，同时附录《唐诗三百首》(节选)等。

上篇在编写体例上，主要分为“经典导读”、“含英咀华”“教学建议”等三个部分。为了便于广大读者掌握所辑录篇目的内容和特征，教材在每部蒙学读本的辑录之初都增加了“经典导读”。“含英咀华”部分则强调文本解读的准确性和凝练性，同时为了强调知识的学以致用，还依据不同蒙学文本的特征或是加入探寻汉字奥秘的“汉字识源”，增加名人点评的“指点迷津”，或是联系社会生活、现实热点增加“社会热点”环节，或是为了便于读者理解作品增加“知识链接”，从而增强教材的实用性，拉近经典与现代社会的距离。“教学建议”部分则是为更好地解决幼师生和在职幼儿教师在国学启蒙教学中的困惑，增强教材的实用性和可操作性。教材的编写依据学生的认知特点和实际需求，着眼于知识、能力、素质的综合提高，“教、学、做”一体化，从而启发思维，调动学生的学习兴趣。

“大学之道”，主要分为正德修身、研史悟志、思辨博文三个部分，精选经史子集篇目中关于“修身、礼仪、励志、勤学、诚信、友善、责任、仁德、爱国、理想”等相关的经典名句，进行注释解读。让学生在朗诵、阅读中感受古人的生命智慧，积淀厚实的中华传统文化底蕴，为学生的终身阅读经典、学习中华传统文化打下坚实基础。

本书由黑龙江幼儿师范高等专科学校国学课程建设团队编写，黄海艳担任主编，吕小婉、乔海珠、伊彩霞、李技、张瑶（姓氏笔画排名）担任副主编。具体编写分工如下：上编学识篇之《千字文》和附录由李技编写；上编学识篇之《三字经》由乔海珠编写；上编明理篇之《弟子规》由张瑶编写；上编明理篇之《朱子家训》和附录由伊彩霞编写；上编诗趣篇由黄海艳编写；下编由吕小婉编写。

本书在编写过程中参阅了有关中华传统文化的各类经典著作和相关文章，在此对作者表示最诚挚的感谢。然囿于编者水平，书中难免会有不足和疏漏的地方，敬请专家学者和读者朋友批评指正。

编者

2016年6月

目　录

上编　小学之教

下编　大学之道

上编　小学之教

学识篇

第一章 《千字文》

经典导读

《千字文》是我国古代语文教育中一部非常重要的教材，它以丰富的内容和独特的体例，开创了我国蒙学教育史上的先河，影响了后世诸多蒙学教材的创作。

一、《千字文》简介

《千字文》是我国古代使用时间最长的一本识字写字教材。根据史书记载，《千字文》是南朝梁武帝在位期间（502—549年）编成的，其编者是梁朝散骑侍郎、给事中周兴嗣。周兴嗣，字思纂，陈郡项（今河南沈丘）人，生年不详，卒于梁武帝普通二年。世居姑熟（今安徽当涂），博学善属文。武帝时，拜安成王国侍郎。《梁史》中说："上以王羲之书千字。使兴嗣韵为文。奏之，称善，加赐金帛。"唐代的《尚书故实》对此事做了进一步叙述，该书说：梁武帝肖衍为了教诸王书法，让殷铁石从王羲之的作品中拓出了一千个不同的字，每个字一张纸。然后把这些无次序的拓片交给周兴嗣，让他编成有内容的韵文。周兴嗣用了一夜的时间将其编完，累得须发皆白。这故事在唐宋两代多有记载，如《刘公嘉话录》《太平广记》等书那曾加以记录，其内容与《尚书故实》基本相同。

《千字文》每四字一句，共250句，1 000个字，古人多简称其为《千文》。它在"三、百、千"中虽排在最后，但其成书时间却是最早的，也是"三、百、千"中唯一确切知道成书时间和作者的一部书。

二、《千字文》的内容

《千字文》虽仅有千字，内容却包罗万象，涉及天文岁时、上古历史、伦理道德、封建纲常，既显示了帝都宫殿的雄伟、达官显贵的奢华，又讲述了周秦时期政治家和军事家的文治武功及中华大地上的名胜古迹，等等，而且前后语义连贯，很有条理。《千字文》行文流畅，气势磅礴，辞藻华丽。依据清代学者汪啸尹、孙谦益的考证，《千字文》分为四个部分，称之为四章。

第一部分：从第一句"天地玄黄"至第三十六句"赖及万方"。先从开天辟地讲起，有了天地，就有了日月、星辰、云雨、霜雾和四时寒暑的变化，也就有了孕生于大地的金玉、铁器、珍宝、果品、菜蔬，以及江河湖海、飞鸟游鱼，天地之间也就出现了人和社会时代的变迁。此

外还讲述了人类的早期历史和商周时期的故事，即文中所说的“坐朝问道，垂拱平章。爱育黎首，臣伏戎羌。遐迩一体，率宾归王。鸣凤在竹，白驹食场。化被草木，赖及万方”。

第二部分：从第三十七句“盖此身发”至第一百零二句“好爵自縻”。重在讲述人的修养标准和原则，也就是修身的工夫。指出人要孝亲，珍惜父母给予的身体，“恭惟鞠养，岂敢毁伤”；做人要“知过必改”。讲信用，保持纯真本色，树立良好的形象和信誉，“信使可覆，器欲难量。墨悲丝染，诗赞羔羊”讲的就是这个意思。接着文中对忠、孝和人的言谈举止、交友、保真等方面进行了深入的阐述。

第三部分：从第一百零三句“都邑华夏”至第一百六十二句“岩岫杳冥”。主要讲述与统治有关的各方面问题。此章首言京城形胜，极力描绘都邑之壮丽，“宫殿盘郁，楼观飞惊”；接着叙述京城之中汇集的丰富典籍和大批英才，“既集坟典，亦聚群英”，重在表现上层社会的豪华生活和他们的文治武功；最后描述了国家疆域的广阔和风景的秀美，“九州禹迹，百郡秦并……旷远绵邈，岩岫杳冥”。恬淡的田园生活，赞美那些甘于寂寞、不为名利羁绊的人，对民间温馨的人情向往之至。汪啸尹、孙谦益的《千字文释义》认为这部分是讲“君子治家处身之道”。

最后还有两句“谓语助者，焉哉乎也”，是作者的自谦之词，没有特别含义，单列出来而已。

三、《千字文》的体例特色

《千字文》作为中国古代流传最广的蒙学教材，体例上独具特色，具备以往蒙学教材没有的优势。具体来说，有如下几个特点。

1. 四字为句，句法整齐

中国古代早期的很多经典作品，像《诗经》《楚辞》等，在句法上都采用杂言的方式，兼用四言、五言、六言、七言等句式。《千字文》则一改以往的行文特点，以整齐划一的句法，开创了中国古代蒙学教材的先河，为后世蒙学教材的建设提供了典范。以至后来出现的《百家姓》《三字经》等，在句法特点上均受其影响。这种句法的优势在于便于阅读，便于记忆，阅读时朗朗上口，抑扬顿挫尽在其中。

2. 注重押韵，讲究声律

《千字文》每两句为一组，每组双句押韵，开头和最后一组也押韵。据学者统计，全文押韵的字有 127 个，且有四次换韵。不但如此，《千字文》还注意到了平仄问题。这种对声律的追求，和律诗、骈文极为相似。

3. 行文工整，讲究对仗

《千字文》全文 125 组，对偶句有 85 组，占全文总量的 68%，而且多数都是组内两句对偶，如“金生丽水，玉出昆冈”“剑号巨阙，珠称夜光”等。当然，也有两组互为对偶的，如“推位让国，有虞陶唐；吊民伐罪，周发殷汤”等。

4. 强调用典，创造成语

文中使用典故的地方多达62处，且运用得恰到好处。如第三部分中晋楚更霸、赵魏困横、假途灭虢、践土会盟、九州禹迹、百郡秦并、岳宗泰岱、禅主云亭等所用的典故，论述了古来圣人的丰功伟绩，渲染出一种激荡澎湃的气氛。再如第四部分所用孟轲敦素、史鱼秉直、布射僚丸、嵇琴阮啸、恬笔伦纸、钧巧任钓等典故，表明了作者向往恬淡生活的理想。

《千字文》还创造了大量成语。如寒来暑往、川流不息、夫唱妇随、孤陋寡闻等，对后世语言产生了深远的影响。

5. 文采华丽，辞藻丰富

《千字文》被誉为"最有文采的蒙学读本"。如园莽抽条、枇杷晚翠、落叶飘摇、凌摩绛霄等。也正是因为具有文美的特点，《千字文》才享有经久不衰的地位。《千字文》之后，尤其是宋以后，童蒙读物层出不穷，数目众多，这些作品在通俗性和知识性方面，都做了很多努力，各有长处，但它们的一个共同缺点就是文采稍逊，即使《三字经》也存在这一问题，它们都无法与《千字文》的文采相比。章太炎曾说《三字经》与《千字文》比较，有两个不足，即"字有重复、辞无藻采"（章太炎《重订〈三字经〉》题词）。《千字文》在文采上独领蒙学读物风骚，堪称训蒙长诗。

含英咀华

第一节　开天辟地　社会初建

天地玄黄，宇宙洪荒。日月盈昃，辰宿列张。
寒来暑往，秋收冬藏。闰余成岁，律吕调阳。
云腾致雨，露结为霜。金生丽水，玉出昆冈。
剑号巨阙，珠称夜光。果珍李柰，菜重芥姜。
海咸河淡，鳞潜羽翔。龙师火帝，鸟官人皇。
始制文字，乃服衣裳。推位让国，有虞陶唐。
吊民伐罪，周发殷汤。坐朝问道，垂拱平章。
爱育黎首，臣伏戎羌。遐迩一体，率宾归王。
鸣凤在竹，白驹食场。化被草木，赖及万方。

《千字文》全文共分四个部分，第一部分从宇宙的诞生、开天辟地开始讲起，讲到日月星辰、气象物候、地球上的自然资源，一直讲到人类出现以后，中国太古和上古时期的历史，最后以人类社会组织的出现和王道政治制度作为结尾。

天地玄黄[①],宇宙洪荒[②]。

日月盈昃[③],辰宿[④]列张[⑤]。

【注释】

①**玄黄**:黑色和黄色。形容在远古地球刚诞生时的景象,新的天体正在组成,天地之间一片混沌炽热。天空因大气燃烧而呈现红黑色且变化莫测,所以称之为“天玄”。大地因燃烧而变得焦黄,所以称之为“地黄”。玄,黑中带红的颜色,后来多指黑色。出自《易坤卦》:“夫玄黄者,天地之杂也,天玄而地黄。”

②**洪荒**:远古时期大地上很长一段时间被洪水淹没,到处显得荒芜凄凉。洪,大水。荒,杂草丛生。出自(西汉)扬雄《太玄经》:“洪荒之世。”

③**盈昃**(zè):盈,月光圆满。昃,太阳西斜。

④**宿**(xiù):中国古代天文学家将天空中某些星的集合体叫作“宿”。

⑤**列张**:陈列分布。列,陈列。张,分布。出自(西汉)刘安《淮南子》:“天设日月,列星辰,调阴阳,张四时。”

【解析】

自然界处在不断变化之中,日出日落,四时变化,都是自然规律的反映。在自然面前,人类是渺小的,人类只有遵循自然变化的规律,才能与自然和谐相处,从而使人类自身也得到发展。

【汉字识源】

天(tiān)

“天”,会意字。甲骨文,像头颅外突出的人形。金文则更写实,像一个健硕的长着圆脑袋的人。本意是人的头顶,后引申为天空,又引申为位置在顶部的事物,还引申为季节、气候。

“地”,会意字。土指土地,也有蛇的意思,合起来表示大地像蛇一样蜿蜒起伏。地是多音字,读作 dì 时,指大地、地面,或特指耕种的土地,引申为领域、地区。读作 de 时,做助词用。

日(rì)

“日”,象形字。甲骨文,像太阳的形状,中间的一横或一点表示太阳的光。本意指太阳。由于太阳在白天出现,故日又引申为白天。日还作部首用,比如:明、阳、晴,大多与太阳有关。

月(yuè)

“月”,象形字。甲骨文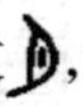,像半月的形状。本意指月亮。因为月亮圆缺变化一次正好是一个月,所以月引申为月份、每月。月也是汉字部首之一,如朦胧、望等。因为月是由肉

演变过来的,所以用其作部首的字,大多与人体有关,如脸、胳膊等。

寒来暑往,秋收冬藏。

闰余成岁,律吕①调阳。

云腾致雨,露结为霜。

【注释】

①**律吕**:中国古代将一个八度分为十二个不完全相等的半音,从低到高依次排列,每个半音称为一律,其中奇数各律叫作“律”,偶数各律叫作“吕”,总称“六律”“六吕”,简称“律吕”。相传黄帝时伶伦制乐,用律吕以调阴阳。

【解析】

春夏秋冬,四季变化,自然界有其自身的规律。人生也如同自然,就人的生命周期而言,生老病死同样是不可逆转的规律。我们要学会顺应自然规律,在正确的时间做正确的事,不能急于求成。

【汉字识源】

来(lái)

“来”,象形字。甲骨文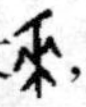,像麦子的形状。本意是麦子,后假借为来。引申为由其他地方到说话人的位置,比如:请你到我这来一趟。又引申为以后的时间,比如“来日方长”。还引申为相关的数目,如:十来天。

秋(qiū)

“秋”,形声字,禾是形旁,火是声旁。本意是指百谷成熟。引申为秋季,又代表一年,或指代某一段时间,比如:一日不见,如隔三秋。

冬(dōng)

“冬”,会意字。甲骨文,像一根绳子,两端打了结,表示时序终了。本意是到头、最后。引申为一年中的最后一个季节,即冬季。

雨(yǔ)

“雨”,象形字。甲骨文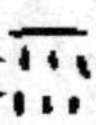,像水滴从天空落下的样子。本意是水从云层降下来。雨是汉字的一个常见部首,用其作部首的字大都与雨水或者自然天气相关,比如:雪、雷、雹、霜、雾。

云(yún)

“云”,象形字。甲骨文像天上飘荡的云朵。本意指云气。又假借为说,比如:人云亦云,不知所云。云也作地名简写,指我国的云南省。

岁(suì)

“岁”,形声字。繁体字写作“歲”,步是形旁,戌是声旁。古人将木星称为岁星,故其本意为木星。后引申为年、年成,又引申为时间、光阴,比如岁月。还引申为年龄等,比如:你今年几岁?

金生丽水[①],玉出昆冈[②]。

剑号巨阙[③],珠称夜光[④]。

果珍李柰[⑤],菜重芥姜。

海咸河淡,鳞[⑥]潜羽[⑦]翔。

【注释】

①**丽水**:即丽江,又名金沙江,出产黄金。

②**昆冈**:昆仑山。

③**巨阙**:越王允常命欧冶子铸造了五把宝剑,第一为巨阙,其余依次名为纯钩、湛卢(zhàn lú)、莫邪、鱼肠,全都锋利无比,而以巨阙为最。

④**夜光**:即“夜光珠”。《搜神记》中说,隋侯救了一条受伤的大蛇,后来大蛇衔了一颗珍珠来报答他的恩情,那珍珠夜间放射出的光辉能照亮整个殿堂,因此人称“夜光珠”。

⑤**柰**(nài):果木名,落叶小乔木,花白色,果小,俗称“花红”。

⑥**鳞**:泛指鱼类。

⑦**羽**:泛指鸟类。

【解析】

我国地大物博,万物各有所长,各逞其能。其实人也如此,追求成功和进步是每个人的梦想。怎样才能成功呢?按照设定的目标,坚持选择的道路,在自己的领域内有所擅长,做最好的自己,就一定能成功。

【汉字识源】

金(jīn)

“金”,会意字,本意为金属,后专指黄金,引申为金色的。金字旁的字大都与金属有关,比如:钢、铁、针。

水(shuǐ)

“水”,象形字。甲骨文,像水流动的样子,本意为河流。水有液体的意思,也泛指江河湖海等所有水域。水字旁的字大都与水相关,比如:海、游泳、洗。

龙师[①]火帝[②],鸟官[③]人皇[④]。

始制文字，乃服[5]衣裳。

【注释】

①**龙师**：相传伏羲氏用龙给百官命名，因此叫他“龙师”。

②**火帝**：神农氏（也有说是燧人氏）用火给百官命名，因此叫他“火帝”。

③**鸟官**：少昊（hao）氏用鸟给百官命名，因此叫他“鸟官”。

④**人皇**：传说中的三皇之一，远古部落的酋长，后将其神化，与天皇、地皇并称“三皇”。《史记·补三皇本纪》中说：人皇有九个头，乘着云车，驾着六只大鸟，兄弟九人，分掌九州，各立城邑，共传了150代，合计45 600年。也有将伏羲、神农、黄帝称为‘“三皇”的。

⑤**服**：这里指穿着。

【解析】

中华文明的历史源远流长，这里用仓颉造字、胡曹造衣裳代表黄帝时代完成的包括指南车、历法、舟车在内的发明创造。黄帝被尊为“人文初祖”，从黄帝开始，中国历史开始纪年，人类文明进程才正式开始，至今近5 000年，所以说中国有上下五千年的文明史。

【汉字识源】

龙（lóng）

“龙”，象形字。甲骨文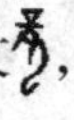，像传说中的龙的形象。龙是传说中的神异动物，能行云布雨，善于变化，是中华民族的图腾。龙在封建时代被作为帝王的象征，也用来称呼与帝王相关的东西，比如：龙袍，龙颜。

火（huǒ）

“火”，象形字。甲骨文，像物体燃烧时形成的火焰。本意是物体燃烧。引申为紧急、发怒。火是汉字的一个部首，可写作四点底。用火作部首的字大都与火、温度相关，比如：灿烂、热。

人（rén）

“人”，象形字。甲骨文，像垂着两臂侧面站立的人形。本意是人。人还是汉字的一个部首，人作部首的字大都与人相关，比如：仆、仁。

推位让国。有虞[1]陶唐[2]。

吊[3]民伐罪，周发[4]殷汤[5]。

【注释】

①**有虞**：有虞氏，传说中的远古部落名，舜是它的首领。这里指舜，又称虞舜。

②**陶唐**：陶唐氏，传说中的远古部落名，尧是它的首领。这里指尧，又称唐尧。尧当了

七十年君主,他死时把君位让给了舜;舜当了五十年君主,又把君位传给了禹,史称“禅(shàn)让”。

③**吊**:抚恤、慰问,引申为拯救。

④**周发**:西周的第一个君主武王姬发,他讨伐暴君商纣王而建立周朝。

⑤**殷汤**:历史上商朝称为殷,殷汤即商汤,成汤是第一个君主,他讨伐夏朝暴君桀而建立商朝。

【解析】

周武王的父亲姬昌是商朝的西伯侯,曾被商纣囚禁七年,传说他著《周易》,揽人才,使他的属地周,国富兵强,为武王伐纣积蓄了力量,但他并没有对商朝采取军事行动,周朝建立以后被尊封为周文王。中国传统文化历来讲究以培养道德来实现社会的“突变”,以暴力相加的“突变”必引起一段时间的天下大乱,到时候受害最深的还是老百姓。所以孔子推崇文王的品德,对武王只是承认他划时代的变革作用。

【汉字识源】

有(yǒu)

“有”,会意字。本意是持有,引申为出现或发生,比如:有进步。也可以用在某些动词的前面,表示客气的套话,比如:有请。

坐朝问道,垂拱①平章②。
爱育黎首③,臣伏戎羌④。
遐迩⑤一体,率宾⑥归王。

【注释】

①**拱**:垂衣拱手而治。多用来称颂皇帝无为而治。语出《尚书·武成》:“淳信明义,崇德报功,垂拱而天下治。”意思是顺应百姓,自然无为而治。

②**平章**:平和彰明。平,太平;章,通“彰”,有彰明、显著、鲜明的意思。语出《尚书·尧典》:“九族既睦,平章百姓。”

③**黎首**:黎,黑色;首,头颅。黎首是古代对平民百姓的称谓。

④**戎羌**:代表了四方的少数民族,是“南蛮北狄,西戎东夷”的简称。西戎在今天的甘肃、青海、四川一带,以游牧生活为主。周朝中叶,西戎入侵中原,当时的西戎被称作犬戎,曾迫使周平王向东迁都洛阳,由此开始了东周的历史。羌族也是西部的少数民族之一,后来与汉族融合,定居务农,成为现代中国56个民族中的一员。

⑤**遐迩**(xiá ěr):指远近。遐,远;迩,近。

⑥**率宾**:等同于“率滨”,是四海之内的意思。率,领导、统率;宾,同“滨”,指边远地区的人民。《诗经·小雅·北山》:“普天之下,莫非王土;率土之滨,莫非王臣。”指天下统一,万

民归心。

【解析】

这里的“王”字，不是指哪一个具体的帝王，而是特指“王道”。中国传统的政治制度，历来就有“王道”与“霸道”之别。王道指的是先王之道，即尧舜文武的统治方法。先王的统治用的是仁义道德，其结果就是无为而治，天下太平。等而下之者实行“霸道”，靠实力形成威慑力量，令他人不得不服。最令人所不齿的是靠阴谋诡计篡权窃国，这些人不但没有仁义礼智信，连真正的实力也没有，有的只是野心和阴谋诡计。

【汉字识源】

一（yī）

“一”，指事字。甲骨文，用最简单的一横来表示混沌的整体。本意是数目一。一还有着丰富的内涵，引申为一样、相同，又引申为整体、全、满，比如：一整天。

体（tǐ）

“体”，会意字。由人和本组成，表示身体的各个部位。本意是人的身体，引申为本体、实体等，比如：物体。

鸣凤在竹，白驹①食场。

化被②草木，赖及万方③。

【注释】

①驹（jū）：小马。“白驹食场”一句出自《诗经·小雅·白驹》：“皎皎白驹，食我场苗，絷之维之，以永今朝。”

②被：通“披”，覆盖，恩泽。

③**赖及万方**：赖，幸蒙、依赖的意思。万方，这里不仅指人，而泛指一切众生。

【解析】

这四句话所描绘的，是对以道德仁义为教化的太平盛世和王道政治的赞美。有德君主的教化覆盖了大自然的一草一木，不仅人民臣服，就连鸟兽也得到安乐的栖息和寻食的场所，达到了化民及物的境界。这是儒家理想中的上古“王道”天下。

【汉字识源】

草（cǎo）

“草”，形声字。甲骨文，像破土而出的嫩芽。本意是草类植物。使用草字头为部首的字多与植物有关，比如：花、菜、荷等。

【读史明智】

盘古开天地

在远古时代,天地还未分开的时候,有一个人如同胎儿一样,盘缩在像鸡蛋壳一般的天地里面睡觉,一睡就是一万八千年。谁也不知道他有多少岁了,所以称他为“盘古”。盘古睡醒了以后觉得又黑又闷,根本无法伸展手脚,于是他决定创造一个空间,以利于自己更好地伸展拳脚。

于是,盘古就把这个“鸡蛋壳”一斧子劈成了两半。轻的向上升成为了天,重的向下降成为了地。为了固定住天地,他每天身高长一丈,过了一万八千年,天地终于被固定住了,盘古也化作了天地的一部分。

典出《明成化说唱词话 · 花关索出身传》

伏羲氏推演八卦

远古时代,伏羲氏被众人推选为君主。伏羲氏从此更加勤恳劳作,日理万机。一日,伏羲氏劳动之余休息,望着广袤的天空,突然之间有了灵感,觉得天地万物一定存在某种必然的联系。于是,他就仔细观察天空、大地以及自然界万物的变化,总结日月运行、四季更替,昼夜变化、生老病死等规律,最终画出了八卦图。

所谓八卦,是指乾卦、坤卦、震卦、巽势、坎卦、离卦、艮卦、兑卦。据《周易 · 系辞传》记载:“易有太极,是生两仪,两仪生四象,四象生八卦。这是从哲学的立场阐述了八卦的产生。

第二节　崇礼尚贤　修身立德

盖此身发,四大五常。恭惟鞠养,岂敢毁伤。
女慕贞洁,男效才良。知过必改,得能莫忘。
罔谈彼短,靡恃己长。信使可覆,器欲难量。
墨悲丝染,诗赞羔羊。景行维贤,克念作圣。
德建名立,形端表正。空谷传声,虚堂习听。
祸因恶积,福缘善庆。尺璧非宝,寸阴是竞。
资父事君,曰严与敬。孝当竭力,忠则尽命。
临深履薄,夙兴温凊。似兰斯馨,如松之盛。
川流不息,渊澄取映。容止若思,言辞安定。
笃初诚美,慎终宜令。荣业所基,籍甚无竟。

学优登仕，摄职从政。存以甘棠，去而益咏。

乐殊贵贱，礼别尊卑。上和下睦，夫唱妇随。

外受傅训，入奉母仪。诸姑伯叔，犹子比儿。

孔怀兄弟，同气连枝。交友投分，切磨箴规。

仁慈隐恻，造次弗离。节义廉退，颠沛匪亏。

性静情逸，心动神疲。守真志满，逐物意移。

坚持雅操，好爵自縻。

第二部分讲到人，因为天地人是三才，人顶天立地，与自然共生。我们生活的这个世界是人的世界，把人做好是我们这一生的头等大事。不会做人就不会做事，因为事在人为，做人是根本。但是我们对人的本质是否有一个正确的认识，这是首先要解决的问题。

盖①此身发，四大②五常③。

恭惟④鞠养⑤，岂敢毁伤。

【注释】

①**盖**：发语词，无实义。

②**四大**：佛教以地、水、风、火为四大，认为此四大是宇宙的基础，能够产生出一切事物和道理。

③**五常**：指仁、义、礼、智、信。

④**恭惟**：恭，恭敬、谦逊；惟，惟谨、顺服。

⑤**鞠(jū)养**：抚养、养育。“鞠”和“养”的意思一样。

【解析】

人的生命体是由两部分组成的，一部分是物质的“四大”，一部分是精神的“五常”。四大指的是“地水火风”，这是印度哲学的概念。古印度人认为，物质世界是由“地水火风”四类物质构成的。我们中国人则认为，世界是由“木火土金水”这五行构成的。五常是人的性德，人性中含有五常之德，就是“仁义礼智信”。五常之德是天德，这是天赋予人的天性。这里的天，指的是宇宙中那股冥冥中无法抗拒的力量，这种支配力量被称为天。常是恒常、永远存在、不能改变的意思。

【汉字识源】

身(shēn)

“身”，象形字。甲骨文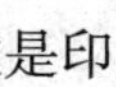，像人的身躯，也指人的上半身。后来形容事物的主体部分。本意是身体，又引申为本身、自己等。

四(sì)

“四”,指事字。甲骨文,在天地(二)之间加两横表示数目四。“四”本来用作计数符号,表示二的两倍,数字四。

五(wǔ)

“五”,指事字。甲骨文,其中乂表示天地万物交会在一起,两横表示天地之间,合起来表示构成天地万物的金、木、水、火、土这五种元素。“五”本来用作计数符号,表示数字五。

大(dà)

“大”,象形字。甲骨文,像张开双腿、正面站立的成年人。本意是成年人。后引申为发展、成熟的意思。大是多音字,读 dà 时,与小相对,表示在体积、数量、力量、规模等方面超过对方。大还可以读作 dài,比如:大夫(医生)。

女慕贞洁,男效才良。

知过必改,得能①莫忘。

【注释】

①**得能**:获得本领,包括知识、技能和经验等。

【解析】

“女子无才便是德”,这种对女性的要求,不但体现了男女有别、男尊女卑,而且超出了“男才、女貌”,进而把“贞洁”也加在女子身上,仅贞节牌坊一项就不知害苦了多少女子,反映出了封建社会对妇女的压迫和束缚。

“知过必改”,语出《论语》。孔子在《论语·述而》中说:“德之不修,学之不讲,闻义不能徙,不善不能改,是吾忧也。”孔子说,一个国家、一个社会在动荡的时候,有四件事是最让人担忧的。第一是人不讲品德修养,也就是不积德;第二是人人浮躁,不肯老老实实地做学问;第三是明明知道应该做什么却不肯去做;第四就是自己的毛病、缺点总也改正不了。

“得能莫忘”有两重含义,一是从他人之处有所得、有所能,也就是别人教会我们的东西,使得我们有所得、有所能,我们不能忘,这是知恩必报的意思。二是我们自己于修心、修身上有所得、有所能,莫忘。

【汉字识源】

男(nán)

“男”,会意字。甲骨文中的是一个犁地的农具,指田地,合起来表示在田间耕作的意思。在农耕文明时期,主要由男子从事田间劳动,所以这个字形就是指男子。

女(nǚ)

“女”,象形字。甲骨文,像一个屈膝跪着的人,因为在古代男尊女卑,所以这是一个女子的形象。本意是女子。女是汉字的一个部首,用女作部首的字,大多与女子相关,比如:妈、姥、姑。

罔①谈彼短,靡②恃③己长。
信使可覆④,器欲难量。

【注释】

①罔(wǎng):无、没有。这里是“不要”的意思。

②靡(mǐ):无、没有。这里是“不要”的意思。

③恃:依赖、依仗。

④覆:本意是翻转、倾覆的意思,此处引申为审查、核实、检验。

【解析】

《尚书 · 大禹谟》:“满招损,谦受益,时乃天道。”《易经》里六十四卦,只有一卦六爻皆吉无凶,那就是“满招损,谦受益”的谦卦。不要议论别人的短处,不要骄傲于自己的长处,子曰:“三人行,必有我师焉,择其善者而从之,其不善者而改之。”这是学习和做人的一条重要原则。

信是五德之一,称为信德,诚实守信是做人的根本。“人无信而不立”,没有信德的人,永远不能立身、立命。“器欲难量”是说,一个人做人处事,要豁达大度、心胸宽阔,大到让人难以估量才好。俗语说“将军额上能跑马,宰相肚里能撑船”,“海纳百川,有容乃大”。

【汉字识源】

长(zhǎng)

“长”,象形字。甲骨文,像头发被吹散、拄着拐杖的老年人。本意是年纪大的、历时久的。读作 cháng 时,指人的某种技能、特长、优点。读作 zhǎng 时,表示年纪大、辈分高、职位高等,比如:首长。此外,长字还有生长、成年的意思。

墨悲丝染,诗赞羔羊。

【解析】

这两句话属于用典,典故出自《墨子》与《诗经》。“墨”指的是墨子,《墨子》一书中有个“墨悲丝染”的故事。墨子见染丝者而悲泣地说:“染于苍则苍,染于黄则黄,不可不慎也。”这个故事暗喻了人的本性像生丝一样洁白,一旦被染了色,再想恢复本性的质朴纯洁,已经不可能了。强调环境和教育对人的品行习惯形成的重大影响。“诗”指的是《诗经》,《诗经

·国风·召南》里面有《羔羊》一篇，赞美了小羊羔毛皮的洁白。意思与墨子说得差不多，也是感叹人的本性像羔羊的皮毛一样洁白柔软。人应该永远保持这种纯善的、没有污染的本性。

【汉字识源】

羊(yáng)

“羊”，象形字。甲骨文，像长着两只弯曲的角的羊头形状。本意是羊。羊也是汉字的部首，比如：鲜、羹等。羊在古文中通“祥”，表示吉祥。

景行①维贤，克念作圣。

德建名立，形端表正。

【注释】

①**景行**：崇高光明的德行。语出《诗经·小雅·车辖》：“高山仰止，景行行止。”说的是贤德之人，德如高山人，人敬仰，行如大道，人人向往。

【解析】

人如果能够克制住自己纷乱的思想和私心杂念，凡夫就能变成圣人。同理，放纵自己的心念，圣人也会退化为凡夫。

“德”是因“名”是果，德建才能名立，因好果必好，这是自然的道理。如果我们反过来，倒果为因，只求名利不管德行，那是缘木求鱼。心正才能身正，身正了仪表容貌自然端正。人的形体健美、容貌姣好的根本在于心地，整容化妆是没有用的，起码不能长久。所以善良之心能将人变丑为美，歹毒之心会使人面目狰狞。

【汉字识源】

正(zhèng)

“正”，会意字。甲骨文上面的表示区域或住所，下面的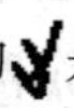是脚，意思是向某个地方不偏不斜地走去。本意是远行。后来用征表示远行之意，正被借用来表示不偏不斜、平衡，引申为合乎法则的，比如：正规。又引申为正面的，与反相对，还指四边等长的正方形等。

空谷传声，虚堂习听①。

祸因恶积，福缘善庆②。

【注释】

①**习听**：习指重复。习听指由回声来传播佳音。

②**祸、福二句**：语出《周易·坤·文言》："积善之家，必有余庆；积不善之家，必有余殃。"

【解析】

这两句话重点讨论了善与福、恶与祸的因果关系。善恶是因，福祸是果，常言道："善有善报，恶有恶报。"每个人都自觉趋善避恶，就可以实现人人安居乐业，社会安定和谐。

【汉字识源】

习（xí）

"习"，会意字。甲骨文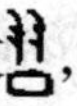，由（羽）和（日）组成，表示鸟儿在日光下飞翔。本意是小鸟反复地练习飞翔。引申为学习、练习、复习，又引申为习惯。

尺璧①非宝，寸阴是竞②。

【注释】

①**璧**：《淮南子》："圣人不贵尺之璧，而重寸之阴。"璧的本意是平而圆、中心有孔的玉环，后世将上等的美玉称为璧。

②**竞**：本意是竞争、角逐和比赛，这里有争取的意思。

【解析】

直径一尺长的璧是非常宝贵的，这里却说"尺璧非宝"，这是与光阴比较而言的。"一寸光阴一寸金"，财富可以再得，光阴却一去不返，教育人们要珍惜每一分每一秒。

资①父事②君，曰严与敬。

孝当竭力，忠则尽命。

【注释】

①**资**：供养。

②**事**：侍奉。

【解析】

在我国传统伦常关系中，有父子、夫妻、兄弟、朋友、君臣五种伦常。五伦之首是父子之道，原则是父慈子孝。中国传统文化的核心是"孝"，懂了"孝"就算"明道"，遵照孝之理去做就是"行道"，就是修行，所以说"百善孝为先"。忠于君主要不能超越本位，一心一意，恪尽职守。这里提出的孝亲和忠君思想，虽然带有历史局限性，但用在今天孝敬父母和忠于职守上，也有其合理的内涵和值得借鉴的地方。

【汉字识源】

孝（xiào）

"孝"，会意字。金文，上面像弯腰驼背的老人，下面是子，合起来表示子孙搀扶着长

辈。本意是尽心奉养父母。孝敬父母是中华民族的传统美德，作为儿女，应当做老人的“拐杖”。

临深履薄①，夙兴②温凊③。

似兰斯馨，如松之盛。

【注释】

①**临深履薄**：出自《诗经·小雅·小旻》：“战战兢兢，如临深渊，如履薄冰。”面对着悬崖深渊，小腿抽筋；走在薄薄的冰面上，心惊肉跳。指做人处事、言行举止要小心翼翼，慎之又慎。

②**夙（sù）兴**：“夙兴夜寐”之略。夙，早。《诗经·大雅·抑》：“夙兴夜寐，洒扫庭内，维民之章。”

③**温凊（qìng）**：“冬温夏凊”之略。凊，凉。温凊，让父母在冬天寒冷时得到温暖，在夏天炎热时得到凉爽。《礼记·曲礼》：“凡为人子之礼，冬温而夏凊。”

【解析】

这两句话是“资父事君”的具体原则和方法。“临深履薄”是事君之道，“夙兴温凊”是资父之道，二者都是严与敬的具体体现。

一个人的德行可以感染人，像香草那样香气远播；真正的德行能够耐霜雪，经得住恶劣环境的考验。“岁不寒无以知松柏，事不难无以知君子。”古语中也有“疾风知劲草”的话。我们每一个人都应该用这两句话自勉，自立利他、成己成人。

川流不息①，渊澄②取映③。

容止④若思，言辞安定。

【注释】

①**川流不息**：江河的水永不停息地流淌。《论语·子罕》：“子在川上曰：逝者如斯夫，不舍昼夜。”

②**澄**：清澈。

③**取映**：映照出影像。

④**容止**：容貌举止。

【解析】

祖先建立的德行像潭水一般洁净无染、清澈照人，后人应该以此为鉴，在此基础上再建立起子孙后代自己的德行，这样一代一代传续下去，才叫作“川流不息”。

《礼记·曲礼》：“毋不敬，俨若思，安定辞，安民哉。”可见“容止若思，言辞安定”的根本在于“敬”，以诚敬之心待人，任何时候都不要有不敬之心，容貌矜庄，说话谨慎，才能安定天下民众。

【汉字识源】

不(bù)

“不”，象形字。甲骨文上面的一横表示地面，下面像植物的根须，合起来表示植物的种子。本意是种子。现用作否定意义，比如：不要，不用。

笃[①]初诚美，慎终宜令[②]。

荣业所基，籍甚[③]无竟。

【注释】

①**笃(dǔ)**：忠实，诚信。

②**令**：美好。

③**籍甚**：很多、盛大，这里指美名和事迹广为传播。

【解析】

任何事情，无论修身还是求学，有好的开端固然重要，但能够始终如一、坚持到底就更为难能可贵了。

为什么要慎终如始、善始善终呢？因为这是成就事业的基础，有了这个根基，事业的发展才能没有止境。如果三心二意，半途而废，必然会功亏一篑。

学优登仕[①]，摄[②]职从政。

存以甘棠[③]，去而益咏。

【注释】

①**学优登仕**：《论语》有“学而优则仕”之语。

②**摄(shè)**：代理。

③**甘棠**：木名，即棠梨。《诗经 · 召南 · 甘棠》，是歌颂西周时召公的政绩的，后以“甘棠”称颂为官者的美政和遗爱。

【解析】

人们往往以“学而优则仕”一句话来批判读书做官论，其实完整的句子应该是“子夏曰：仕而优则学，学而优则仕”。做官政绩好的人，又被选拔出来再培训、再提升，叫作“仕而优则学”。并非学习成绩优秀就可以做官如此简单。

【汉字识源】

学(xué)

“学”,会意字。甲骨文上面像双手拿着算筹,下面是指校舍。本意是在学校接受教育、学习。引申为学问、学说等,比如:哲学。

去(qù)

“去”,指事字。甲骨文像一个人跨步离开住处的样子。本意是离开、离去。引申为逝去的、过去的,比如:去年。

乐殊①贵贱,礼别尊卑。

上和下睦,夫唱②妇随。

【注释】

①**殊**:不同。

②**唱**:通“倡”或作“倡”解,指倡导、发起的意思。

【解析】

“礼”指“礼法”,“乐”指与“礼”配合之音乐。中国古代的礼乐制度,涉及贵贱尊卑的等级观念。通过礼乐的教育达到上下和睦,夫唱妇随。

【汉字识源】

上(shàng)

“上”,指事字。甲骨文,下面的长横表示位置的界线,短横表示在上面的意思。本意是高处、上面。引申为由低处到高处,去,到,比如:上去。

和(hé)

“和”,形声字。口是形旁,禾是声旁,表示不同声音相融合而产生共鸣。读 hé 时,表示乐声和谐。引申为协调和睦,又引申为温和。读 hè 时,表示伴唱,或模仿别人诗词的内容、格律来写诗词;读 huò 时,指用水搅拌面粉、和面等动作。现代汉语中,通常用作连词,比如:我和你。

下(xià)

“下”,指事字。甲骨文的长横表示位置的界线,短横表示在下面的意思。本意是低处、下面。引申为由高处到低处,等级或地位低下,比如:下来,下级。

外受傅训①,入奉母仪②。

诸姑伯叔,犹子比儿。

【注释】

①**傅训**：老师的教导训诫。

②**母仪**：父母的规范、要求。

【解析】

教育的一个原则，就是要将师教与家教结合起来。在外面接受老师的训诲，在家中要秉持母亲的规范。教育必须由老师与家长联合起来，有些话只能老师说，有些话又非家长讲不可。家教与师教像人的两条腿一样缺一不可，所以《三字经》上说："养不教，父之过。教不严，师之惰。"现在很多家长把对子女的教育责任完全推给学校和社会，是值得我们反思的。

孔子说过，对父母尽孝是小孝，是孝之始；能够爱天下人、爱万物才是大孝，是孝之终。孟子也说："老吾老以及人之老，幼吾幼以及人之幼。"

孔怀①兄弟，同气连根。

交友投分②，切磨③箴规④。

【注释】

①**孔怀**：出自《诗经·小雅·常棣》："死丧之威，兄弟孔怀。""孔"是程度副词，有非常、很的意思。"怀"是关爱、关怀。孔怀就是非常关怀、非常关爱的意思。兄弟之间的关系是血缘关系，亲近无比，是朋友关系不能相比拟的。故此，后世多用"孔怀"二字，指代兄弟手足之情。

②**投分**：情投意合。

③**切磨**："切磋琢磨"的缩略形式，本指玉石加工过程的四道工序，此处引申为学问上的相互探讨、研究。

④**箴(zhēn)规**：箴，劝告、告诫。规，规劝、忠告。

【解析】

《弟子规》中说："兄道友，弟道恭；兄弟睦，孝在中。"兄弟之道在五常之中属于礼德，原则是"兄友弟恭"。做兄长的要友爱、关心弟弟，做弟弟的要恭敬、尊重兄长。

"朋友道"，是兄弟之道的拓展。人在一生之中会遭遇无数的痛苦与烦恼，有的痛苦既不可对父母师长言说，也不可告诉妻子兄弟，只能向朋友倾诉。朋友之间有进步要互相鼓励，有过失要互相规劝，有困难要互相帮助，有心得要互相交流，这就是"切磨箴规"。

【汉字识源】

分(fēng)

"分"，会意字。甲骨文，其中表示分开的两半，中间的表示使用的工具，合起来表

示用刀把物体切开。本意是用刀将物体分为两半或几部分，引申为分别、分开、区分，又引申为从主体分出，比如：分支。分还可做量词使用，比如：一分钱。

仁慈隐恻①，造次②弗离。
节义廉退③，颠沛④匪亏⑤。

【注释】

①**隐恻**：恻隐，怜悯、同情。

②**造次**：仓促、匆忙，引申义为草率、轻忽、唐突。《论语·里仁》：“君子无终食之间违仁，造次必于是，颠沛必于是。”

③**退**：谦让。

④**颠沛**：狼狈困顿、跌倒倾仆，比喻人的生活动荡不安、挫折困顿。

⑤**亏**：缺失。

【解析】

这四句话合在一起，讲了“仁义礼智信”五常之德。五德之中，以“仁”为首。“仁”和“义”是孔、孟学说的核心，也是儒家追求的目标。孔子说“杀身成仁”，孟子说“舍生取义”。

性静情逸①，心动神疲。
守真志满②，逐物意移③。
坚持雅操，好爵自縻④。

【注释】

①**逸**：舒适、安闲。

②**守真志满**：守真，保持善良的天性。志满，得到内心的充实。

③**逐物意移**：逐物，追逐物欲。意移，意志动摇、丢失。

④**縻**（mí）：原意为拴牛的缰绳，引申为拴住、系住。

【解析】

这几句话是整个第二部分的“眼”，也是结语。承接上文，讨论一个人如果能够坚守五常之德、奉行五伦之道之后的心理建设，也是做人的基本原则。

这里特别强调“守真”，就是要永远保持善良的天性，坚守基本的人格和道德标准，为此必须抵挡各种诱惑，特别是名利的诱惑。

【读史明智】

商鞅立木取信

春秋战国时期，商鞅在秦孝公的支持下主持变法。当时战祸频繁，人心惶惶，社会风气每况愈下。为了树立威信，推进改革，商鞅下令在都城南门外立一根三丈长的木头，并贴出告示说：把此木搬到北门者赏金十两。围观的人议论纷纷，但是不相信有如此轻而易举就能得到十两赏赐的事，结果没人肯出手一试。

于是，商鞅将赏金提高到五十两。人群中终于有人站了出来，轻松地将木头扛到了北门。商联立即赏了他五十两。商鞅这一举动，在百姓心中树立起了威信，百姓对朝廷颁布的法令有了信心。商鞅趁热打铁实施变法，很快就将其在全国推广开来。

曾子避席

曾子是孔子的弟子。有一次他在孔子身边侍坐，孔子就问他：“以前的圣贤之王有至高无上的德行，精要奥妙的理论，用来教导天下之人，人们就能和睦相处，君王和臣下之间也没有不满，你知道它们是什么吗？”曾子听了，明白老师是要指点他最深刻的道理，于是立刻从坐着的席子上站起来。走到席子外面。恭恭敬敬地回答道：“我不够聪明，哪里能知道。还请老师把这些道理教给我。”

曾子的举动——“避席”是一种非常礼貌的行为。当曾子听到老师要向他传授道理时，他站起身来，走到席子外向老师请教，是为了表示对老师的尊重。

第三节　辽阔疆域　秀美山河

都邑华夏，东西二京。背邙面洛，浮渭据泾。
宫殿盘郁，楼观飞惊。图写禽兽，画彩仙灵。
丙舍旁启，甲帐对楹。肆筵设席，鼓瑟吹笙。
升阶纳陛，弁转疑星。右通广内，左达承明。
既集坟典，亦聚群英。杜稿钟隶，漆书壁经。
府罗将相，路侠槐卿。户封八县，家给千兵。
高冠陪辇，驱毂振缨。世禄侈富，车驾肥轻。
策功茂实，勒碑刻铭。盘溪伊尹，佐时阿衡。
奄宅曲阜，微旦孰营。桓公匡合，济弱扶倾。
绮回汉惠，说感武丁。俊乂密勿，多士实宁。
晋楚更霸，赵魏困横。假途灭虢，践土会盟。
何遵约法，韩弊烦刑。起翦颇牧，用军最精。
宣威沙漠，驰誉丹青。九州禹迹，百郡秦并。
岳宗泰岱，禅主云亭。雁门紫塞，鸡田赤诚。
昆池碣石，钜野洞庭。旷远绵邈，岩岫杳冥。

第三部分讲述与上层建筑，也就是国家政权、政治、政令等内容，最后用几句话赞美祖国辽阔的疆域，壮丽的山河和秀美的景观。这一部分内容行文流畅、语言优美、气势磅礴。

都邑①华夏，东西二京②。

【注释】

①**邑**(yì)：国都，京城。

②**东西二京**：指东京洛阳和西京长安。

【解析】

“华夏”一词最早见于《尚书·周书·武成》：“华夏蛮貊，罔不率俾。”《左传·定公十年》曰：“中国有礼仪之大故称夏，有服章之美谓之华。”《尚书正义》注：“冕服华章曰华，大国曰夏。”可见，古人是以服饰华彩为华，以疆域广阔与文化繁荣、文明道德兴盛为夏。

华夏在先秦为汉族自称，后成为中国的别称。

【汉字识源】

夏(xià)

“夏”，会意字。小篆夏为。“”表人头，“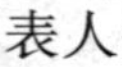”表双手，“”表两足，夏表现了手脚忙碌，农耕劳作的场面。本意是古代汉民族的自称——华夏。因为汉族人口在中华民族占大多数，所以又引申指中国。后来引申指四季的第二季，即夏季。

东(dōng)

“东”，会意字。甲骨文，由“”和“”组成，表示太阳升到树中间，意思是太阳刚刚升起时所处的方向，即东方。本意是东方，日出的方向，与西相对。引申为主人、东道主的意思。

西(xī)

“西”，象形字。甲骨文，像鸟巢的样子。本意是鸟儿入巢休息，这个意义后来写成“栖”。现代汉语中，西假借作方位词，表示西方，与东相对。

背邙①面洛，浮渭据泾②。

宫殿盘郁③，楼观飞惊④。

【注释】

①**邙**(máng)：山名，北邙山，在今河南省。

②**浮渭据泾**：浮是漂流、漂浮的意思；据是据恃、凭据、靠着的意思。本句指西京长安，有渭水流经，有泾河邻近。

③**盘郁**：指宫殿密集，纵横交错。

④楼观飞惊：观，一般称道教的庙宇为“观”，这里是宫殿的别称。飞惊，飞檐凌空，令人惊叹。

【解析】

洛阳和长安，是中国历史上最古老、最宏伟的两个都城。洛阳为九朝古都，从西周算起，先后有九个朝代定都洛阳；长安是十一朝古都，从西汉起前后有十一个朝代定都于此。前一句描述了洛阳和长安的地理位置与地形地貌，后一句描绘了帝王宫殿的雄伟壮丽。

【汉字识源】

面(miàn)

“面”，象形字。甲骨文，在眼睛外加一指示性的线框，代表脸廓。本意是脸，后引申为用脸对着、向着、会见、朝向，比如：面对面。又引申为事物的外表，比如：面子。面也可以用作量词，比如：一面红旗。

图写禽兽，画彩仙灵。

丙舍①傍启②，甲帐③对楹。

【注释】

①丙舍：宫中正殿两旁的别室。

②甲帐：汉武帝时所造的帐幕。《汉武故事》中记载：“武帝以珍宝为甲帐，其次为乙帐。”

③傍启：傍，通“旁”，傍启就是旁启。

【解析】

这里极力渲染宫殿内部的豪奢景致。读古书要学会随文入观，要随着文字的展开，进入文字中所描写的那种情景与状态。

【汉字识源】

画(huà)

“画”，会意字。甲骨文，像用手拿着笔，画出交叉的线条、图画。本意是划分界限，引申为筹划、谋划，后来也表示书画、绘画。

肆①筵设席，鼓瑟吹笙②。

升阶纳陛③，弁④转疑星。

【注释】

①肆：摆设。

②**鼓瑟吹笙**:鼓是弹奏的意思。瑟是二十五弦的琴。笙在这里代表了管乐,瑟在这代表了弦乐。鼓瑟吹笙就是管弦乐合奏,丝竹之声四起。《诗·小雅·鹿鸣》:“呦呦鹿鸣,食野之苹。我有嘉宾,鼓瑟吹笙。”

③**陛**:帝王宫殿的台阶。

④**弁(biàn)**:古代的一种官帽,后泛指帽子。

【解析】

普通的台阶叫阶,帝王宫殿的台阶就叫陛。臣子站在陛阶之下向天子奏事,自称陛下,意为“在陛下者告之”,就是站在台阶底下的我有事要奏报,并不是称皇帝为陛下,他是陛上。后来“陛下”才成为皇帝的专称。

【汉字识源】

星(xīng)

“星”,象形字。甲骨文,像夜空中闪亮的星星。本意是指夜空中发光的小星体。因为它们看上去很小,所以星字引申为细小的东西。因为它们发光明亮,所以星又引申为杰出的人物。

右通广内①,左达承明②。

既集坟典③,亦聚群英。

【注释】

①**广内**:殿名,皇帝收藏图书典籍的地方。

②**承明**:殿名,皇帝会见文武大臣的地方。

③**坟典**:坟指的是“三坟”,典指的是“五典”。“三坟”指的是记述三皇(伏羲氏、神农氏、黄帝)事迹的著作;“五典”指的是记载五帝(少昊氏、颛顼氏、帝喾、尧、舜)事迹的著作。这里泛指中国古代文化典籍。

【汉字识源】

左(zuǒ)

“左”,象形字。甲骨文,像人的左手,本意是左手,后引申为辅佐、从旁帮助,这个意义后来写作“佐”。现代汉语中,左是一个方位词,与右相对。

右(yòu)

“右”,象形字。甲骨文,像人的右手,本意是右手,金文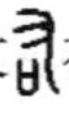在甲骨文的下方加了一个字,变成了会意字,表示既在言语上支持别人,又对人施以援手。右后来还做方位词,与左相对。

明(míng)

“明”,会意字。甲骨文由和组成,表示明亮的意思。本意是明亮。引申为明显、清楚、明白。明也可以作副词,表示清楚地知道、懂得或明白,比如:明知故问。

杜稿[1]钟隶[2]。漆书[3]壁经[4]。

府罗将相,路侠[5]槐卿[6]。

【注释】

①**杜稿**:东汉杜度的草书手稿。

②**钟隶**:三国时钟繇(yóu)隶书的真迹。

③**漆书**:古代用漆在竹简上写的古书。

④**壁经**:汉代鲁恭王在曲阜(fù)孔庙墙壁内发现的古文经书。

⑤**侠(jiā)**:同“夹”,排列。

⑥**槐卿**:三槐九卿的简称,后泛指文武百官。周代宫廷外种有三棵槐树,三公朝天子时,面向三槐而立。三槐就是三公,代表国家最尊贵的三个职位。

【解析】

每个朝代对三公的称谓都不同,秦汉以前,将太师、太傅、太保叫作三公,西汉的三公是大司徒、大司马、大司空。九卿是秦汉时代中央政府的行政长官,秦九卿包括奉常、郎中令、卫尉、太仆、廷尉、典客、宗正、治粟内史、少府。各代九卿不一,魏晋之后已逐渐不具备实权。

【汉字识源】

书(shū)

“书”,会意字。甲骨文。本意是拿笔写字,后引申为书本、书籍、书信。

户封八县,家给[1]千兵。

高冠陪辇[2],驱毂[3]振缨[4]。

【注释】

①**给(jǐ)**:配给、供给。

②**辇(niǎn)**:皇帝乘坐的车子。

③**驱毂(gǔ)**:驾车。毂,车轮。

④**振缨**:抖动马的缰绳,这里指骑马。缨,套马的革带、绳子。

【解析】

这里所说的“户封八县,家给千兵”是形容封地和侍卫之多。八和千起形容词作用,不是数量词。

【汉字识源】

八(bā)

“八”,指示字。甲骨文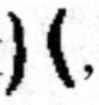,像把东西分成两半,表示两部分相背离。本意是分开,后用作计数符号,表示数目八。

世禄①侈富。车驾肥轻。

策功茂实②,勒碑刻铭③。

【注释】

①**世禄**:被册封的有功之臣的后代世世代代享用国家俸禄。

②**策功茂实**:策是文治,出谋划策;功是武功,上阵杀敌。茂是茂盛丰厚;实是真实不虚。

③**勒碑刻铭**:将他们的名讳事迹镌刻在金石之上,流传百世。勒碑是往石碑上刻字,刻铭是往金属上刻字,二者不一样。

【解析】

古代的俸和禄不是一个概念,俸是薪俸,相当于现代的工资、薪水,工作才有薪俸。禄是配给,是根据爵位的等级不同,政府给予的配给和补贴。只要有爵位或名分,不工作也有禄给。古代贵族的爵位是世袭的,只要后代子孙没有违纪犯法,爵位没有被削去就可以世袭。

【汉字识源】

车(chē)

“车”,象形字。甲骨文,像是由车轴和两个轮子以及中间的厢体组成的车的形状。本意是车子。后来泛指陆地上有轮子的交通工具,读作 chē,在象棋中读 jū。车是汉字部首之一,车字旁的字多与车有关,比如:轮、辆。

磻溪①伊尹②,佐时阿衡③。

奄宅曲阜④,微⑤旦孰营⑥。

【注释】

①**磻(pān)溪**:指姜太公吕尚。吕尚在磻溪钓鱼,遇周文王,被拜为太师,后辅佐周武王灭商。

②**伊尹**:原为商汤小臣,后来任以国政,辅佐商汤灭夏桀。

③**阿衡**:商朝官名,相当于宰相。此处专指伊尹。

④**奄宅曲阜**:大意为取得曲阜这样的居住地,作为安身之地、食邑之所。奄,曲阜东边的小国。宅是动词,表示居住的意思。奄国君曾兴兵反周,被成王平定。周公因辅佐成王有功,成王封其子伯禽在曲阜建立鲁国。

⑤**微**:表假设的副词,如果没有、要不是的意思。

⑥**营**:办到、成功。

【解析】

从这里开始引出一系列文臣武将的故事,姜太公吕尚、伊尹、周公姬旦,他们都是辅佐帝王成就大业的功臣。由于他们的贤能与勤勉,国家才得以富强安宁。

曲阜曾是神农氏的故都、黄帝的出生地、少昊之墟、商殷故国、周公旦的封地、孔子的故乡,迄今已有五千多年的历史了。传统文化的根基在于周代文化,周公整理了周以前的文化,在此基础上发展并形成了周的文化,也为后世的儒家学说奠定了基础。周公是历史上第一位中国文化的集大成者,所以作者才说,除了周公以外,还有谁有资格拥有鲁地呢?

【汉字识源】

旦(dàn)

"旦",指示字。甲骨文,像太阳从地面刚刚升起的样子。本意是天亮、破晓、早晨。又引申表示某一天,比如:元旦。后又指传统戏剧里的女性角色,比如:花旦。

桓公匡合①,济弱扶倾。

绮回汉惠②,说感武丁③。

【注释】

①**桓公匡合**:桓公指齐桓公,春秋时期第一个霸主。匡,纠正、端正。合是汇合。齐桓公匡正天下之乱,汇合各路诸侯。

②**绮回汉惠**:绮是绮里季,"商山四皓"之一,皓是皓首白头,胡子眉毛都白了的意思。以绮里季为首的商山四皓,帮助汉惠帝刘盈夺回了他太子的位子,故称"绮回汉惠"。

③**说(yuè)感武丁**:傅说是继伊尹之后,商朝第二位奴隶出身的贤臣。据传是古代虞国(今山西省平陆县)人,奴隶出身,曾在傅岩山一带劳动,因发明了"版筑法"(干打垒筑墙)而闻名遐迩。商王武丁梦见了他,便以画像访求,找到以后,拜其为相,令其辅佐国政。很快使商王朝达到了鼎盛时期。由于傅说是通过托梦感传给武丁的,所以是"说感武丁"。

【解析】

桓公匡合、绮回汉惠、说感武丁三个典故,说的是齐桓公、商山四皓、傅说这几个明君贤臣。事实上,齐桓公能够成为春秋时期的第一个霸主,主要是依靠宰相管仲的辅佐,而管仲得以施展才华,也离不开齐桓公的宽宏大度和用人不疑。齐国成就霸业,是君臣亲密无间、

密切配合的结果。

【汉字识源】

合(hé)

“合”,会意字。甲骨文,像盖着盖子的容器。本意是闭合。引申为符合,又引申为聚合、会合。合还做量词用,在古代,两军交锋时双方攻击、招架一次为一个回合。

回(huí)

“回”,象形字。金文,像水流回旋的样子。本意是回旋、旋转。引申为返还,比如:回家。此外,回还有答复的意思,比如:回电话。

俊乂[1]密勿[2],多士寔宁[3]。

晋楚更霸,赵魏困横[4]。

【注释】

①**俊乂**(yì):俊乂就是我们今天所称的人才,在古代“千人之英曰俊,百人之英曰乂”。

②**密勿**:勤勤恳恳的意思。

③**寔**(shí):通“实”,殷实、富强。

④**横**:连横。战国时,苏秦说(shuì)六国联合拒秦,史称“合纵”。张仪主张拆散合纵,使六国一个个服从秦国,称为“连横”。由于连横,秦国采取远交近攻政策,首先打击赵、魏,所以说“赵魏困横”。

【解析】

晋文公和楚庄王是春秋时期的两个霸主,与齐桓公、宋襄公、秦穆公并称“春秋五霸”。春秋之后的战国时期,实力最强的七个诸侯国是齐、楚、秦、燕、赵、魏、韩,史称“战国七雄”。

【汉字识源】

多(duō)

“多”,会意字。甲骨文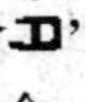,由两个夕组成,表示双份或多份的,数量大的。本意是数目大,与少相对。后引申为多余、超出。

假途灭虢[1],践土会盟。

何[2]遵约法,韩弊烦刑[3]。

【注释】

①**假途灭虢**(guó):假,借。故事见于《左传·僖公五年》,虞国与虢国领土接壤,均在今天的山西省平陆县。晋国向虞国借道去攻打虢国,在灭掉虢国之后,返师途中又将虞国

灭掉。

②何：萧何，汉高祖刘邦的丞相，他遵循刘邦的简约精神为汉朝制定法律。

③韩弊烦刑：韩指韩非子，他最终死在自己制定的烦苛的刑法之下。烦刑，指苛刻的刑法。弊就是自弊，自己倒毙、死亡的意思。

【解析】

“辅车相依，唇亡齿寒”。虞公连这个简单的道理都不懂。故而导致亡国。

【汉字识源】

会（huì）

“会”，会意字。甲骨文，上面像个盖子，下面是容器的底，中间是所盛的东西。本意是聚合、汇合，引申为聚会、聚集等。会还有一小段时间的意思，也有能的意思。

土（tǔ）

“土”，象形字。甲骨文，像突出地面的土块。本意是泥土、土壤。引申为土地、疆域、本地的、地方的等，比如：本土。土还是汉字的一个部首，土字旁的字大都与泥土有关，比如：地、坡。

起翦颇牧①，用军最精。

宣威沙漠，驰誉丹青②。

【注释】

①起翦（jiǎn）颇牧：起，白起；翦，王翦；颇，廉颇；牧，李牧。

②丹青：史册、史籍。古代用丹（红）册记勋，青册记事，因而丹青就成为史册的代称。

【解析】

前面说的都是文臣，现在开始说武将了。白起、王翦、廉颇、李牧都善于用兵，是战国时期的四大名将。文臣治理国家，武将效命疆场。但中国古代文武不分，文官往往要领兵打仗，武官有时也参与国家管理。先秦时期实行六艺教育，即礼、乐、射、御、书、术，重视人的全面发展，官员往往文武兼长，这与唐代中期以后的读书人形象相差很远。

九州禹迹，百郡秦并①。

岳宗②泰岱③，禅主云亭。

【注释】

①百郡秦并：秦始皇灭六国，设郡县而统一天下。

②宗：尊崇。

③岱(dài):泰山的别称,也称“岱宗”“岱岳”。

【解析】

历代帝王在政权更替、新君登基的时候,都首先要来泰山举行祭拜天地的封禅大典,举行封禅大典的地方就在泰山、云山和亭山。祭天的仪式叫作“封”,封在泰山举行;祭地的仪式叫作“禅”,禅在泰山脚下的云山和亭山举行。

【汉字识源】

九(jiǔ)

“九”,指示字。甲骨文,像胳膊肘的形状。本意是肘,后用作计数符号,表示数字九。

雁门①紫塞②,鸡田③赤城④。

昆池⑤碣石⑥,巨野⑦洞庭⑧。

旷远绵邈⑨,岩岫杳冥⑩。

【注释】

①**雁门**:雁门关。位于山西代县北境,历来为兵家必争之地。

②**紫塞**:西北边塞,此指长城。长城在西北一段尤为壮观,因西北植被少、地域辽阔,一望无际。其地表又多红土,车马过后腾起的烟尘,在阳光的照耀下红尘滚滚。关塞在尘埃中若隐若现,故称“紫塞”。

③**鸡田**:古代西北塞外的地名。

④**赤城**:山名,是著名的浙江天台山奇峰之一。

⑤**昆池**:云南昆明的滇池,位于云南省昆明市的西南,是我国第六大淡水湖。

⑥**碣石**:河北的碣石山,位于昌黎县城北,距避暑胜地北戴河约 30 公里,自古就是观海的胜地。

⑦**巨野**:古湖泽名,在山东的巨野县,是著名的水泽,其中水草丛生,鱼虫很多。

⑧**洞庭**:洞庭湖,中国第二大淡水湖,跨湘鄂两省,面积约 2800 平方公里,号称八百里洞庭。

⑨**绵邈**:连绵遥远的样子。

⑩**岩岫(xiù)杳(yǎo)冥**:岩是岩石,代表高山。岫是岩洞、山穴,代表山谷。杳冥是昏暗幽深,不可知、不可测,神秘而令人向往。

【解析】

我们的祖国疆域辽阔,连绵遥远,山高峻而谷幽深,景致千奇百怪,变幻莫测。祖国的历史悠久,人文荟萃,诸子百家,蔚为大观。

【汉字识源】

田(tián)

“田”，象形字。甲骨文，像是农田里田埂纵横交错的样子。本意指田地。后来引申为蕴藏、出产或生产自然资源的土地。田也是汉字的一个部首，比如：画、男。

石(shí)

“石”，象形字。甲骨文左边像岩角，右边像石块，合起来表示山上的石头。本意指石头。引申为坚硬的、无情的。石是汉字的部首之一，石作部首的字大都与石头、坚硬有关，比如：矿、硬。

【读史明智】

鲁班学艺

鲁班是我国建筑工匠的“鼻祖”。相传，鲁班年轻的时候告别了家乡，千里迢迢来到终南山学艺。

师父决定考验鲁班，让鲁班把门后已长满锈的斧子、刨子、凿子不停地磨，磨七天七夜，然后伐一棵参天大树，并将其砍成一个光滑大柁，用凿子在大柁上凿两千多个眼，鲁班足足干了十二天。师父看到鲁班的成果连声称赞，并带领鲁班来到西屋，原来西屋里满是精致的模型，鲁班下定决心一定要把手艺学好，于是认真地研究起模型来。

三年后，鲁班把所有的手艺都学会了。他拿起了自己打磨的刨子、凿子和斧子。告别了师父，下山了。

燕骏千金招贤

战国时，燕昭王即位后，为使燕国强盛，急于招揽人才。于是请教郭隗。郭隗说：“你要招贤，先从我开始；你把我当贤人尊重，比我贤的人就会找你来了。”郭隗还以马为喻，说古代君王悬赏千金买千里马，三年后得一死马，用五百金买下马骨，于是不到一年，得到三匹千里马。

燕昭王十分赞同他的建议，于是给他建了宫室名曰金台，堂号为“尊贤堂”，并把他当作老师来尊重。结果乐毅、邹衍、剧辛及其他有才能的人皆来归附燕国，燕国因此强大起来。

第四节　结庐人境　避世桃源

治本于农，务兹稼穑。俶载南亩，我艺黍稷。

税熟贡新，劝赏黜陟。孟轲敦素，史鱼秉直。

庶几中庸，劳谦谨敕。聆音察理，鉴貌辨色。
贻厥嘉猷，勉其祗植。省躬讥诫，宠增抗极。
殆辱近耻，林皋幸即。两疏见机，解组谁逼。
索居闲处，沉默寂寥。求古寻论，散虑逍遥。
欣奏累遣，戚谢欢招。渠荷的历，园莽抽条。
枇杷晚翠，梧桐蚤凋。陈根委翳，落叶飘摇。
游鹍独运，凌摩绛霄。耽读玩市，寓目囊箱。
易輶攸畏，属耳垣墙。具膳餐饭，适口充肠。
饱饫烹宰，饥厌糟糠。亲戚故旧，老少异粮。
妾御绩纺，侍巾帷房。纨扇圆洁，银烛炜煌。
昼眠夕寐，蓝笋象床。弦歌酒宴，接杯举殇。
矫手顿足，悦豫且康。嫡后嗣续，祭祀烝尝。
稽颡再拜，悚惧恐惶。笺牒简要，顾答审详。
骸垢想浴，执热愿凉。驴骡犊特，骇跃超骧。
诛斩贼盗，捕获叛亡。布射僚丸，嵇琴阮箫。
恬笔伦纸，钧巧任钓。释纷利俗，并皆佳妙。
毛施淑姿，工颦妍笑。年矢每催，曦晖朗曜。
璇玑悬斡，晦魄环照。指薪修祜，永绥吉劭。
矩步引领，俯仰廊庙。束带矜庄，徘徊瞻眺。
孤陋寡闻，愚蒙等诮。谓语助者，焉哉乎也。

从文字数量上看，这一章是整篇《千字文》文字最多的一部分，描述了温馨的人情和恬淡的田园生活，赞美了那些甘于寂寞、默默奉献且不为名利所羁绊的人们。读来不禁使人对“结庐在人境”的朴素人间生活憧憬之至，珍惜人生、热爱生活之感油然而生，对我们的心性很有抚慰与镇定的作用。

这部分内容既自成体系、独立完整，同时也是前三部分内容的推进，整篇《千字文》在此部分达到高潮。

治本于农，务兹稼穑①。
俶载南亩②，我艺③黍稷④。
税熟贡新，劝赏黜陟⑤。

【注释】

①**务兹稼穑（sè）**：务，从事、致力。兹，代词，此、这。稼穑，春耕叫稼，秋收叫穑，泛指整

个农业生产过程。

②**俶(chù)载南亩**:俶,开始。载,从事。南亩,指向阳的土地,后泛指农田。

③**艺**:种植。

④**黍(shǔ)稷(jì)**:古人最主要的两种粮食作物,黄米(黏米)叫黍,谷子(小米)叫稷。这里泛指五谷。

⑤**劝赏黜(chù)陟(zhì)**:劝,勉励。赏,奖赏。黜,惩罚。陟,晋升。“劝赏”是对农户的奖惩制度,“黜陟”是对政府官员的撤职、升迁制度。

【解析】

治国的根本在于发展农业,中国自古以来就是以农业立国,直至今天我们依然强调农业在国民经济中的基础地位,农民问题、农业问题仍然是国家的头等大事。

【汉字识源】

南(nán)

“南”,象形字。甲骨文,像古代一种钟镈之类的乐器,因乐器常放在南边方位,故用来指代南方。南是方位名称,是东南西北四个主要方向之一,与北相对。

农(nóng)

“农”,会意字。金文上面是田,下面像手拿工具在田里劳作的样子。本意是耕种、劳作,由此引申为从事农业劳动的人,比如:农民。

孟柯敦素[①],史鱼秉直。
庶几[②]中庸,劳[③]谦谨敕[④]。

【注释】

①**敦素**:敦,推崇、崇尚。素,本色、质朴。

②**庶几**:差不多、大概。

③**劳**:勤劳、勤奋。

④**敕**:警戒、自律。

【解析】

中庸是儒家学说中很重要的一部分,什么是中呢?中就是不偏。任何事情都有三个方向:左、右、中;好、坏、不好不坏。不取好,不取坏,取一个中。但中庸不是和稀泥,不是不讲原则的好好主义,而是既听了你的意见,也听了他的意见,综合不同意见中合理的部分,然后采取一个切实可行的办法。不走左,也不走右俗语;不过,也非不及,这才是中庸。

庸的意思是庸常,普普通通、平平淡淡。俗语常说:没事别找事,平安就是福。是最平庸的,也是最正常的、最健康的,是我们做人做事的根本。

一个人要有像孟子推崇的那样质朴的本色,又要有像史鱼一样方正秉直的品德,能够勤勉、谦逊、谨慎、检点,这才是合格的中品质。

【汉字识源】

几(jī)

“几”,象形字。小篆,像古代矮小的桌案。本意是几案,读作jī。读作jǐ时,是数词,用来询问数量的多少,比如:有几个苹果?

中(zhōng)

“中”,指示字。甲骨文在两面旗帜中间加一个圆圈作为指示符号。本意是中心。引申为内部、处于中级的意思。中还特指中国,表示中央之国的意思。中表示合乎心意、到位、达成目标的意思时,读zhòng,比如:中奖。

聆音察理,鉴貌辨色。
贻厥嘉猷①,勉其祗植②。

【注释】

①**贻厥嘉猷(yóu)**:贻,本意是赠送、送给,引申意为遗留、留给。厥,代词,他的。嘉,美好。猷,谋也,计划、谋划。

②**祗(zhī)植**:祗,恭敬。植,立身、立命。

【解析】

我们留给子孙的是什么?是多多益善的金银财宝。因为我们怕子女不成器,怕他们受苦。但是我们要明白,财富并不“长宜子孙”。倘若不给子孙一种生活技能,不向他们指明一条生活道路,而让他们守着钱财坐吃山空,什么也不会,只能让他们堕落和毁灭。

省躬讥诫①,宠增抗极②。
殆辱③近耻,林皋④幸即。
两疏⑤见机,解组⑥谁逼。

【注释】

①省躬讥诫:省,反省;躬,自身;讥,讥讽;诫,告诫。

②抗极:不要盛到极致,盛极则衰。

③殆辱:面临受辱。殆,接近。

④皋(gāo):水边的高地。

⑤两疏:汉宣帝时候的疏广、疏受叔侄两个人。此二人曾为太子太傅与太子少傅,是皇帝的两位老师,位高名显。二人怕树大招风,只干了五年就主动告老还乡,功成身退,荣归

故里。

⑥解组：辞去官职。解，解除；组，印绶。

【解析】

古人说：闻过则喜。荣辱是我们每个人一生中都会遇到的。荣和辱又是矛盾统一、互相转换的，有荣就有辱。老子说：“祸兮福之所倚，福兮祸之所伏。”不愿有辱的结局就不要拼命追求荣，荣来了，辱也就同时到了。我们要学会宠辱不惊、从容不迫，坦然地面对人生。

【汉字识源】

林（lín）

“林”，会意字。甲骨文，像两棵树并排站立的样子，表示树木连成片的意思。本意是丛聚的树木。引申为同类的人或事物聚集在一起，比如：武林。

索居[①]闲处，沉默寂寥[②]。

求古寻论，散虑[③]逍遥。

欣奏累遣[④]，戚谢欢招[⑤]。

【注释】

①**索居**：一个人独处。索，萧索、冷冷清清。

②**寂寥**：寂寞、冷清。

③**散虑**：散，驱散、放逐；虑，忧虑、杂念。

④**欣奏累遣**：欣，欢欣、喜悦；奏，取得，得到；累，烦恼；遣，排遣、排除。

⑤**戚谢欢招**：戚，忧虑、悲哀；谢，离开、去掉；招，招致。

【解析】

耐得住寂寞的人才能成大事，能够享受孤独的人才有真自在。一个人独处，不谈是非，摒弃烦恼牵挂，那是何等的悠闲清净？当然，这与一个人的性格有很大关系。

渠荷的历[①]，园莽[②]抽条。

枇杷晚翠[③]，梧桐蚤[④]凋。

【注释】

①**的（dí）历**：光润鲜艳的样子。

②**莽**：草、草木。

③**晚翠**：晚秋犹绿。

④**蚤（zǎo）**：通“早”，指早秋。

【解析】

荷花又称莲花、水芙蓉，是多年生水生草本植物。荷花全身是宝，兼具观赏和实用双重价值，东方文化将其视为吉祥物，佛教特别将其作为标志。荷花出污泥而不染的高尚品格历来为世人称颂，周敦颐《爱莲说》有云：“出淤泥而不染，濯清涟而不妖。”

【汉字识源】

条（tiáo）

“条”，形声字。繁体字是“條”，木是形旁，攸是声旁，合起来表示植物的细枝条。本意是小枝。引申为条形的东西，又引申为有层次、有秩序。条还可以用作量词。

陈根委翳①，落叶飘摇。

游鹍②独运③，凌摩绛霄④。

【注释】

①**委翳**：同“逶迤”，曲折延伸，盘根错节，也作枯老解。

②**鹍**（kūn）：鹍鸟，古书上指一种像鹤的鸟。

③**运**：飞翔。

④**凌摩绛霄**：凌，向上升高。摩，迫近、接近。绛霄，是紫红色的云气，又叫紫霄。意思就是高飞接天，直冲九霄。

【解析】

世间万物，有其生长、消亡的过程，这是自然规律。人的生命也是一样，生、老、病、死是一个自然而然的过程。我们要顺应自然过程，遵循自然规律。

耽①读玩市②，寓③目囊④箱。

易辅⑤攸畏⑥，属耳⑦垣⑧墙。

【注释】

①**耽**（dān）：沉浸、入迷。

②**玩市**：热闹的集市、游玩的场所。

③**寓**：寄托。

④**囊**：口袋。

⑤**輶**（yóu）：一种轻便的车子。

⑥**攸**（yōu）：所。

⑦**属**（zhǔ）**耳**：把耳朵贴在墙上。属：连。

⑧**垣**（yuán）：矮墙，也泛指墙。

【解析】

在热闹的街市、游玩的场所、嘈杂的环境里还能潜心读书，对外面的一切还能视而不见，充耳不闻，这是读书人的最高境界。

说话做事不要过于轻率、随意，旁若无人，毫无顾忌，要防止隔着墙壁有人在贴耳偷听。有的人喜欢打探别人的隐私，老人们常说："屋里说话外边有人听，树下说话树上有人听，大道上说话草窠里有人听。"现代观念叫"保密"，所谓"君不密则失臣，臣不密则失身，事不密则失之于人"，说话做事不能不小心、不谨慎，谨防祸从口出。

【汉字识源】

目(mù)

"目"，象形字。甲骨文，像人的眼睛。本意是眼睛。引申为看，比如：一目了然。又引申为标题、纲要，比如：纲目。目是汉字的部首之一，目字旁的字有：眼、睛、看等，多与眼睛有关。

耳(ěr)

"耳"，象形字。甲骨文，像人的耳朵。本意是耳朵，后引申为像耳朵的东西，又引申为位置在主体两旁的，比如：耳房。耳是汉字的部首之一，耳字旁的字，比如：聪、聆等，多与耳朵有关。

具膳[1]餐饭，适口充肠。

饱饫[2]烹宰，饥厌[3]糟糠[4]。

【注释】

①**具膳**：准备食品。

②**饫(yù)**：饱，厌食。

③**厌**：吃饱、满足。

④**糟糠**：酒糟糠皮之类粗劣的食物。

【解析】

俗话说："饿了吃糠甜如蜜，饱了吃蜜也不甜。"在居家生活中，饮食的标准要注意适口充肠的原则，千万不要奢侈浪费。适口是可口、咸淡适宜；充肠就是能吃饱。

【汉字识源】

口(kǒu)

"口"，象形字。甲骨文，像人或动物的嘴。本意是嘴巴。因一个人有一张嘴，所以又指人，比如：人口。后来引申为通道的进出之处，比如：口岸。又引申为破裂的地方，比

如:伤口。口是汉字部首之一,口作部首的字多与嘴有关,比如:唠叨。

亲戚故旧,老少异粮。

妾御①绩纺②,侍巾③帷房④。

【注释】

①御:治理、管理,古代上对下的治理叫御。

②绩纺:泛指纺织、缝纫等女工活。

③侍巾:侍,伺候、服侍。巾,指拢发包头的布,泛指衣冠。

④帷房:内房。

【解析】

请客人吃饭是待客之道,也是人之常情。但是要注意老少区别。老人牙口不好,消化功能弱,要吃软的、热的;小孩正值身体发育,牙齿好,胃火大,爱吃硬的、凉的。

故旧是故友旧识的简称,也就是老朋友、老相识。注意“亲戚”一词在古今的不同意义。现代汉语中,“亲戚”是直系血亲、旁系血亲和姻亲的统称;古代汉语中,“亲”跟“戚”有别,父亲一支、父属同姓的为“亲”,母亲一支、妻子一支,母属、妻属同姓的为“戚”,内亲外戚,在血缘关系上不一样。

【汉字识源】

老(lǎo)

“老”会意字。甲骨文,像一个手拿拐杖的老人。本意是年纪大的人。引申为时间长的,比如:老朋友。又引申为陈旧的、过时的,比如:老房子。

纨①扇圆絜②,银烛炜煌③。

昼眠夕寐,蓝笋④象床。

【注释】

①纨(wán):很细的丝织品。

②絜(jié):“洁”之书面语。

③炜(wěi)煌:明亮、辉煌。

④蓝笋:指用青色竹子编成的席子。

【解析】

上面四句话描写了南朝金陵士大夫阶层奢靡的生活。

【汉字识源】

床(chuáng)

"床",象形字。甲骨文,像房屋中放置有带脚架和木板的床。小篆字形的左边像竖起来的床,右边的木表示床是由木材制作的。后来写作床,由广和木组成,本意是床。引申为像床的器具或地方,比如:河床。

弦歌酒宴,接杯举觞①。

矫②手顿足,悦豫③且康。

【注释】

①**觞(shāng)**:酒杯。

②**矫**:强健、敏捷。

③**豫**:幻想、高兴。

【解析】

这里描绘了一幅古代人们家庭宴会其乐融融的场景。古人举办宴会大多有歌舞助兴,每当酒酣耳热之际,人们总是情不自禁地手舞足蹈,把宴会推向高潮。

【汉字识源】

手(shǒu)

"手",象形字。小篆,像张开的手掌形状。本意是手,引申为拿着、拥有,比如:人手一册,又引申为亲自做。手也是汉字的部首之一,比如:拳、拉。

足(zú)

"足",象形字。甲骨文,上边指膝盖,下边像脚。本意指人体下肢,包括脚和小腿,又专指脚。引申指器物下部用来支撑的部分,比如:鼎足。足还有充实、充足之意,比如:富足。

嫡后①嗣续②,祭祀烝尝③。

稽颡④再拜,悚惧恐惶⑤。

【注释】

①**嫡后**:正房妻子所生的孩子。嫡,封建社会中的正妻。

②**嗣(sì)续**:继承香火,延续后代。

③**烝(zhēng)尝**:四时祭祀。

④**稽(qǐ)颡(sǎng)**:屈膝下跪,以额触地的一种跪拜礼,表示极度虔诚和感谢。稽,停留、到达。颡,额头。

⑤**悚惧恐惶**:描述敬畏、畏惧、战战兢兢的心理。

【解析】

古代的祭祀是大典，庄严异常，目的之一就是借天地祖先的力量，净化参与者自己的心灵。在祭祀天地、祖先的时候，在先人神灵面前要反躬自省、毕恭毕敬、诚惶诚恐。这里也反映出了嫡庶有别的封建礼制。

笺牒①简要，顾答审详。

骸垢②想浴，执③热愿凉。

【注释】

①**笺(jiān)牒(dié)**：文书、书信。

②**骸(hái)垢**：骸，身体。垢，污垢，脏。

③**执**：拿着、捧着。

【解析】

为人做事要学会站在他人立场上考虑，尽量周全，与人方便。

驴骡犊特①，骇跃超骧②。

诛③斩贼盗，捕获叛亡④。

【注释】

①**犊特**：犊，小牛，泛指牛。特，公牛，也指公马。

②**骧(xiāng)**：奔跑。

③**诛**：杀死，铲除。

④**亡**：逃亡。

【解析】

先秦两汉时期，“贼”指叛国作乱、危害人民的人，如“乱臣贼子”，故有讨贼一称。“叛亡”在这里主要指家里的奴仆。古代大宅门家里都有很多下人，院工仆妇、厨子老妈、门房马夫、护院丫头，都是有契约关系的非自由人。这些人一旦犯了错误，受到处罚，对主人不满，叛亡而去，就会成为严重的社会问题。

布射僚丸①，嵇琴阮啸②。

恬笔伦纸③，钧巧任钓④。

释纷利俗，竝⑤皆佳妙。

【注释】

①**布射僚丸**：布射，三国时人吕布善射。僚丸，春秋时期楚人熊宜僚善玩弹丸。

②**嵇琴阮啸**：嵇琴，晋人嵇康善弹琴赋诗。阮啸，晋人阮籍善撮口长啸。

③**恬笔伦纸**：恬笔，传说秦人蒙恬制造了毛笔。伦纸，东汉蔡伦改进了造纸术。

④**钧巧任钓**：钧巧，三国时魏国人马钧心灵手巧，制作过指南车等。任钓，任公子曾在东海钓得大鱼，事见《庄子·外物》。

⑤**竝(bìng)**："并"的异体字。

【解析】

这里用四句话介绍了古代的八个人，他们的技艺或解人纠纷，或方便百姓、造福社会，成为人们学习和效法的榜样。

【汉字识源】

纸(zhǐ)

"纸"形声字。糸(mì)是形旁，表示纸的原料是破旧的丝绵；氏是声旁。本意是纸张。纸也可以做量词，用于表示文件书信的张数。

毛施①淑姿，工②颦③妍④笑。

年矢⑤每催，曦晖⑥朗曜⑦。

【注释】

①**毛施**：毛嫱(qiáng)和西施。《庄子·齐物论》："毛嫱、西施，人之所美也。"

②**工**：善。

③**颦(pín)**：皱眉。

④**妍(yán)**：美丽。

⑤**年矢**：比喻时光如箭。古代有一种计时器，叫"漏矢"。

⑥**曦晖**：指早晨的阳光，泛指太阳光照。

⑦**曜(yào)**：照耀。

【解析】

时光宝贵，青春易老。因此要勤奋惜时，不断进步。

【汉字识源】

年(nián)

"年"，会意字。甲骨文，像一个人背着稻谷的样子，表示粮食成熟、丰收的意思。本意是谷物成熟。因为庄稼丰收是有周期的，所以引申为年岁。后来又引申为时期、年代等意思。

璿玑①悬斡②，晦魄③环照。

指薪修祜④，永绥⑤吉劭⑥。

【注释】

①**璿玑（xuán jī）**：通“璇玑”，古代称北斗星的第一星至第四星。

②**斡（wò）**：旋转。

③**晦魄**：月亮。

④**指薪修祜（hù）**：出自《庄子·养生主》：“指穷于为薪，火传也，不知其尽也。”喻人的肉体会死亡而人类的生命现象是延续无穷的。祜是福德、福禄，修祜就是修福、积德。

⑤**绥（suí）**：平安、安抚。

⑥**劭（shào）**：美好。

【解析】

北斗七星不停转动，代表了一年四季不断地推移交替。人的一生也有四季。生命是短暂的，只有短短的几十年，只有修福积德，才能像薪尽火传那样精神永存、福泽子孙。

矩步引领①，俯仰②廊庙③。

束带④矜⑤庄，徘徊瞻眺⑥。

【注释】

①**矩步引领**：矩步，迈着方步。引领，伸着脖子。昂首阔步的意思。

②**俯仰**：低头和抬头，指一切举动。

③**廊庙**：本指朝廷或太庙，这里泛指一切重要场合。

④**束带**：衣着端庄、整齐。

⑤**矜（jīn）**：庄重、拘谨。

⑥**瞻眺**：瞻，仰视，俗称高瞻；眺，远望，即是远瞩。

【解析】

衣冠服饰历来是中华文明的一个重要内容。穿衣服讲究内外有别，居家的服饰要宽松、舒适，在外的服饰要庄重、严整，切合场合和身份。衣冠严整、举止从容，既是对他人的尊重，也是对自己的尊重。

【汉字识源】

步（bù）

“步”，会意字。甲骨文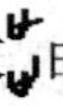由两只脚的象形符号组成，表示两只脚一前一后地走路。本意是行走、步行。引申为脚步、步伐，又引申为步骤、地步等。

孤陋寡闻，愚蒙等诮①。

谓[②]语助者，焉哉乎也。

【注释】

①**愚蒙等诮（qiào）**：愚蒙，愚昧、蒙昧。俏，讥讽、嘲笑。

②**谓**：称为、叫作。

【解读】

《千字文》是南朝萧梁时期官拜员外散骑侍郎的文学大家周兴嗣，奉梁武帝的敕诏编纂的。现在文章完成了，要对圣命有个交代，所以说了这四句话。这四句是结语，也是作者对全文的一个总结和交代。

【读史明智】

提倡节俭的范仲淹

留下千古名篇《岳阳楼记》的范仲淹不仅是有名的文学家，也是北宋名臣之一。范仲淹虽身处高位，却克勤克俭，生活俭朴。

范仲淹小时候，家里很穷，十几岁才读书识字。为了省下钱读书，他更是过着十分艰苦的生活，每天熬一锅粥，冷了凝结之后，用刀切成四块，早晚各吃两块，每餐就用几块咸菜下粥，终经刻苦努力，成为很有学识的人。

范仲淹做官之后，仍然以身作则，保持勤俭的家风。他的两个儿子在他的教育下最终也都学有所成。

宗悫少年立志

宗悫是南北朝时宋朝的将军，他从小就很勇敢，也很有抱负。他的叔父宗炳字少文，学问很好但不肯做官。

宗悫小的时候宗炳问他长大后志向是什么？宗悫回答道：“愿乘长风，破万里浪。”意思是说我一定要突破一切障碍，勇往直前，干一番事业。宗炳说：“就算你不能大富大贵，也必然会光宗耀祖。”

宗悫当然不是空口一言，他刻苦习武。14 岁时，有强盗来村里骚扰，小宗悫挥舞大刀勇斗强盗。江夏王刘义听说了这件事，对宗悫很赞赏，派人把宗悫请到府中做了一名武官。宗悫当然并没有就此满足，他更加勤学苦练，努力奋斗，终于成为一位能征善战的将军。

教学建议

一、教学指导

《千字文》流传至今已有一千五百多年的历史了，是世界上现存出书最早、使用时间最

久、影响最大的识字课本。全书虽只由一千个不重复的字组成，但这短短的篇幅中涵盖了天文、地理、历史、农业、风俗等各种自然、人文的内容，具有较深的知识内涵和较大的艺术价值。在幼儿园教学中，应在诵读详解的基础上，精选一些生动有趣的小故事，提炼出一个个道理，启发幼儿在阅读中思考。《千字文》适合大班孩子诵读，在诵读完《弟子规》与《三字经》的基础上学习《千字文》可加深孩子们对中国古典文化的了解，对他们心智的成长和性格的形成起到积极的作用。

二、教学实施

(1)课时分配：建议每节课四句，16 字，60 课时完成。

(2)幼儿园活动设计(仅供参考)。

《千字文》教案设计

教学内容	《千字文》					
课文类型	蒙学读物	授课对象	大班	课时	1 课时	
教学目标	1. 运用多种方式进行诵读，能够读准字音，认识汉字。 2. 理解意思，懂得文中所涉及的故事。 3. 培养幼儿的朗读能力，在读的基础上背诵。 4. 激发幼儿阅读经典的兴趣，感知祖国语言文字的博大精深，热爱祖国文字并从中受到熏陶。					
教学内容	天地玄黄，宇宙洪荒。日月盈昃，辰宿列张。					
教学重难点	1. 通过诵读，读准字音，认识汉字，理解意思。 2. 通过熟读成诵，激发幼儿阅读经典的兴趣。 3. 通过学以致用，把学到的汉字进行运用并进行拓展延伸。					
教学方法	1. 让幼儿的多次朗读贯穿课堂始终，幼儿还是很愿意读课文的，尤其是这类四字四字的文章。 2. 利用多媒体教学，播放几个视频短片，激发他们的学习兴趣。 3. 老师用小故事的方式告诉幼儿，并引导同学认识其中蕴涵的中华民族传统美德。					
教学用具	1. 歌曲《弟子规》 2. 故事《盘古开天地》 3. 歌曲《千字文》					

	教学过程	设计意图
	课前背诵古诗 1.歌曲导入 师:老师知道我们班上的小朋友都非常聪明,不但诗背得好,歌也唱得好。下面就请小朋友们唱一下我们以前背过的《弟子规》。(看视频) 师:吟诵着如此美妙的古诗文,我们觉得这些古代的大诗人真是太有文采了。他们给我们留下了许多优秀的文化遗产,你们想知道这些伟大的诗人小时候读什么书吗?《千字文》就是其中一本(教师出示《千字文》)。 2.简介《千字文》 《千字文》是我国早期的蒙学课本,相传为南朝人周兴嗣所作。他将一千个汉字联串成一篇文章。《千字文》是四言长文,句句押韵,文笔优美,朗朗上口,涵盖了自然、社会、历史、天文、地理等多方面的知识。《千字文》在中国古代的启蒙读物中,是一篇承上启下的作品,它不仅是启蒙和教育儿童的最佳读物,更是一部生动优秀的小百科。 3.出示本课要学习的内容:第一章(自然章)前面八句。 学习方法。 1)字正腔圆　知读音 字正,就是发音一定要正确;腔圆,就是字要发的圆润,洪亮。 2)手舞足蹈　读节奏 可以利用手脚拍打节奏读《千字文》。 3)借助资料　知其意 利用图片、注释来理解每一句千字文的意思。 4)摇头晃脑　出感情 可以学习古人那样摇头晃脑有感情地读千字文。 学习过程。 (一)字正腔圆 知读音 1.指放《千字文》视频,学生跟读。 2.教师重点指导"宙""洪""荒""盈""昃""辰""宿"的读音。 3.听老师朗读。 (二)手舞足蹈 读节奏 1.全体幼儿拍手读。 2.男女生合作拍手读: 女:天 地 玄 黄(男:玄黄) 女:宇 宙 洪 荒(男:洪荒) 3.小组合作手脚并用打节奏读。 ((一、二组)天 地(三、四组)玄 黄,(一、二组)宇 宙(三、四组) 洪 荒 (一、二组)拍手 拍手 (三、四组) 踏脚 踏脚,(一、二组) 拍手拍手 (三、四组)踏脚踏脚 4.看《千字文(片段)》唱诵的视频。	通过唱歌《弟子规》,从而激发了幼儿学习《千字文》的兴趣。 激发学生的学习兴趣。 调动学生的学习兴趣。 正音是读好《千字文》的关键。 通过多种形式读唱,让学生感受到学习《千字文》的乐趣。 先通过观察图片来形象地理解文章的内容。 通过游戏使幼儿加深印象。

续表

	教 学 过 程	设计意图
	(三)借助资料　知其意 ①天地玄黄,宇宙洪荒。意思:苍天是黑色的,大地是黄色的;茫茫宇宙辽阔无边。 师:传说远古时代的宇宙是黑漆漆的一片,是人类的始祖盘古开辟天与地的。下面请看视频《盘古开天地》。 ②看《盘古开天地》故事视频。 师:盘古真伟大!为了人类,他把自己的身体化成了大自然的万物!看他的双眼变成了太阳和月亮。 ③日月盈昃,辰宿列张。意思:太阳有正有斜,月亮有缺有圆;星辰布满无边的天空。 (四)摇头晃脑 出感情 1.学着古人读书时的样子,摇头晃脑地读。 2.小组间摇头晃脑诵读,个别读。 (五)小游戏 1.教师打乱汉字顺序,请小朋友给汉字排排队。 2.再次观看《千字文》视频。	

第二章 《三字经》

经典导读

《三字经》是中国三大国学启蒙读物之一，其与《百家姓》《千字文》并称为中国传统蒙学三大读物，合称“三百千”，并称三大国学启蒙读物。古代儿童识文知理都是通过学习、背诵《三字经》所得的。《三字经》不受文字限制，用通俗易懂的文字将各部类的知识糅合在一起，用简洁通俗的语言讲述了亘古不变的哲理，脍炙人口、广为流传。《三字经》出现之前，孩子启蒙教育读本都是四个字一句，《三字经》则以三言形式出现，三字一句朗朗上口，“句短而易读，殊便于开蒙”，读起来轻松愉快，更符合儿歌特点，故此为蒙学第一书。同时，《三字经》将零散的知识贯穿起来，使读书积累的百科知识，得以纳入一个清晰的知识体系。并且取材典故范围广泛，包括中国传统文化的文学、历史、哲学、天文地理、人伦义理、忠孝节义等等，而核心思想又包括了“仁，义，诚，敬，孝。”学习《三字经》的同时，就了解了常识、传统国学及历史故事，以及做人做事的道理。其内容涵盖了历史、天文、地理、道德以及一些民间传说，所谓“熟读《三字经》，可知千古事”。

一、《三字经》的作者与成书

关于《三字经》的作者历来说法不一，但是大多数学者的意见倾向于“宋儒王伯厚先生作《三字经》，以课家塾”。即王应麟晚年教育本族子弟读书的时候，编写了一本融会经史子集的三字歌诀，据传就是《三字经》。

王应麟（1223—1296）南宋官员、学者。字伯厚，号深宁居士，又号厚斋。祖籍河南开封，后迁居庆元府鄞县（今浙江鄞县），理宗淳祐元年进士，宝祐四年复中博学宏词科。历官太常寺主簿、通判台州，召为秘节监、权中书舍人，知徽州、礼部尚书兼给事中等职。其为人正直敢言，屡次冒犯权臣丁大全、贾似道而遭罢斥，后辞官回乡，专意著述二十年。

二、《三字经》作品内容

《三字经》内容的排列顺序极有章法，体现了作者的教育思想。作者认为教育儿童要重在礼仪孝悌，端正孩子们的思想，知识的传授则在其次，即“首孝悌，次见闻”。训导儿童要先从小学入手，即先识字，然后读经、子两类的典籍。经部、子部读过后，再学习史书，书中说：“经子通，读诸史”。《三字经》最后强调学习的态度和目的。《三字经》用典多，知识性

强，是一部在儒家思想指导下编成的读物，充满了积极向上的精神。

《三字经》的内容分为六个部分，每一部分有一个中心。第一部分讲述的是教育和学习对儿童成长的重要性，从“人之初，性本善”到“人不学，不知义”，后天教育及时，方法正确，可以使儿童成为有用之才；第二部分强调儿童要懂礼仪，要孝敬父母、尊敬兄长，从“为人子，方少时”至“首孝悌，次见闻”，并举了黄香和孔融的例子；第三部分介绍的是生活中的一些名物常识，从“知某数，识某文”到“此十义，人所同”，有数字、三才、三光、三纲、四时、四方、五行、五常、六谷、六畜、七情、八音、九族、十义，方方面面，一应俱全，而且简单明了；第四部分介绍中国古代的重要典籍和儿童读书的程序，从“凡训蒙，须讲究”到“文中子，及老庄”，这部分列举的书籍有四书、六经、三易、四诗、三传、五子，基本包括了儒家的典籍和部分先秦诸子的著作；第五部分讲述的是从三皇至清代的朝代变革，从“经子通，读诸史”到“通古今，若亲目”，一部中国史的基本面貌尽在其中；第六部分强调学习要勤奋刻苦、孜孜不倦，从“口而诵，心而维”至“戒之哉，宜勉力”，只有从小打下良好的学习基础，长大才能有所作为，“上致君，下泽民”。

三、《三字经》作品影响

从明朝开始，《三字经》就已流传到国外。据记载，世界上最早的《三字经》翻译本是拉丁文。1579 年，历史上第一位研究汉学的欧洲人罗明坚到澳门学习中文，他从 1581 年就开始着手翻译《三字经》，并将译文寄回意大利。韩国、日本对《三字经》也非常重视。日本早在江户时代就已印行由中国商船带来的各种版本的《三字经》。从江户时代到明治初年，日本的私塾已采用《三字经》教学，后更大量出现各种仿制本，如《本朝三字经》《皇朝三字经》等，多达二十余种。英国的马礼逊翻译的第一本中国传统经典就是《三字经》。美国传教士裨治文在他主办的《中国丛报》上刊载《三字经》《千字文》等启蒙读物。在法国，犹太籍汉学家儒莲，在 1827 年担任法兰西研究院图书馆副馆长后翻译出《三字经》等中国典籍。1989 年，新加坡出版潘世兹翻译的英文本《三字经》，被推荐参加“法兰克福国际书展”，并成为新加坡的教科书。1990 年，《三字经》被联合国教科组织选编入《儿童道德丛书》，向世界各地儿童推介学习，成为一本世界著名的启蒙读物。

含英咀华

第一节　重教育　讲方法

人之初[1]，性[2]本善。性相近[3]，习相远[4]。苟[5]不教，性乃迁[6]。教之道，贵以专[7]。昔孟母[8]，择[9]邻处[10]。子不学，断机杼[11]。窦燕山[12]，有义方[13]。教[14]五子，名俱扬。养不教，父之过。教不严，师之惰[15]。子[16]不学[17]，非所宜[18]。幼不学，老何为[19]。

玉不琢，不成器。人不学，不知义[20]。

【注释】

①**初**：初生之物。

②**性**：人的本性。

③**相近**：相去不远，差不多的意思。

④**远**：相去太远，有很大的差别。

⑤**苟**：假如、苟若。

⑥**迁**：改变、变迁，这里是指不好的改变。

⑦**专**：有恒、专心的意思。

⑧**孟母**：亚圣孟子的母亲。

⑨**择**：选择。

⑩**处**：居住的地方。

⑪**机杼**：机，织布用的木架子；杼，织布用的梭子。

⑫**窦燕山**：原名窦禹均，因为当地名属燕，所以又名燕山。

⑬**义方**：良好的家训。

⑭**教**：这里有两个"教"字，第一个是父之教，第二个是师之教。

⑮**惰**：偷懒怠惰，没有尽到责任。

⑯**子**：为人子女。

⑰**不学**：不肯读书学习。

⑱**非所宜**：不应该如此。

⑲**为**：作为、成就。

⑳**义**：理义，做人做事的道理。

【解读】

孟子的"性善论"是构成孟学这一思想体系的重要内容。"性"是孟子性善论中最重要的概念之一，在《孟子》中"性"字主要指原本既有的属性、资质，也包括趋向，可合称为"性向"。如"人见其濯濯也，以为未尝有材焉，此山之性也哉"，就是指山的本来的属性和资质。在此，便不难看出孟子对于"人性"的界定，主要就是指人原本既有的属性、资质，也包括人性所具有的趋向。人性总的分来有两种：一是口之于味、目之于色之性，二是仁之于父子，义之于君臣之性，按现在的说法便是：一是自然属性，一是社会属性，特别是指道德良心方面的属性。孟子他不否认人生理方面的需要也是人的一种性，认为人有两种不同的性，但他论性善不是以前一种为据，只以后一种立论。他说"口之于味也，目之于色也，耳之于声也，鼻之于臭也，四肢之于安佚也，性也有命焉，君子不谓性也。仁之于父子也，义之于君臣也，礼之于宾主也，知之于贤者也，圣人之于天道也，命也，有性焉，君子不谓命也。"口之于味虽然是一种性，但君子不以此为性，只以此为命；仁之于父子虽然是命，君子不以此命，而是以此为性。孟子便是这样，以人的社会道德属性作为立论的根据去构筑他的性善大厦。

【指点迷津】

1. 子曰："里仁为美，择不处仁，焉得知"？

——《论语·里仁》

2. 人性之善也，犹水之就下也。人无有不善，水无有不下也。

——《孟子·告子上》

3. 锲而舍之，朽木不折；锲而不舍，金石可镂。

——《荀子·劝学》

4. 人之性恶，其善者伪也。

——《荀子·性恶》

5. 近朱者赤，近墨者黑。

——傅玄《太子少傅箴》

6. 吾生也有涯，而知也无涯。

——《庄子·养生主》

7. 百川到东海，何时复西归？少壮不努力，老大徒伤悲！

——《乐府诗集·长歌行》

8. 三更灯火五更鸡，正是男儿读书时。黑发不知勤学早，白首方悔读书迟。

——颜真卿《劝学》

9. 莫等闲白了少年头，空悲切。

——岳飞《满江红》

【读史明智】

孟母三迁

《三字经》中说："昔孟母，择邻处。子不学，断机杼。"说的就是孟母三迁的故事。孟子是战国时期著名的思想家、教育家，儒家学派的代表人物。孟子小时候家里很穷，家里只有几亩薄田，父亲在孟子三岁时就外出谋生，以后就杳无音讯了，家里全靠母亲纺线织布生活。孟子家住在乡下的一个小村庄，村外不远处是一片坟地，总有送葬出殡的人家在那里吹吹打打。孟子好学，看了以后回来就学大人跪拜、哭嚎。孟子的妈妈看到了，就皱起眉头，心想："不行！小孩子从小就学这些事，将来怎么得了呢？"于是决定搬家，给孟子换个环境。孟子的妈妈就带着孟子搬到市集，到了市集，母亲的原意是让孟子多长一些见识，开阔眼界。但这里十天赶两个集市，喧闹异常。孟子又和邻居的小孩，学起商人做生意吆喝的样子。孟子的妈妈说："这个地方也不适合我的孩子居住！"孟子的妈妈又带着孟子去靠近

杀猪宰羊的地方去住。孟子便学起了买卖屠宰猪羊的样子。孟子的妈妈知道了，又皱皱眉头："这个地方依然不适合我的孩子居住！"于是，他们又搬家了。这一次，他们搬到了学校附近，周围都是读书人。孟子每天都看到上学的人举止文雅，落落大方，也学着读书演礼，孟子的妈妈很满意地点着头说："这才是我儿子应该住的地方呀！"于是便在此居住了。

孟母断织

孟子十分聪明，上学以后什么东西都一学就会，慢慢就觉得学堂的课实在没有意思。有一次，孟子连续三天早上出门都说去上学，下午还准时回家，孟母以为他是放学了。但是后来学堂老师派人来到孟子家，原来孟子三天都没去学堂，老师不放心，便派人到孟子家里探问，看孟子是不是生病了。孟母这才知道原来孟子逃学了。下午孟子又回来了，母亲问他到哪去了？孟子回答说上学去了。孟母大怒，拿起剪子就把织布机上的经线齐着机杼给剪断了。这一下孟子害怕了，因为他们维持家计的唯一来源就是母亲织的布。孟母让他将断了的线头全部接上，几百根经线全剪断了，哪里还接得上。孟母于是将道理说出来，读书与织布一样不能截断，截断了就接续不上了。即使能接续上，但织出的布满是疙瘩，还有人要买吗？你贪玩逃学，荒废时光，怎么能学到本领呢？千万不要走你远祖孟僖子的老路，给祖宗丢脸，抹黑。孟子的远祖孟僖子曾任鲁国的司空，有一次陪鲁昭公出访楚国。楚王在郊野举行盛大的欢迎仪式，孟僖子不学无术，不知如何演礼，急得满头大汗，自己丢丑不算还给鲁国抹了黑。之后孟子的高祖才拜孔子为师，成为七十二贤。孟子这才明白了自己的身世，他痛下决心刻苦学习，终于成为道德高尚、学识渊博的亚圣。

五子登科

《宋史·窦仪传》记载：宋代窦禹钧的五个儿子仪、俨、侃、偁、僖相继及第，故称"五子登科"。

五代后周时期，燕山府(今北京一带)有个叫窦禹钧的人，记取祖训，教导儿子们仰慕圣贤，刻苦学习，为人处世，不愧不怍。结果，他的五个儿子都品学兼优，先后登科及第。窦禹钧本人也享受八十二岁高寿，无疾而终。当朝太师冯道还特地写了首诗："燕山窦十郎，教子有义方；灵椿一株老，丹桂五枝芳。"

《三字经》也以"窦燕山，有义方，教五子，名俱扬"的句子，歌颂此事；后又逐渐演化出"五子登科"的吉祥图案，寄托了一般人家期望子弟都能像窦家五子那样获取功名。

窦燕山，名禹钧，北京幽州人。古代幽州属于燕国，燕国有山名燕山，故以地名尊称他为窦燕山，就像诗圣杜甫住在京兆少陵，被人称为杜少陵一样。

窦燕山是五代后晋时的人，年轻的时候不学好，做生意欺行霸市、缺斤少两、昧心行事，虽然赚了钱，但直到三十岁还没有子嗣。有一天夜里，他死去的父亲给他托梦，说："你心术不正、心德不端，恶名昭著，不但无子而且无寿。你要赶快改过迁善、大积阴德、广行方便，还有可能挽回。”

窦禹钧醒来以后，吓得出了一身冷汗，他痛下决心改邪归正。从前之恶不敢再犯，并且广行善事，在家里兴办义学、积德行善、克己利人。一天夜里又梦到他父亲对他说：“你现在阴功浩大，善名广播，后有五子齐登科甲，你也能活至高寿。”他醒来以后，行善更为积极，后来果然生了五个儿子：名为仪、俨、侃、偁、僖。

窦家教子有方，比如他的家庭之礼都按照古礼进行，家中男不乱入，女不乱出，男耕女织，和睦孝顺，所以才有五子联科。其中大儿子做到礼部尚书，二儿子做到礼部侍郎，其余三子也都做了官。

第二节　懂礼仪　重孝悌

为人子，方少时。亲①师友②，习礼仪③。香④九龄，能温席⑤。孝于亲，所当执⑥。融⑦四岁，能让梨。弟⑧于长，宜先知⑨。首⑩孝弟⑪，次⑫见闻⑬。

【注释】

①**亲**：接近。

②**师友**：老师与朋友。

③**礼仪**：一切礼节仪式。

④**香**：东汉时代的孝子，姓黄名香。

⑤**温席**：温暖枕席。

⑥**执**：实地去做。

⑦**融**：孔融，孔子的第二十世孙，年才四岁，便知道谦让之礼。

⑧**弟**：通“悌”，动词，尊敬兄长。

⑨**知**：晓得、了解。

⑩**首**：首先、最先。

⑪**孝弟**：孝，孝顺父母；弟，恭敬兄长。

⑫**次**：接下来、其次。

⑬**见闻**：眼见与耳闻，指看到和听到的知识。

【解读】

中华民族是一个拥有悠久历史和深厚文化底蕴的古老民族，在我们的传统文化中有许多美德我们应该把它发扬光大，作为我们建设社会主义精神文明的一部分。而其中的众多内容来自儒家文化。儒家文化的核心是“仁”，仁具体表现为“孝、悌、忠、信”等，其中儒家视“孝悌”为“仁”的根本。

孝，指对父母要孝顺、服从；悌，指对兄长要敬重、顺从。“孝悌”讲的是长幼有序，和人

性博爱。孔子认为“孝”是人的基础，不孝的人不能博爱。孝可概括为以下六点：第一，赡养父母。《论语·为政》说：“今之孝者，是谓能养。”第二，敬重双亲。《论语·为政》说：“……至于犬马，皆有能养，不敬，何以别乎？”第三，以爱心愉悦老人。《礼记·内则》说：“孝子之养老也，乐其心。”第四，规劝父母错误言行。《礼记·坊记》说：“从命不忿，微谏不倦。”第五，不做有损父母声誉道义的事。《论语·为政》说：“孟懿子问孝，子曰：‘无违’。”第六，不做无谓的有损父母所给予的躯体健康的事。《孟子·离娄下》说：“不顾父母之养……好勇斗狠……不孝也”等。“悌”主要指尊敬兄长，弟兄相亲。《左传·昭公二十六年》中说：“兄爱而友，弟敬而顺。”孝与悌相联系，是为了适应古代家庭宗法制度提出来的。

随着社会结构的变革及功利主义思想的盛行，亲情逐渐冷漠淡薄，对长辈的敬顺、对平辈的谦恕也渐渐褪色，现代的青年人对孝顺恭让的概念也渐渐模糊了。这对于整个社会来说是十分危险的。从字源角度讲，孝字上面是老的上半部，下边就是子，象征年轻人搀扶老人，悌的左半边是心，右半边是弟，象征着心中关怀着同辈人。一个人，假如对含辛茹苦抚养自己长大的父母尚且不去关爱，他又如何能去爱他人，爱工作，爱社会，爱国家，爱人民呢？孝不仅是个人的修养，而是社会的需要。面对着层出不穷的社会丑恶现象，不少人感伤人心不古，世道沉沦。由此可见道德观念的树立是多么重要。于是孝成为今天构建和谐社会的迫切需要。《大学》云：“古之欲明明德于天下者，先治其国。欲治其国者，先齐其家。欲齐其家者，先修其身。欲修其身者，先正其心。”在中国传统文化观看来要干事，先做人，只有把个人的品德修养好了，才能担当“治国平天下”的重任。

兄弟者手足也，《千字文》中也讲到“孔怀兄弟，同气连枝”。兄弟之道是五伦中的一伦，为悌道。兄弟之间要相互关心友爱，彼此气息相通，因为兄弟之间有直接的血缘关系，如同树木一样，同气连枝。悌道属于五常中的“礼”德，其原则就是“兄友弟恭”。做兄长的要友爱、关心弟弟，做弟弟的要恭敬、尊重兄长。兄弟之间如能各尽其道，自然和睦友爱。如果将利益放在第一位将亲情放在第二位，就大错特错了，不但有违兄弟之道，也有违孝道，因为兄弟反目最痛心的是父母。

【指点迷津】

1. 谨庠序之教，申之以孝悌之义，颁白者不负戴于道路矣！

——《孟子·梁惠王》

2. 千经万典，孝悌为先。

——《增广贤文》

3. 谁言寸草心，报得三春晖。

——孟郊《游子吟》

4. 夫孝，天之经也，地之义也，民之行也。

——《孝经》

【读史明智】

黄香温席

“香九龄，能温席”的故事，说的是汉朝时候，有一个叫黄香的孩子。在他九岁的时候，就已经很懂事了。每当炎炎夏日到来的时候，就给父母搭蚊帐，用扇子扇枕席，让枕头和席子清凉爽快，把蚊子赶走，让父母睡个好觉；到了寒冷的冬天，他就先钻进被窝里，把被子暖热，让父母睡得温暖。黄香的故事流传到了京城，京城人都说：“天下无双，江夏黄香。”

黄香对父母能尽孝道，是为人子者的好榜样。执是执持、不松手的意思，严持孝道，永不放弃，叫作“孝于亲，所当执”。

孔融让梨

孔融，字文举，东汉时期山东曲阜人，孔融四岁的时候，一天，父亲的朋友带了一盘梨给孔融兄弟们吃。父亲叫孔融分梨，孔融挑了个最小的梨，其余按照长幼顺序分给兄弟。父亲奇怪地问他：“别人都分到大的梨，你自己却分到小的，为什么呢？”孔融从容答道：“树有高的和低的，人有老的和小的，尊敬老人是做人的道理！”孔融让梨的故事，很快传遍了汉朝。小孔融也成了许多父母教育子女的好榜样。

孔融四岁就知道长幼有序，吃梨的时候，自己年纪小就吃小的。所谓“三岁看大，七岁看老”，四岁的孩子谦逊如此，方知其后必有大成。孔融任北海太守时，性情宽容好士，经常说：“座上客常满，樽中酒不空，吾无忧焉。”

卧冰求鲤

卧冰求鲤是古老的汉族民间传说故事。最早出自干宝的《搜神记》，讲述晋人王祥冬天为继母捕鱼的事情，被后世奉为奉行孝道的经典故事。房玄龄等编撰《晋书》亦收录此事，元代郭居敬则将其列入《二十四孝》中。卧冰求鲤也是山东省民间文学类的非物质文化遗产。

古时候，有一个叫王祥的孩子，他的生母去世了，父亲再娶了一个妻子，就是王祥的后母。后母不喜欢王祥，常在其父面前数说王祥的是非，可是，王祥很听后母的话，后母叫他做的事，他都尽力做好。一个寒冷的冬日，后母生了病，想吃活鱼，要王祥到河里捉鱼。天下着大雪，北风呼呼地吹着，河水早已结冰，哪有鱼呢？王祥想：我可以用体温使冰块融化啊！他脱掉衣服，卧在冰上，刺骨的寒冰冷得他牙关打战，全身颤抖，但他仍然强忍着。突然间，他身体下的冰块裂开了，从裂缝处跃出两条鲤鱼，王祥大喜，抱着鲤鱼飞奔回家，煮鱼汤给后母吃。从此，继母像变了一个人，对王祥非常好，王祥又去捉了几只黄雀让继母吃，继母的病渐渐地好了。他的举动，在十里八乡传为佳话。人们都称赞王祥是人间少有的孝

子。有诗颂曰:继母人间有,王祥天下无;至今河水上,留得卧冰模。

第三节　识名物　知常识

知某数[1],识某文[2]。一而十,十而百。百而千,千而万。三才[3]者,天地人。

三光[4]者,日月星。三纲[5]者,君臣义[6]。父子亲[7],夫妇顺[8]。曰[9]春夏,曰秋冬。

此四时,运[10]不穷[11]。曰南北,曰西东。此四方,应乎中。曰水火,木金土。

此五行[12],本[13]乎数。曰仁义[14],礼智信。此五常[15],不容紊[16]。稻粱菽,麦黍稷。

此六谷,人所食。马牛羊,鸡犬豕。此六畜,人所饲。曰喜怒,曰哀惧。

爱恶欲,七情具。匏土革,木石金。丝与竹,乃八音。高曾祖,父而身。

身而子,子而孙。自子孙,至玄曾。乃九族[17],人之伦[18]。父子恩,夫妇从。

兄则友,弟则恭。长幼序,友与朋。君则敬,臣则忠。此十义[19],人所同。

【注释】

①**数**:数目或数字。

②**文**:文学。

③**三才**:天才、地才、人才的总称。

④**三光**:日光、月光、星光的总称。

⑤**纲**:纲领、要领。

⑥**义**:凡事合宜。

⑦**亲**:亲切和睦。

⑧**顺**:和顺无争。

⑨**曰**:说道,提到。

⑩**运**:循环、运转。

⑪**不穷**:没有终止的时候。

⑫**五行**:就是水火木金土。

⑬**本**:根源、依据。

⑭**义**:事之宜也。

⑮**常**:恒不变的法则。

⑯**不容紊**:不可以紊乱、疏忽。

⑰**九族**:从高祖父到玄孙子,一共九代的总称。这"九族"代表着人的长幼尊卑秩序和家族血统的承续关系。

⑱**人之伦**:人们的尊卑长幼次序。即下文所说,父亲与儿子之间要注重相互的恩情,夫妻之间的感情要和顺,哥哥对弟弟要友爱,弟弟对哥哥则要尊敬。年长的和年幼的交往要

注意长幼尊卑的次序;朋友相处应该互相讲信用。君主尊重他的臣子,官吏对君主忠心耿耿了。

⑲**十义**:父慈、子孝、夫和、妇从、兄友、弟恭、朋谊、友信、君敬、臣忠。

【解读】

数字有好几种,其中阿拉伯数字是最普遍的一种。阿拉伯数字并不是阿拉伯人发明的,而是印度人发明的,只是先传播到阿拉伯,然后才传向世界,所以称之为“阿拉伯数字”。数字是一种用来表示数的书写符号,不同的记数系统可以使用相同的数字。比如,十进制和二进制都会用到数字“0”和“1”。同一个数在不同的记数系统中有不同的表示,比如,数37(阿拉伯数字十进制)可以有多种写法:中文数字写作三十七,罗马数字写作XXXVII,阿拉伯数字二进制写作100101(除十进制和二进制外还有八进制)。

三从四德:“三从”指未嫁从父、既嫁从夫、夫死从子;“四德”指妇德、妇言、妇容、妇功。三从四德是封建社会对妇女的一种迫害。三纲五常:“三纲”指君为臣纲、父为子纲、夫为妻纲;“五常”指仁、义、礼、智、信。

六谷:六谷是中国古代的六种主要谷物,古时指稻、黍、稷、粱、麦、苽六种农作物,而在《三字经》中,将稻、粱、菽、麦、黍、稷并成为六谷。另:吴语中玉米也被叫作“六谷”。

稻:指一种一年生的草本植物,在温暖气候下广泛栽培,种子用作人类主食,谷壳和其他副产品可饲养家畜,稻秆用来造纸。稻分水稻和旱稻,通常指水稻。子实叫谷子,碾制去壳后叫大米。有糯稻、粳稻、籼稻之分。古以黏者为稻,不黏者为粳。

粱:即粟,一年生草本植物,子实为圆形或椭圆小粒。北方通称“谷子”,去皮后称“小米”。

菽:豆的总称。

麦:一年生或两年生的草本植物,是我国北方重要的粮食作物,子实可食用,也可酿酒、制糖;亦可专指小麦。

黍:一年生草本植物,叶线形,子实淡黄色,去皮后称黄米,比小米稍大,煮熟后有黏性。亚洲或非洲可能在4000多年前就已有栽培。

稷:植物名,即黍,又称黄米。

“九”是基数中最高的数,也是阳数中最大的数,“九”表示最高最多的意义,寓意“长久”。于是与皇帝有关的事物多用“九”这一数字。如,帝王之位称“九五”。帝王称“九五之尊”。与九有关的还有:青铜器有“九鼎”,皇帝周围要设“九卿”;朝廷官制设“九品中正”,京师置“九门”;紫禁城的房屋有九千九百九十九间半;天安门城楼面阔九间,深九间;紫禁城及皇家园林、行宫的大门,装饰“九路钉”,每扇门的门钉纵横各九个,共81个钉。清代定制蒙古各部王公每年向皇帝进献白马八匹,白驼一匹,叫作“九白之贡”。其余贡品也多以“九”数计算。如康熙十三年规定:每年科尔沁等旗,共进十二“九”,计羊108只、乳酒

108 瓶。过去敕建寺庙,金佛的斤数也以九数铸成,或 81 斤或 72 斤;铸佛数量,也以九计,如乾隆四十五年为庆祝皇帝 70 寿辰,共造佛像 2 299 个“九”,合计 20 691 尊佛像。

二十四节气:立春、雨水、惊蛰、春分、清明、谷雨、立夏、小满、芒种、夏至、大暑、小暑、立秋、处暑、白露、秋分、寒露、霜降、立冬、小雪、大雪、冬至、小寒、大寒。

【指点迷津】

1. 五常之道,仁、义、礼、智、信也。

——汉 · 王充《论衡 · 问孔》

2. 父子有亲,君臣有义,夫妇有别,长幼有序,朋友有信。

——朱熹《白鹿洞书院教条》

3. 何谓人义?父慈,子孝,兄良,弟弟,夫义,妇听,长惠,幼顺,君仁,臣忠。

——《礼记 · 礼运》

4. 老吾老,以及人之老;幼吾幼,以及人之幼。

——《孟子 · 梁惠王上》

5. 人生所贵在知己,四海相逢骨肉亲。

——唐 · 李贺《雁门集》

6. 恩德相结者,谓之知己;腹心相结者,谓之知心。

——明 · 冯梦龙《警世通言》卷一

【读史明智】

赵孝争死

汉朝的时候有一对兄弟,哥哥叫赵孝,弟弟叫赵礼,兄弟两人相依为命十分友爱。

有一年,由于年景不好,粮食减产歉收,天下饥荒,社会动荡不安,一伙强盗就占据了宜秋山,四处抢掠。一天,强盗突然闯入赵孝所在的村子,进行抢掠,村中百姓都慌忙逃命。因为正值灾年且村子早已被各路强盗劫掠多次了,所以村里的粮食所剩无几。这时赵氏兄弟两个正在家中,一伙强盗破门而入,翻箱倒柜,欲搜刮粮食钱财,然而赵家已经是家徒四壁,没有一点儿油水,没有一点儿粮食,兄弟俩一看强盗冲进来了,吓得就直往门外跑,因为弟弟赵礼弱小跑得比较慢,强盗就一把抓住了赵礼,因为饥荒严重,饥饿早已经使盗贼失去了理智和人性,随即想把被抓的赵礼吃掉(在当时吃人的这种现象还是存在的)。

哥哥赵孝是先跑出来的,回头一看弟弟没有跟上来,四处询问,得知弟弟被强盗掳去,便只身跑去强盗的据点,正见到五花大绑的弟弟被系在树上,树下已经支起一口铁锅,锅中的水也已经煮沸了。见此情形,赵孝跪在凶恶的强盗面前,哀求说:“我弟弟有病,身体瘦弱,身上也没有多少肉,他的肉自然也不好吃,你们还是把他放了,由我替他,我身体好,我身体胖,你们就吃我吧。”强盗们被这突如其来的场面和赵孝的这番话吓到了,当场就愣住

了，强盗们面面相觑，他们哪里见到过这样甘愿送死的人。这时只见弟弟赵礼忙在旁边喊道："是我被你们抓住的，我如果被你们吃了，那是我命中注定的，我哥哥已经跑了，他有什么罪过？没有吃我哥哥的道理！应该吃我！"听罢此言，赵孝扑向弟弟，兄弟俩抱成一团痛哭。

穷凶极恶，无恶不作的强盗，看到赵氏兄弟互相争死的场面，也被这兄弟俩友爱之情震慑感动，他们那早已被抛弃的良知此刻也被这手足情谊唤醒，甚至几个强盗都流下了眼泪，随即强盗头目吩咐放了两兄弟，不得为难他俩，让他们回村。

这件事情后来被当朝皇帝知道了，不仅下令褒奖，封了兄弟二人相应的官职，还下诏书将事情昭示天下，将他们以德感化强盗的善行义举，作为兄友弟恭的最好典范，让全国百姓效仿学习。

第四节　读典籍　讲顺序

凡训蒙[①]，须讲究。详训诂[②]，明句读[③]。为学者[④]，必有初。小学[⑤]终，至四书[⑥]。

《论语》[⑦]者，二十篇。群弟子，记善言[⑧]。《孟子》[⑨]者，七篇止。讲道德，说仁义。

作《中庸》[⑩]，子思[⑪]笔。中不偏，庸不易。作《大学》[⑫]，乃曾子[⑬]。自修齐[⑭]，至平治[⑮]。《孝经》通，四书熟[⑯]。如六经[⑰]，始可读。诗书易，礼春秋。号[⑱]六经，当讲求[⑲]。

有连山，有归藏。有周易，三易详。有典谟，有训诰。有誓命，书之奥。

我周公[⑳]，作周礼[㉑]。著六官[㉒]，存治体[㉓]。大小戴[㉔]，注礼记。述圣言，礼乐备[㉕]。

曰国[㉖]风[㉗]，曰雅[㉘]颂[㉙]。号四诗[㉚]，当讽咏[㉛]。诗既亡，春秋作。寓[㉜]褒贬，别善恶。

三传[㉝]者，有公羊。有左氏，有谷梁。经[㉞]既明[㉟]，方[㊱]读子[㊲]。撮[㊳]其要[㊴]，记其事。五子[㊵]者，有荀扬。文中子，及老庄。

【注释】

①**蒙**：小孩刚开始读书识字叫蒙。

②**训诂**：研究字的意义。

③**句读**：一句为句，半句为读。

④**为学者**：做学问的人。

⑤**小学**：指研究字形、字音、字义的学问。

⑥**四书**：《论语》《孟子》《大学》《中庸》合称四书。

⑦**《论语》**：由孔子的弟子和再传弟子所编的书。

⑧**善言**：善言善语。

⑨**《孟子》**：儒家经典，记录了孟子的言行和政治观点。

⑩**《中庸》**：儒家经典。

⑪**子思**：孔子的孙子。

⑫**《大学》**：儒家经典。

⑬**曾子**：曾参，孔子的学生之一。

⑭**修齐**：修身、齐家。

⑮**平治**：治国、平定天下。

⑯**熟**：熟悉。

⑰**六经**：《诗经》《尚书》《周易》《仪礼》《乐经》和《春秋》，合称六经。

⑱**号**：称为。

⑲**讲学**：讲解而研究。

⑳**周公**：姓姬，名旦，为周文王的第四子。

㉑**周礼**：周公所写的书。

㉒**六官**：天官、地官、春官、夏官、秋官和冬官。

㉓**治体**：治理国家的大体。

㉔**大小戴**：大戴为戴德，小戴为戴圣。

㉕**备**：完美无缺。

㉖**国**：由诸侯所自封的国。

㉗**风**：《诗经》中的地方民歌。

㉘**雅**：《诗经》中的贵族祭祀之歌。

㉙**颂**：《诗经》中的宗庙祭祀之歌。

㉚**四诗**：即国风、小雅、大雅、颂四者。

㉛**讽咏**：吟哦朗诵。

㉜**寓**：寄含。

㉝**三传**：《公羊传》《左传》《穀梁传》，专为解释《春秋》而著。

㉞**经**：圣人所著的书。

㉟**明**：明白、清楚。

㊱**方**：才、开始。

㊲**子**：为诸子百家著作的书籍。

㊳**撮**：择取。

㊴**要**：重要的地方。

㊵**五子**：庄子、老子、荀子、扬子和文中子。

【解读】

训诂，解释古代汉语典籍中的字句，即解释，具体指解释古代汉语（文言文）中字词的意义。“训”，许慎《说文》：“训，说教也。”段注：“‘说教’者，说释而教之”。明梅膺祚《字汇》：

“训，释也。如某字释作某义，顺其义以训之。”用现代汉语说，训，就是用通俗的话去解释某个字的字义。“诂”，《说文》：“诂，训故言也。从言，古声。”段注：“训故言者，说释故言以人，是之谓诂。”

四书又称四子书，是《论语》《孟子》《大学》《中庸》的合称。南宋著名理学家朱熹取《礼记》中的《中庸》《大学》两篇文章单独成书，与记录孔子言行的《论语》、记录孟轲言行的《孟子》合为“四书”。四书的作者包括孔子、子思、孟子、程子、朱熹等，其编撰时间间隔达一千八百年。宋元以后，《大学》《中庸》成为学校官定教科书和科举考试必读书，对古代汉族教育产生了极大的影响。它蕴涵了儒家思想的核心内容，是儒学认识论和方法论的集中体现，其在中华思想史上产生了深远的影响。至今读来，仍不失其深刻的教育意义和启迪价值，堪称源远流长的汉文化精华，但《四书》中也存在着封建思想的局限性。

【指点迷津】

1. 玉不琢，不成器。人不学，不知道。

——《礼记·学记》

2. 博学之，审问之，慎思之，明辨之，笃行之。

——《礼记·中庸》

3. 致知在格物，格物而后知至。

——《礼记·大学》

4. 修身，齐家，治国，平天下。

——《礼记·大学》

5. 礼尚往来，往而不来非礼也；来而不往亦非礼也。

——《礼记·曲礼》

6. 大道之行也，天下为公。

——《礼记·礼运》

7. 学，然后知不足，教，然后知困。

——《礼记·学记》

8. 凡事预则立，不预则废。

——《礼记·中庸》

9. 多行不义必自毙。

——《左传·隐公元年》

10. 量力而行之，相时而动。

——《左传·隐公十一年》

11. 一鼓作气，再而衰，三而竭。

——《左传·庄公十年》

12. 居安思危，思则有备，有备无患。

——《左传·襄公十一年》

13. 防民之口，甚于防川。

——《国语·周语上》

【读史明智】

半部《论语》治天下

宋人罗大经《鹤林玉露》卷七记载了这样一个故事：宋初宰相赵普，人言所读仅只《论语》而已。太宗赵光义因此问他。他说："臣平生所知，诚不出此，昔以其半辅太祖（赵匡胤）定天下，今欲以其半辅陛下致太平。"这段话讲的是赵普半部《伦语》治天下的故事。赵普与赵匡胤是小时候的同学兼朋友，他出身比较贫苦，少年时期没有好好读过书，后跟随赵匡胤打天下。宋朝开国后，赵普历任宋太祖赵匡胤和宋太宗赵光义两朝的宰相，自称半部《论语》帮助赵匡胤打天下，另外半部《论语》帮助赵光义治理天下。赵普白天忙于处理国家政务，夜晚则读《鲁论》，所谓"鲁论"就是鲁国通行的《论语》二十篇。据说每当遇到重大问题时，赵普总是说："明天再做决策。"晚上回家以后，他从箱子里拿出一本书仔细阅读，第二天便能够提出一个很高明的见解。时间久了大家都很奇怪，觉得赵普家里一定藏有什么秘籍宝典，于是买通他的家人打探这个秘密。有一天，家人趁他不在家把书拿出来一看，原来是《论语》。可是谁也不相信，怎么可能是人人皆知的《论语》呢？赵匡胤得知此事，亲自到他家来探问，赵普就把那本《鲁论》拿了出来。赵匡胤说："此为朕幼年所习，如今卿家还在读吗"？赵普回答说："齐家治国平天下的道理尽在其中。"宋太宗继位以后仍然想任赵普为宰相，有人说赵普的坏话，说他只能读《论语》。太宗如实以告，赵普说："臣实不知书，只能读《论语》。我辅助太祖定天下只用了半部《论语》，尚有半部可以辅助陛下致太平"。故此"半部《论语》治天下"就成了中国文化史上的一段美谈。

第五节　通历史　知盛衰

经[1]子[2]通，读诸史[3]。考[4]世系[5]，知终始。自羲农[6]，至黄帝。号三皇[7]，居[8]上世[9]。唐[10]有虞[11]，号二帝[12]。相揖逊[13]，称盛世。夏有禹，商有汤。周文武[14]，称三王。

夏传子，家天下。四百载[15]，迁[16]夏社[17]。汤伐[18]夏，国号商。六百载，至纣亡。

周武王，始诛纣[19]。八百载，最长久。周辙东[20]，王纲坠[21]。逞[22]干戈[23]，尚[24]游说。始春秋，终战国。五霸[25]强，七雄[26]出。嬴秦氏，始兼并。传[27]二世，楚[28]汉争。

高祖兴，汉业建。至孝平[29]，王莽篡[30]。光武[31]兴，为东汉[32]。四百年，终于献[33]。

魏蜀吴，争汉鼎[34]。号三国[35]，迄两晋[36]。宋齐继，梁陈承。为南朝[37]，都[38]金陵[39]。

北元魏[40],分东西。宇文周[41],与高齐[42]。迨[43]至隋[44],一[45]土宇[46]。不再传,失统绪[47]。唐高祖[48],起义师[49]。除[50]隋乱,创国基。二十传[51],三百载。梁[52]灭之,国乃[53]改。梁唐晋,及汉周。称五代[54],皆有由[55]。炎宋[56]兴,受[57]周禅[58]。十八传[59],南北混[60]。辽与金,帝号纷[61]。迨灭辽,宋犹[62]存。至元兴,金绪歇。有宋世,一同灭。

并中国[63],兼戎狄[64]。明太祖,久亲师[65]。传建文,方四祀[66]。迁北京,永乐嗣。

迨崇祯,煤山逝。廿二史[67],全在兹。载治乱,知兴衰。读史者,考实录[68]。

通古今[69],若亲目。

【注释】

①**经**:圣人所著的书。

②**子**:诸子百家的书。

③**史**:历代流传下来的史书。

④**考**:考证、考察。

⑤**系**:一脉传承的顺序。

⑥**羲农**:伏曦氏和神农氏。

⑦**三皇**:伏羲、神农和黄帝。

⑧**居**:在。

⑨**世**:远古时代。

⑩**唐**:尧的国号。

⑪**虞**:舜的国号。

⑫**二帝**:尧和舜两个皇帝。

⑬**相揖逊**:将王位让给别人,自己辞去帝位。

⑭**周文武**:周朝的文王和武王。

⑮**四百载**:四百年。

⑯**迁**:更易、改换。

⑰**社**:国家。

⑱**伐**:攻打、讨伐。

⑲**纣**:商纣,商朝最后一位帝王。

⑳**辙东**:都城东迁。

㉑**坠**:衰败、坠落。

㉒**逞**:不顾后果地放纵。

㉓**干戈**:战争的事情。

㉔**尚**:崇拜。

㉕**五霸**:齐桓公、晋文公、楚庄王、秦穆公、宋襄公五人。

㉖**七雄**：秦、齐、楚、燕、赵、魏、韩七国。
㉗**传**：传位。
㉘**楚**：西楚霸王项羽。
㉙**孝平**：汉平帝在位的时代。
㉚**篡**：谋夺帝王之位。
㉛**光武**：光武帝刘秀。
㉜**东汉**：刘秀以洛阳为国都所建立的朝代。
㉝**献**：汉献帝，汉朝最后的一位帝王。
㉞**鼎**：代表统一天下或国家。
㉟**三国**：魏、蜀、吴。
㊱**两晋**：东晋与西晋。
㊲**南朝**：宋、齐、梁、陈四朝。
㊳**都**：建立国都。
㊴**金陵**：现在的南京。
㊵**元魏**：北魏。
㊶**宇文周**：宇文是宇文觉的姓，他灭了四魏，建立周。
㊷**高齐**：高是高洋的姓，他消灭东魏，建立齐。
㊸**迨**：直到。
㊹**隋**：杨坚所建立的朝代称隋。
㊺**一**：合而为一。
㊻**土宇**：相当于“天下”。
㊼**统绪**：纯正的道统。
㊽**唐高祖**：唐朝的开国之君，姓李名渊。
㊾**义师**：以仁义为号召的军队。
㊿**除**：平复。
(51)**二十传**：唐朝传位二十位君王。
(52)**梁**：即为史称的“后梁”，为朱全忠篡唐而立。
(53)**乃**：于是、才。
(54)**五代**：后梁、后唐、后晋、后汉、后周。
(55)**由**：理由、原因。
(56)**炎宋**：宋朝。
(57)**受**：承受。
(58)**禅**：“让位”的意思。
(59)**十八传**：宋代以1126年为界分为南宋、北宋，共18位皇帝。

⑥⓪**混**:纷乱、不安定。

⑥①**纷**:变化多端。

⑥②**犹**:仍然。

⑥③**中国**:中原地区。

⑥④**戎翟**:少数民族。

⑥⑤**亲师**:亲自带队打仗。

⑥⑥**祀**:年份。

⑥⑦**廿二史**:古代二十二部正史。

⑥⑧**考实录**:进一步研究历史资料。

⑥⑨**古今**:历史的来龙去脉。

【解读】

三皇五帝是我国传说中最早的帝王。但其实他们当时还只是部族、部落及部落联盟的首领,算不上现代意义上的帝王。由于只凭古籍记载而无文物考证,三皇五帝还属于传说、甚至神话中的人物。

三皇:①太昊伏羲氏:传说为古代东夷的著名首领,人头蛇身(龙身),领导的部落以蛇(龙)为图腾;相传他根据阴阳的变化创制了八卦,用八种简单的符号概括天地间万物万态;模仿蜘蛛结网,发明了鱼网;创制了乐器"瑟"。②炎帝神农氏:传说为上古部落著名首领,牛头人身,领导的部落以牛为图腾;相传他用树木制作耒、耜等农具;发现了草药,为人治病,被尊为医药和农业的创始人。③黄帝:传说姓姬、又说姓公孙,号轩辕氏、又号有熊氏,是4000多年以前黄河流域著名的部落领袖,黄帝时期有很多发明,养蚕抽丝、舟车、文字、音律、算术、历法、棺椁、器皿等等,后人赞誉他"能成命百物"。相传伏羲生时以木德称王于天下,后人祭祀他于东方,被称为东方天帝。道教也称他为东方天帝。相传炎帝神农氏是为了寻药医病而误食一种叫"百脚虫"的小虫子而中毒身亡。相传黄帝活到100岁以后,驾龙升天。炎帝与黄帝当时是不同的部落首领,他们时而联合对外、时而互相残杀,最终两部落联合,构成华夏族的主干成分,华夏族成为后来汉族。黄帝被奉为首领。所以今天我们自称"华夏儿女""炎黄子孙"。

五帝:①少昊:黄帝后裔。以鸟为图腾,做官职。其部落分为24个氏族,以奄为中心,活动于现山东半岛。其后代向江淮流域发展,后来春秋时期的郯国及周朝帝族都是他的后裔。传说活到100岁,在位84年,死于"奄",葬云阳山。(今山东曲阜附近有少昊庙)。②颛顼:传说是炎、黄联盟时期的重要首领。黄帝次子昌意的后代,20岁当部落首领,喜欢音乐。死后伏鱼体而复活,成为半鱼半人的"鱼妇"。传说活到98岁,在位78年。葬于东郡濮阳顿丘城外广阳里。(今河南濮阳西南)。③帝喾:传说是炎、黄联盟时期的重要首领。黄帝长子玄嚣的后代,30岁当部落首领。可以"春夏乘龙,秋冬乘马",能招来凤鸟天瞿跳舞。活到105岁，在位70年。病死，葬于濮阳顿丘城门外南面的台阴野处。（今河南濮阳附近）。④尧：传说中父系氏族社会后期的炎黄联盟首领，帝喾少子。16岁被推举为部落联盟首领，广招贤能，体恤民众，典范仁君。传说活到118岁，在位98年。葬于济阴城南（今山东菏泽）又说晚年被舜夺位，放逐死于平阳（今山西临汾）。现山西省临汾县有尧帝庙。⑤舜：普通农民儿子，自小生活经历磨难，为人和善，广得人心，深受爱戴。尧让为于舜，50岁即位，终年100岁。又有说，尧晚年昏庸，舜反之，夺位。葬于九嶷山下（今湖南宁远县）。另说，被禹夺位，放逐死于苍梧。

【指点迷津】

滚滚长江东逝水，浪花淘尽英雄。是非成败转头空。青山依旧在，几度夕阳红。白发渔樵江渚上，惯看秋月春风。一壶浊酒喜相逢。古今多少事，都付笑谈中。（明·杨慎《临江仙》）

【读史明智】

烽火戏诸侯

周朝的周幽王是一个非常残暴而腐败的君主，他有个爱妃名叫褒姒，长得非常美丽，《东周列国志》中有这样一段话来形容褒姒：“目秀眉清，唇红齿白，发挽乌云，指排削玉，有如花如月之容，倾国倾城之貌。”褒妃虽然很美，但是“从未开颜一笑”。为此，周幽王使出了一个办法：“谁要能叫娘娘一笑，就赏他一千斤金”（当时把铜叫金）。于是有人想出了一个点起烽火戏诸侯的办法，想换取娘娘一笑，一天傍晚，周幽王带着爱妃褒姒登上城楼，命令四下点起烽火。临近的诸侯看到了烽火，以为西戎（当时西方的一个部族）来犯，便领兵赶到城下救援，但见灯火辉煌，鼓乐喧天。一打听才知是周幽王为了取乐于娘娘而干的荒唐事儿，各诸侯汗流浃背，狼狈不堪，敢怒不敢言，只好气愤地收兵回营。褒姒见状，果然淡然一笑。但事隔不久，西戎果真来犯，虽然点起了烽火，却无援兵赶到。原来各诸侯以为周幽王又是故技重施。结果都城被西戎攻下，周幽王也被杀死了，从此西周便灭亡了。

玄武门之变

玄武门之变是唐高祖武德九年六月初四由当时的天策上将、唐高祖李渊的次子秦王李世民在唐王朝的首都长安城（今陕西西安）大内皇宫的北宫门——玄武门附近发动的一次政变。

在李家父子起兵反隋的过程中，李建成、李世民兄弟二人配合默契，直到唐朝建立。

高祖即位后，李建成为太子，常驻宫内处理事务，为文官集团代表。李世民封为秦王，继续率领武将集团带兵出征，功劳也最大。

太子自知战功与威信皆不及李世民，心有忌惮，就和弟弟齐王李元吉联合，一起排挤和陷害李世民;同时李世民集团亦不服太子,双方持续明争暗斗。

经过长期的斗争,李世民集团逐步占据上风,最终李世民设计在玄武门杀死了自己的长兄皇李建成和四弟李元吉,被立为新任皇太子,并逼李渊退位,后继承皇位,是为唐太宗,年号贞观。

第六节 做学问 贵在勤

口而诵,心而惟[1]。朝于斯,夕于斯。昔仲尼,师项橐。古圣贤,尚勤学。

赵中令,读鲁论。彼既仕,学且勤。披蒲编,削竹简。彼无书,且知勉。

头悬梁,锥刺股。彼不教,自勤苦。如囊萤,如映雪。家虽贫,学不辍。

如负薪,如挂角。身虽劳,犹苦卓[2]。苏老泉,二十七。始发愤,读书籍。

彼既老,犹悔迟。尔小生,宜早思。若梁灏,八十二。对大廷,魁多士。

彼既成,众称异。尔小生,宜立志。莹八岁,能咏诗。泌七岁,能赋棋。

彼颖悟,人称奇。尔幼学,当效之。蔡文姬,能辨琴。谢道韫,能咏吟[3]。

彼女子,且聪敏。尔男子,当自警[4]。唐刘晏,方[5]七岁。举[6]神童,作[7]正字。

彼[8]虽幼,身已仕[9]。尔幼学,勉而致。有为者,亦若是。犬守夜,鸡司晨。

苟不学,曷为人。蚕吐丝,蜂酿蜜。人不学,不如物。幼而学,壮[10]而行[11]。

上致君[12],下泽民[13]。扬名声,显父母。光于前[14],裕于后[15]。人遗[16]子,金满籯[17]。

我教子,惟一经。勤有功[18],戏无益。戒[19]之哉,宜勉力。

【注释】

①**惟**:思维、想。

②**卓**:在艰苦中显出毅力来。

③**咏吟**:咏诗作对。

④**自警**:自我警惕。

⑤**方**:恰好、才。

⑥**举**:推选。

⑦**作**:作了。

⑧**彼**:他。

⑨**仕**:当官。

⑩**壮**:长大。

⑪**行**:做。

⑫**致君**:尽力辅佐君王。

⑬**泽民**:为百姓谋福利。

⑭**光于前**:光耀祖先。

⑮**裕于后**:使子孙生活富足。

⑯**遗**:留。

⑰**籯**:竹箱子。

⑱**有功**:成果。

⑲**戒**:警惕。

【解读】

一个人的成功离不开勤奋。科学测试证明:95% 的人智商介乎 70～130 的标准范围,只有 2.5% 的人智商低过 70。因此,智力绝不是成绩的决定因素,关键还是在于学习的方法和态度。不同的学习阶段、学习环节需要不同的学习方法,不同的学科、不同的知识类型也需要不同的学习方法,只要方法好,绝大多数学生都能够取得优异成绩。

对于所有的孩子而言,课堂学习的时间是共有的,书本上的知识内容是相同的。要实现超越,仅仅把握住这段时间是远远不够的,必须掌握科学、实用、高效的学习方法,只有这样才能超越他人,走在前列。

有晚清"中兴第一名臣"之称的曾国藩就是以勤治军,以勤治家,以勤修身的典范。他一生的成就基本都体现在一个字"勤"字上。他曾说过:"盖士人读书,第一要有志,第二要有识,第三要有恒。有志则不甘为下流,有识则知学问无尽,不能以一得自足,有恒则断无不成之事。此三者缺一不可。"

【指点迷津】

1. 业精于勤,荒于嬉;行成于思,毁于随。

——韩愈《进学解》

2. 故不积跬步,无以至千里;不积小流,无以成江海。骐骥一跃,不能十步,驽马十驾,功在不舍。锲而舍之,朽木不折;锲而不舍,金石可镂。

——荀子《劝学篇》

3. 知之为知之,不知为不知,是知也。

——《论语·为政》

4. 旧书不厌百回读,熟读深思子自知。

——苏轼

5. 河渠那得清如许,为有源头活水来。

——朱熹

【读史明智】

头悬梁

"头悬梁"故事中的人物是晋朝人孙敬。孙敬,字文质,汉代信都(今河北冀州)人。好学，后入洛阳，在太学附近一小屋安顿母亲然后入学。他曾采杨柳为简，加以编联，用来写经，这是历史上“辑柳”的典故。《太平御览》上记载：孙敬“好学，晨夕不休”，常年闭门谢客，攻读诗书，人称“闭户先生”。他苦读诗书，常常通宵达旦，困倦得眼皮都睁不开了，就弄根绳子把头发绑起来吊在房梁上。打盹垂头的时候，揪一下头发就惊醒了，继续读下去。

孙敬凭借其“头悬梁”的苦读精神，终能通今博古、满腹经纶，成为晋时知名的大儒。后人对孙敬的苦读精神极为敬仰，并将此与战国时苏秦“读书欲睡，引锥刺其股”的故事并谈，用以教育孩童。

苏秦刺股

古时候，有一个学者叫苏秦。苏秦自幼家境贫寒，连书都读不起。为了维持生计和读书，他不得不时常卖自己的头发或者帮别人打短工，后来又离乡背井到了齐国拜师学艺。

经过一年的学习，苏秦认为自己已经把老师的本领都学到了，便迫不及待告别老师和同学，去闯荡天下。但是一年后不仅一无所获，连钱也用完了。他只能穿着破衣草鞋踏上了回家之路。

到家时，苏秦已骨瘦如柴，全身破烂肮脏不堪，满脸尘土。妻子见他这个样子，摇头叹息，继续织布；嫂子见他这副样子扭头就走，不愿做饭；父母、兄弟、妹妹不但不理他，还暗暗笑他活该！

苏秦看到家人这样对待他，十分伤心。他关起房门，不愿意见人，对自己作了深刻的反省：“妻子不理丈夫，嫂子不认小叔子，父母不认儿子，都是因为我不争气，没有好好学习。”

他认识到了自己的不足，又重新振作精神，搬出所有的书本，发愤读书。他每天读书到深夜，有时候不知不觉伏在书案上就睡着了。第二天醒来，都后悔不已，但又没有什么办法不让自己睡着。有一天，读着读着实在困了，不由自主便扑倒在书案上，但他猛然惊醒——手臂被什么东西刺了一下。一看是书案上放着一把锥子，他马上想出了制止打瞌睡的办法：锥刺股（大腿）！以后每当要打瞌睡时，就用锥子扎自己的大腿一下，让自己突然“痛醒”。他的大腿因此常常是鲜血淋漓，惨不忍睹。

家人见到这样，有些不忍心，劝他说：“你一定要成功的决心和心情我们可以理解，但不一定非要这样虐待自己啊！”

苏秦回答说：“不这样，就会忘记过去的耻辱！”

经过一年的努力，苏秦已经很有学问了。他又开始出去闯荡天下，这一次终于事业有成，开创了自己辉煌的政治生涯。

孔子勤学

孔子说过，“生而知之者上也，学而知之者次也。”即使是生而知之还是要学习，有的人天分很高很聪明，但是不认真求学问，倚仗自己的天分胡作非为，就把自己给毁了。孔子是

圣人，也还是活到老学到老，他曾向七岁的项橐请教问题，给后人做了好榜样。

项橐是春秋时期的神童，孔子曾经向他请教过问题，所以被后世尊为“圣公”。相传，孔子有一次与弟子们东游。待车马行至齐地纪障邑的时候，大道边上有几个戏耍的玩童，有一童子立于路中不动。子路见状，停车呵斥道：“小孩子怎么不让车呢？碰到你怎么办？”童子说：“城池在此，车马安能通过？”孔子探身道：“城在何处？”童子说：“筑于足下。”孔子下车观看，果见小儿立于石子、瓦片摆成的“城”中。童子问：“是城让车马，还是车马让城？”孔子笑道：“好伶俐的童子！请问你叫什么名字，多大年龄？”小儿答道：“我叫项橐，年方七岁。请问您是哪一位？”孔子答道：“我是鲁国孔丘。”项橐惊道：“您就是鼎鼎大名的孔夫子！那么我请教您三个问题，答得出来我就让城让路，答不出来就请绕城而过。”孔子觉得项橐这个小孩很有意思，于是笑道：“一言为定！”项橐说：“天地人为三才，夫子可知天有多少星辰、地多少五谷、人有多少根眉毛？”孔子摇头说：“我还真的不知道”。项橐得意道：“我来告诉你，天有一夜星辰，地有一茬五谷，人有黑白两根眉毛。”项橐再问：“请教什么水没有鱼？什么火没有烟？什么树没有叶？什么花没有枝？”孔子答道：“江河湖海，水中都有鱼；柴草灯烛，是火就有烟；没有叶不成树，没有枝又哪里有花呢？”项橐听后晃着脑袋说：“不对，是井水没鱼，萤火没烟，枯树没叶，雪花没枝。”

项橐又问：“什么山上无石？什么车子无轮？什么牛无犊？什么马无驹？什么男人没有妻子？什么女人没有丈夫？孔子逗他道：“啊呀，我还是不知道。”项橐又道：“土山无石，轿车无轮，泥牛无犊儿，木马无驹儿，神仙无妻，仙女无夫”。

孔子心中实在是敬佩这个七岁的孩子，于是向项橐行礼，绕城而过。这就是后世传说的“项橐三难孔夫子”的故事。

历史上确有孔子向项橐请教有关音乐问题的记述，而“三难”则纯属传说故事。山东纪城碑廓镇东北八公里处有一山，名叫躲子山，传说项橐就是在此山避难时遇害的。

项橐三难孔夫子的故事盛传之后，各国诸侯都派人打探项橐的住处，以便为已所用。为避祸项橐就藏到山里，但被吴国、齐国的武士发现了。两国武士为争夺项橐打斗起来，吴人看劫持不成就将项橐刺死了，其时项橐年仅十二岁。

编蒲书，削竹简

西汉时候有个人叫路温舒，字长君，山西潞州人，小时候给人放羊，家贫没有钱买书。中国在汉代以前，非世家没有藏书，非自己下功夫抄录，就无书传学。那时候还没有纸张，非绢帛皮简无以为书，所以家贫也就自然没有书可读了。

路温舒放羊时经常路过一片池塘，他注意到池塘边上长的蒲草很茂盛，就背回家一大捆，截成与竹简一样尺寸，并将其编联在一起，然后借来《尚书》工工整整地抄到上面。有了蒲编书，他就一边放羊一边读书。因为他精通汉律、熟悉法律，之后做了狱吏，最后官至临淮太守，成为西汉著名的法律专家。

"削竹简"的是西汉的公孙弘。他出身贫贱,二十多岁时曾经当过县监狱的小官,后因过错被免了职。公孙弘本来就不甘心平庸,因为家境贫寒只好替别人放猪。他五十多岁的时候,经常跑到竹林里把竹子削成竹简,把借来的《春秋》和各家的注解,抄在竹简上面。汉武帝时期,公孙弘官至左内史、丞相,封为平津侯。

囊萤映雪

"囊萤"的典故讲的是晋朝人车胤的故事,"映雪"讲的是晋朝人孙康的故事。他们虽然家境贫寒、生活艰苦,却能立志苦读,没有因为读书的条件差就停止学习。唐朝李渤有诗说:"次兄一生能苦节,夏聚流萤冬映雪。"说的就是此二人的典故。曾国藩也说过:"读书乃寒士本业,切不可有官家风味。吾于书箱及文房器具,但求为寒士所能各者,不求珍异也。"

车胤,字武子,晋代南平(今湖北公安)人,他的祖父车浚,三国时期作过东吴的会稽太守。因灾荒请求赈济百姓,被昏庸的吴主孙皓处死,此后车胤的家境就一贫如洗了。车胤立志苦读,太守王胡之曾对他的父亲车育说:"此儿当大兴卿门,可使专学。"因家中贫寒,晚上看书没钱点灯,他就捉些萤火虫放在纱布缝制的袋子里面,借着萤火虫发出的微弱光苦读。

在他父亲的指导下,车胤终于成了一个很有学问的人,一生中做过吴兴太守、辅国将军、户部尚书等官职。唐朝杨弘贞、杨番、蒋防都著有《萤光照学赋》,均是谈车胤之事。

孙康,晋代京兆(今河南洛阳)人,晋秘书监孙盛的曾孙、长沙太守孙放之孙。孙康幼时酷爱读书,常常感到时间不够用。他想夜以继日地攻读,可此时家道中落,没钱买油点灯。一到天黑,便没有办法读书了。特别到了冬天,长夜漫漫,他有时辗转很久难以入睡。实在没有办法,只好白天多看书,晚上躺在床上默诵。

一天夜里,他一觉醒来忽然发现从窗外透进几丝白光。开门一看,原来下了一场大雪,大地闪闪发光使他眼花缭乱。孙康心中一动,映着雪光可否读书呢?他急急忙忙跑回到屋里,拿出书来对着雪地的反光一看,果然字迹清楚,比昏黄的油灯要亮得多!

整个冬天,孙康都夜以继日地苦读,从没有中断过。孙康砥砺求进,学有大成,终成很有名望的学者。

教学建议

《三字经》被称为"蒙学经典",具有独特的教育价值和文化魅力。幼儿时期是孩子养成良好习惯的开始阶段,这一阶段学习国学知识有助于孩子身心的健康成长。

一、幼儿园《三字经》教学指导意见

在教学中应侧重以下几点。

首先,以诵读为主。由于《三字经》富有很强的韵律感和节奏感,三字一句,非常适合幼儿诵读。诵读能让幼儿在吟诵中对中华传统文化产生兴趣，对其以后学习知识、感悟人生都会产生潜移默化的作用。学前教育阶段可以让幼儿通过诵读经典发展幼儿的语言，培养幼儿的语感；同时长期的朗读和背诵，又可以锻炼幼儿的记忆力。

其次，讲故事。利用孩子喜欢听故事的年龄特点，在教学中给孩子们讲解一些《三字经》中的小故事。通过这些小故事，激发孩子学习三字经的兴趣。孟母三迁、孟母断织、五子登科、黄香温席、孔融让梨等小故事在孩子听起来津津有味的同时，也提前渗透了对《三字经》文本的理解，通过故事也达到了教育孩子形成良好品质的目的。另外，可以结合现实中的例子，正确引导幼儿如何做一个正直、善良、有作为的人。

再次，有效利用多媒体辅助教学。教师可搜集一些相关的图片和动画进行合理配乐朗诵教学。给《三字经》配上适当的轻音乐来朗诵。优美的音乐不但可以大大提高幼儿的朗读兴趣，还能使幼儿情绪放松，把学习经文当成一种美的享受。这样可以提高幼儿的学习兴趣，达到很好的教学效果。

最后，引领家长、塑造氛围、注重熏陶。不能仅仅为了让孩子学会而教，因为孩子并不仅仅是一个容器，等待着我们将这样那样的知识灌进去。孩子有兴趣学习才是最关键的。在幼儿园和孩子通过各种方法诵读的同时，也引领家长借助学习《三字经》，为孩子营造一个书香门第的氛围，鼓励家长在家在茶余饭后抽出十分钟的时间与孩子一起诵读，在潜移默化、耳濡目染中学习，促进孩子人格的健康发展。

课时建议：每周2课时

二、幼儿园《三字经》教学案例

《三字经》教学案例

课　题	《三字经》
班　级	大班
课　时	1课时
教学目标	1. 让幼儿初步了解《三字经》的相关知识。 2. 学习《三字经》前四句话，并让幼儿在理解的基础上记忆。 3. 通过学习《三字经》继承和弘扬我国优秀传统文化，并培养幼儿良好的道德品质。
教学重点	学习《三字经》前四句话，让幼儿在理解的基础上记忆。
教学难点	通过学习《三字经》，培养幼儿良好的道德品质。
教学准备	《三字经》图书一本；《三字经》挂图一份；《三字经》儿歌音乐。

续表

教学过程	(一)游戏导入 (二)认识《三字经》 (三)诵读《三字经》 (四)解读《三字经》 1. 人之初,性本善。 人刚生下来的时候,本性都是善良的。 2. 性相近,习相远。 人的天性本来差不多,但在成长的过程中,生活和学习的环境有所不同,品行差异就会越来越大。 3. 苟不教,性乃迁。教之道,贵以专。 一个人如果从小就没有受到良好的教育,那么善良的本性就会改变。而教育最根本的方法就是专心,持之以恒地坚持下去。 4. 总结 (五)听儿歌 播放《三字经》儿歌音乐。	
教学延伸	师:小朋友们,今天我们学习了《三字经》,等我们回家以后给自己的爸爸妈妈读一遍好吗?	

附录

《百家姓》

赵钱孙李周吴郑王冯陈褚卫蒋沈韩杨朱秦尤许何吕施张孔曹严华金魏陶姜戚谢邹喻柏水窦章云苏潘葛奚范彭郎鲁韦昌马苗凤花方俞任袁柳酆鲍史唐费廉岑薛雷贺倪汤滕殷罗毕郝邬安常乐于时傅皮卞齐康伍余元卜顾孟平黄和穆萧尹姚邵湛汪祁毛禹狄米贝明臧计伏成戴谈宋茅庞熊纪舒屈项祝董梁杜阮蓝闵席季麻强贾路娄危江童颜郭梅盛林刁钟徐丘骆高夏蔡田樊胡凌霍虞万支柯昝管卢莫经房裘缪干解应宗丁宣贲邓郁单杭洪包诸左石崔吉钮龚程嵇邢滑裴陆荣翁荀羊於惠甄麴家封芮羿储靳汲邴糜松井段富巫乌焦巴弓牧隗山谷车侯宓蓬全郗班仰秋仲伊宫宁仇栾暴甘钭厉戎祖武符刘景詹束龙叶幸司韶郜黎蓟薄印宿白怀蒲邰从鄂索咸籍赖卓蔺屠蒙池乔阴郁胥能苍双闻莘党翟谭贡劳逄姬申扶堵冉宰郦雍郤璩桑桂濮牛寿通边扈燕冀郏浦尚农温别庄晏柴瞿阎充慕连茹习宦艾鱼容向古易慎戈廖庾终暨居衡步都耿满弘匡国文寇广禄阙东欧殳沃利蔚越夔隆师巩厍聂晁勾敖融冷訾辛阚那简饶空曾毋沙乜

养 鞠 须 丰 巢 关 蒯 相 查 后 荆 红 游 竺 权 逯 盖 益 桓 公 万俟 司马 上官 欧阳 夏侯 诸葛 闻人 东方 赫连 皇甫 尉迟 公羊 澹台 公冶 宗政 濮阳 淳于 单于 太叔 申屠 公孙 仲孙 轩辕 令狐 钟离 宇文 长孙 慕容 鲜于 闾丘 司徒 司空 亓官 司寇 仉 督 子车 颛孙 端木 巫马 公西 漆雕 乐正 壤驷 公良 拓拔 夹谷 宰父 谷梁 晋 楚 闫 法 汝 鄢 涂 钦 段干 百里 东郭 南门 呼延 归 海 羊舌 微生 岳 帅 缑 亢 况 后 有 琴 梁丘 左丘 东门 西门 商 牟 佘 佴 伯 赏 南宫 墨 哈 谯 笪 年 爱 阳 佟 第五 言 福　《百家姓》终

《蒙求》(节选)

唐·李翰 撰

王戎简要，裴楷清通。孔明卧龙，吕望非熊。杨震关西，丁宽易东。
谢安高洁，王导公忠。匡衡凿壁，孙敬闭户。郅都苍鹰，宁成乳虎。
周嵩狼抗，梁冀跋扈。郗超髯参，王珣短簿。伏波标柱，博望寻河。
李陵初诗，田横感歌。武仲不休，士衡患多。桓谭非谶，王商止讹。
嵇吕命驾，程孔倾盖。剧孟一敌，周处三害。胡广补阙，袁安倚赖。
黄霸政殊，梁习治最。墨子悲丝，杨朱泣岐。朱博乌集，萧芝雉随。
杜后生齿，灵王出髭。贾谊忌鹏，庄周畏牺。燕昭筑台，郑庄置驿。
瓘靖二妙，岳湛连璧。郄诜一枝，戴冯重席。邹阳长裾，王符逢掖。
鸣鹤日下，士龙云间。晋宣狼顾，汉祖龙颜。鲍靓记井，羊祜识环。
仲容青云，叔夜玉山。毛义捧檄，子路负米。江革忠孝，王览友弟。
萧何定律，叔孙制礼。葛丰刺举，息躬历诋。管宁割席，和峤专车。
时苗留犊，羊续悬鱼。樊哙排闼，辛毗引裾。孙楚漱石，郝隆晒书。
枚皋诣阙，充国自赞。王衍风鉴，许劭月旦。贺循儒宗，孙绰才冠。
太叔辨洽，挚仲辞翰。山涛识量，毛玠公方。袁盎却座，卫瓘抚床。
于公高门，曹参趣装。庶女振风，邹衍降霜。范丹生尘，晏婴脱粟。
诘汾兴魏，鳖灵王蜀。不疑诬金，卞和泣玉。檀卿沐猴，谢尚鸲鹆。
泰初日月，季野阳秋。荀陈德星，李郭仙舟。王忳绣被，张氏铜钩。
丁公遽戮，雍齿先侯。陈雷胶漆，范张鸡黍。周侯山嶷，会稽霞举。
季布一诺，阮瞻三语。郭文游山，袁宏泊渚。黄琬对日，秦宓论天。
孟轲养素，扬雄草玄。向秀闻笛，伯牙绝弦。郭槐自屈，南郡犹怜。
鲁恭驯雉，宋均去兽。广客蛇影，殷师牛斗。元礼模楷，季彦领袖。
鲁褒钱神，崔烈铜臭。梁竦庙食，赵温雄飞。枚乘蒲轮，郑均白衣。
陵母伏剑，轲亲断机。齐后破环，谢女解围。凿齿尺牍，荀勖音律。
胡威推缣，陆绩怀橘。罗含吞鸟，江淹梦笔。李廞清贞，刘驎高率。
蒋诩三径，许由一瓢。杨仆移关，杜预建桥。寿王议鼎，杜林驳尧。
西施捧心，孙寿折腰。灵辄扶轮，魏颗结草。逸少倾写，平子绝倒。

澹台毁璧，子罕辞宝。东平为善，司马称好。公超雾市，鲁般云梯。
田单火牛，江逌爇鸡。蔡裔殒盗，张辽止啼。陈平多辙，李广成蹊。
陈遵投辖，山简倒载。渊客泣珠，交甫解佩。龚胜不屈，孙宝自劾。
吕安题凤，子猷访戴。董宣强项，翟璜直言。纪昌贯虱，养由号猿。
冯衍归里，张昭塞门。苏韶鬼灵，卢充幽婚。震畏四知，秉去三惑。
柳下直道，叔敖阴德。张汤巧诋，杜周深刻。三王尹京，二鲍纠慝。
孙康映雪，车胤聚萤。李充四部，井春五经。谷永笔札，顾恺丹青。
戴逵破琴，谢敷应星。阮宣杖头，毕卓瓮下。文伯羞鳖，孟宗寄鲊。
史丹青蒲，张湛白马。隐之感邻，王修辍社。阮放八隽，江泉四凶。
华歆忤旨，陈群蹙容。王濬悬刀，丁固生松。姜维胆斗，卢植音钟。
桓温奇骨，邓艾大志。杨修捷对，罗友默记。杜康造酒，苍颉制字。
樗里智囊，边韶经笥。滕公佳城，王果石崖。买妻耻醮，泽室犯斋。
马后大练，孟光荆钗。颜叔秉烛，宋弘不谐。邓通铜山，郭况金穴。
秦彭樊辕，侯霸卧辙。淳于炙輠，彦国吐屑。太真玉台，武子金埒。
巫马戴星，宓贱弹琴。郝廉留钱，雷义送金。逢萌挂冠，胡昭投簪。

明理篇

第一章 《弟子规》

经典导读

中华民族是一个拥有着五千年悠久历史和文化的文明古国，其博大精深、底蕴深厚的文化为华夏子孙留下了弥足珍贵的历史遗产。在古老的文明长河中，能历经几千年而未被淘汰，无疑对中国传统文化起着巨大的作用。中国古代的童蒙教育，从西周至清末，绵延数千年。作为千百年来汲取营养、启迪心智、规范道德行为的重要思想基础，古代蒙学教育的基本目标和教育内容主要以品德训练和文化知识教学为主，蒙学读本的出现不仅是实现童蒙目标的重要保证，更是古代童蒙教育实践的结晶。随着社会的不断发展进步，蒙学读本也随着历史的演变而不断变化，不少蒙学之书已远远超出童蒙教育的藩篱，如《百家姓》《三字经》《千字文》《幼学琼林》《弟子规》等书籍，不仅荟萃了那个时代的经典之作，更为后代留下了无比珍贵的财富。因此，我们要肩负起自身的责任和历史使命，将它们发扬光大。《弟子规》作为中华传统经典启蒙教材之一，凝聚着中华几千年文明智慧，是孔孟圣贤伦理道德教育之集大成者。从问世之初，便成为启蒙养德、教化子弟的理想范本，被誉为“开蒙养正最上乘”。

一、《弟子规》的成书及作者介绍

清朝康熙年间，出于统治阶层长久统治的目的，开始主动追求对传统优秀思想文化的认同。上至天子，下至百姓，无不秉承着圣贤的传统学说。众多的读书人将圣人的谆谆教诲与自己的实际体验结合在一起，通过著书立说，向世人传达一脉相承的儒学思想。《弟子规》也是在这种文学氛下写作而成的，其历史渊源可以追溯到两千多年前的孔子时代。《弟子规》原名《训蒙文》，中国传统启蒙教材之一，为清朝的李毓秀所作。李毓秀字子潜，号采三，山西省新绛县龙兴镇周庄村人，是清朝年间著名学者和教育家。根据《新绛县志》记载，他生于康熙年间，卒于乾隆年间，生卒年不详，没有什么明确的记载。其人生经历平实，虽然饱读诗书，满腹经纶，却没有取得较大的功名和较高的官职，科举不中后便放弃了仕途，终其一生只是秀才。然而他的学术之路并没有因此而终结，他从师党冰壑游历多年，勤于治学，著书立说，教书育人，被人尊称为李夫子。虽然在科举道路上他是一个失败者，但在研究《大学》《中庸》的领域里却颇有建树，他依据传统对童蒙的实际要求，将儒家经典“仁、义、礼、智、信”文化具体到日常生活中，又结合自己多年教书实践编撰成书写成《训蒙文》，后又经过清代贾存仁修订整理并将书名更为《弟子规》。因他对幼学启蒙的特点谙练熟稔，所编写的内容全面，语言简练，易于持诵，因而备受追捧，成为清代后期影响最广的儿童道德启蒙读物。李毓秀的其他著作还有《四书正伪》《四书字类释义》《学庸发明》《读大学偶记》《宋儒夫文约》等，在众多的作品里，唯《弟子规》的影响最大，特别是其在传承中国传统文化方面作用不可小觑。

二、《弟子规》的作品内容及体例

在《弟子规》之前出自名儒手笔的蒙学伦理读本已有不少，其中尤以南宋理学大师朱熹的《童蒙须知》备受推崇。可名气虽大，说理却过于深奥，加之引用古礼和难字偏多，在蒙学中并不易于推广。知识性蒙学读本《三字经》《千字文》虽然易懂通俗，却不专注道德训示。而明代吕德胜父子编著的《小儿语》《续小儿语》，内容也略显庞杂。唯《弟子规》不求其大，不贪其全，作者在先贤创作的基础上，结合《礼记・曲礼》《童蒙须知》及个人的生活经历编撰成书。以圣贤孔子的教诲为基点，以《论语・学而》篇中“弟子入则孝，出则悌，谨而信，泛爱众，而亲仁，行有余力，则以学文”为总纲要，匠心独运。全文共 360 句，1080 个字，三字一句，两句一韵，合辙押韵，说理透彻，语言精练，文字亦浅显易懂，摆脱了传统理论冗长和枯燥无味的说教，具有较强的执行力。基本内容融汇了古代圣贤对弟子的训诫，对弟子在家、出外、待人、接物与学习生活上应该恪守的礼仪进行了阐述，将儒家传统的孝悌诚信、行仁守礼的德育、智育思想转化为具体的行为规范，成为了《弟子规》创作的核心思想。这里的“弟子”一词沿用了它在《论语》中的含义，泛指兄弟姐妹中的年龄较小者或晚辈子女，“弟子”不单指小孩，圣贤人的学生都可称为弟子。再广泛来讲，“弟子”可以说是每一个人，“规”是行为规范和做人的道理。从“弟子规”这三个字中，就可以了解该书成书的目的就是以学规的形式对弟子进行学习指导和品行修养教育的启蒙读物。

三、《弟子规》的德育文化价值

没有规矩不成方圆，作为一个礼制教化源远流长的国家，若无规矩，早就走向崩溃。《弟子规》成书虽然只有三百多年的历史，却牢牢扎根于中国几千年的文化之中，其内容浓缩了古代蒙学教材之精华，可与《三字经》《百家姓》《千字文》相媲美。当今，随着国学热不断升温，人们对经典的关注也越来越多，《弟子规》的德育文化价值也重新被唤醒。人们期望借助深厚的传统道德伦理来规范言行举止，激发人性向善，弥补和纠正社会在法治逐步健全完善过程中所暴露出来的种种缺失和不足，如书中所暗含的感恩、诚信、尊重教育，对提高人的道德文化修养有明确的指示作用。正如钱文忠先生说：“《弟子规》更侧重规矩，看重文明，它的形成不是横空出世，而是对传统儒家文化的继承和发展，这样的一部书正是我们今天社会所需要的。”它不仅是一部蒙学之书，也是所有人规范行为的经典读本；它不仅可以净化心灵，熏染德行，也成为社会发展、学校教育、家庭教育的迫切需求。虽然书中所列举的行为准则有着深深的时代烙印，也存在与现代社会发展相背离的地方，但总体上，它

依然符合当今多元的、开放的历史时期社会的价值道德取向，因此要辩证看待它，取其精华，弃其糟粕。总之，今天我们学习《弟子规》要守经典之规，重现代之用，以古鉴今，古为今用，“与经典同行，与圣贤为友”，在潜移默化中继承中华民族优秀的传统文化，得出对当代德育教育的启示。

含英咀华

第一节　总叙

弟子①规，圣人②训③。首孝弟④，次谨信⑤。

泛爱众，而亲仁。有余力，则学文⑥。

【注释】

①**弟子**：①泛指兄弟姐妹中的年龄较小者和晚辈子女；②是指学生，年幼的孩子叫弟子，儿童和少年也可以算弟子。

②**圣人**：德高望重、知行完备、至善之人。这里专指儒家的创始人孔子。

③**训**：教诲，教导。

④**弟**：通“悌”，敬爱、顺从兄长，这里可以理解为“友爱”的意思。

⑤**谨信**：谨：谨慎，出言慎重。信：诚信。

⑥**文**：文化知识或典章文献，泛指一切学问。

【解读】

《弟子规》是依据至圣先师孔子的教诲而编成的童蒙训诫。开篇讲的就是孔夫子的核心思想，孝、悌、仁、爱。总叙部分不仅以孔子《论语·学而》篇中“弟子入则孝，出则悌，谨而信，泛爱众，而亲仁。行有余力，则以学文。”为依据，讲述了为人处世的根本原则，同时也作为整部《弟子规》的总纲领。首先告诉我们在日常生活中，要孝顺父母，友爱兄弟姊妹；其次在一切生活言语行为中要小心谨慎，信守承诺；与大众要平等博爱的相处，亲近有仁德的人，向他们学习，以上这些为做人的根本。如果做到这些还有闲暇的时间，就要努力学习六艺等其它有益的学问，做德才兼备之人，德行先，才能后。《易经》中也提到：“蒙以养正，圣功也。”意思是孩子小时候就要培养其孝敬父母、友爱兄弟的孝悌之道；培养其浩然正气、谦逊待人、诚信守礼的正确待人态度，让其奠定德行的根基。而作为现代人，我们在日常生活中更多的是关注孩子的学习状况和身体健康，却恰恰忽略了孩子的品行与规矩。培养孩子良好的习惯要从小做起，至乐莫如读书，至要莫如教子 。

【指点迷津】

1. 离娄之明,公输子之巧,不以规矩,不能成方圆。

——战国 · 邹 · 孟轲《孟子 · 离娄上》

2. 子曰:“德之不修,学之不讲,闻义不能徙,不善不能改,是吾忧也。”

——春秋 · 鲁 · 孔子《论语 · 述而》

3. 教民亲爱,莫善于孝;教民礼顺,莫善于悌。

——春秋 · 鲁 · 孔子《孝经 · 广要道章第十二》

【读史明智】

杏坛讲学

孔子是我国古代著名的教育家、思想家,儒家学派的创始人。孔子最早创办私塾,收徒讲学,留下了许多宝贵的教学经验。相传孔子杏坛设教,收弟子三千,授六艺之学。讲四门教育“德行、言语、政事、文学。”四门教育首重德行教育,培养了众多人才。“杏坛讲学”的典故最早出现在庄子的一则寓言中,“孔子游于缁帏之林,休坐乎杏坛之上。弟子读书,孔子弦歌鼓琴”。现今,在孔庙主体院落大成门内,有一棵挺拔高耸的桧树。相传这是孔子亲手栽下的,坛前有四棵杏树,就是孔子当年坐在坛上弦歌讲学、教授弟子读书的地方。孔子讲学的目的正是为了扶正摇摇欲坠的社会,改变“礼崩乐坏”的现实。他的教育思想是一种“有教无类”的民本思想,不分贫富,不分贵贱,不分老少,不分国籍,兼收并蓄。后来“杏坛”也成为孔子兴教的象征。银杏多果,象征着弟子满天下;树杆笔直,不旁逸斜出,象征弟子正直的品格;果仁既可食用,又可入药,象征弟子学业所成可以利于社稷民生。此后,孔子每日杏坛讲学,四方弟子云集。孔子《论语 · 学而》篇中“入则孝,出则弟,谨而信,泛爱众,而亲仁。行有余力,则以学文。”就是对自我修身提出具体的要求。《礼记 · 大学》亦云:“身修而后家齐,家齐而后国治,国治而后天下平。”封建时代的读书人,大凡有道德、有学问的追求,即使处于困境,仕途不达,亦能保持高洁的操守。这些儒家“孝悌”文化,对今天的教育者来说仍具有积极的借鉴意义。

典出《庄子 · 杂篇 · 渔夫》

董遇三馀

三国时,魏国有个叫董遇的人,字季直,为人淳朴忠厚,热爱学习。可自幼生活贫苦,靠上山砍柴为生,每天为生活不停奔波。但只要一有时间,他就静下心来读书学习,积累了渊博的知识。大家都很敬佩他,名声也越来越大,引来众人纷纷求教,请他讲学,他说:“书读百遍,其意自见”,认为书本是最好的老师。很多人苦于没有时间,他便教他们利用三种空余时间学习。“冬者,岁之余;夜者,日之余;阴雨者,时之余”。也就是说冬天是一年之余,

晚上是一天之余，雨天是平日之余。人们听了恍然大悟，就是要抓紧一切可利用的时间学习来提高自身的水平。古代家境贫寒的读书人常常想尽办法挤时间来读书，囊萤映雪、凿壁偷光等都是巧用时间的例证，晋代的陶渊明也有惜时诗："盛年不重来，一日难再晨，及时当勉励，岁月不待人。"唐代王贞白诗中更有"一寸光阴一寸金"的妙喻。总之，在当代各项条件都更好的情况下，我们一定要懂得珍惜光阴，认真学习。

典出《三国志 · 魏志 · 董遇传》

【社会热点】

1978 年，75 位诺贝尔奖获得者齐聚巴黎。人们对于诺贝尔奖获得者非常崇敬，其中有记者提问："在您的一生里，您认为最重要的东西是在哪所大学、哪所实验室里学到的呢？"这位白发苍苍的诺贝尔奖获得者平静地回答："是在幼儿园。"记者感到非常惊奇，又问道："为什么是在幼儿园呢？您认为您在幼儿园里学到了什么呢？"诺贝尔奖获得者微笑着回答："在幼儿园里，我学会了很多很多。如：与小伙伴一同分享、不能私藏东西；东西要有定位；饭前要洗手；午饭后要休息；做了错事要表示歉意；学习要多思考等。我认为我学到的全部东西就是这些。"

成就这位诺贝尔奖获得者一生的，其实就是从小养成的好规矩，好习惯。就目前很多幼儿出现的"攀比"风气你怎么看待？

第二节 入则孝

父母呼，应勿缓；父母命，行勿懒。
父母教，须敬听；父母责，须顺承。
冬则温，夏则凊[1]；晨则省[2]，昏则定[3]。
出必告，反[4]必面；居有常，业无变[5]。
事虽小，勿擅为；苟擅为，子道[6]亏。
物虽小，勿私藏；苟私藏，亲心伤。
亲所好，力为具[7]；亲所恶，谨为去。
身有伤，贻亲忧；德有伤，贻[8]亲羞。
亲爱我，孝何难；亲憎我，孝方贤。
亲有过，谏使更[9]；怡[10]吾色，柔吾声。
谏不入，悦复谏；号[11]泣随，挞[12]无怨。
亲有疾，药先尝；昼夜侍，不离床。
丧三年，常悲咽；居处变，酒肉绝。
丧尽礼，祭尽诚；事死者，如事生。

【注释】

①清(qìng):凉爽。指为人子女尽孝道,夏天替父母把床铺扇凉。

②省(xǐng):请安,探问。

③定:定省。子女要早晚问候父母。这里专指晚间服侍父母就寝。“凡为人子之礼,冬温而夏清,昏定而晨省。”语出《礼记·曲礼上》。

④反:同“返”,指回家。

⑤业无变:业:职业。无变:指在外做事要讲规矩,不要随意改变,以免让父母担忧。

⑥子道:做子女应该做的事情。

⑦具:准备。

⑧贻(yí):遗留。

⑨更:使之改变。

⑩怡:和悦。

⑪号:大声哭,哭号。

⑫挞(tà):鞭打。用鞭、棍等打人。

【解读】

这一部分讲的是为人子之道。中国传统文化认为:“百善孝为先”,孝之重要不言而喻。古之蒙学强调孝道,《弟子规》当然也不例外,将孝放在最重要的位置。孝的结构是上老下子,重在强调血缘关系的延续性。子曰:“夫孝,德之本也。教之所由也。”教者,孝之文也。教育从孝开始,以孝为根本,重在培养孩子对血缘的尊重,孝敬父母,尊敬长辈。“入则孝”部分按照孔子所言“居则致其敬,养则致其乐,病则致其忧,丧则致其哀,祭则致其严”的顺序,精要的把孝文化概括得淋漓尽致。特别提出了孝顺父母的四个基本要求和作为子女应该做的事。这里所提及的是传统社会侍奉父母的日常礼节,这看似简单的几句话,做起来并不容易。人人皆知父母养育儿女之辛劳,当父母年老体弱的时候,子女要行反哺之孝,这是做人的基本道德规范,也是人之为人的道德底线。但这种良善的天性如果不及时施以正确的引导便会很快泯灭掉。不知不觉中,习惯了衣来伸手、饭来张口,就会认为父母疼爱乃天经地义之事。孟子曾说:“人间有三乐,第一乐便是“父母具存,兄弟无故。”孝要倾听父母的需要,要尽量按照父母的需要去做,莫要等到“树欲静而风不止,子欲养而亲不待”。《弟子规》用一个相当的篇幅来进一步告诉我们要从点滴做起,从小就要培养孩子的孝道精神。同时“入则孝”部分还进一步阐述了小辈在长辈面前应该有的礼节和应该遵守的规矩。哪怕事情再小,也不能自己擅作主张。哪怕东西再小,也不能私自藏匿。子女要努力去满足父母的愿望,可单纯满足父母的愿望,照顾好父母就是孝顺父母吗?当然不全是,我们还要善待自己,洁身自好,如果自己身体受伤了或是品德出了问题也是不孝。天下的父母尽爱自己的孩子,只是在不同的文化和不同的传统里,爱的表现形式会不一样,在现实生活中,

父母与子女之间也会出现诸多的问题，如果父母有过错，子女要以劝谏的方式，和颜悦色、态度诚恳的规劝父母改正，父母如果不听劝告，要做到"号泣随"，也要"挞无怨"。然而，就当今社会来看，要辩证来看待这种做法。

【指点迷津】

1. 千经万典，孝悌为先。

——明·《增广贤文》

2. 夫孝，天之经也，地之义也，民之行也。

——春秋·鲁·孔子《孝经·三才章》

3. 谁言寸草心，报得三春晖。

——唐·孟郊《游子吟》

4. 身体发肤受之父母，不敢毁伤，孝之始也。

——春秋·鲁·孔子《孝经·开宗明义章》

5. 不敬其亲而敬他人者，谓之悖礼；不爱其亲而爱他人者，谓之悖德。

——春秋·鲁·孔子《孝经·圣治章》

6. 父母之年，不可不知也，一则以喜，一则以惧。

——春秋·鲁·孔子《论语·里仁》

7. 勿以恶小而为之，勿以善小而不为。

——三国·蜀·刘备《三国志·蜀志传》

【读史明智】

扇枕温衾

黄香，东汉江夏人，为人知书达理，博学能文。九岁时母亲早亡，黄香年纪虽小，却深深懂得孝的道理。失去母亲的黄香把全部的孝心都倾注于父亲身上。隆冬之际，每天晚上屋里异常的寒冷，黄香就用自己的身体将被子焐热让父亲睡，这样父亲就免去寒冷之苦了。三伏盛夏，酷热难当。小黄香担心劳累一天的父亲因为天气太热睡不好觉，就用扇子将父亲的席子扇的凉快些，一直扇到席子已经暑气全消，黄香才会去请父亲上床睡觉。这些生活的细节虽然是日常小事，却处处体现出了黄香的纯孝之心。后来，黄香的孝行流传到京城，九岁的孩童能这样懂得孝顺父亲，感动了太守刘护，他上书向朝廷申报，推举黄香为"孝廉"，黄香由此成为成为名列《后汉书》和《二十四孝》的大孝子。人们皆称他"天下无双，江夏黄香。"也有人作诗颂扬他："冬月温衾暖，炎天扇枕凉。儿童知子职，知古一黄香。"小黄香有这样的孝心，后来成为以孝文明，以孝施政的榜样。然而，现今科技发达，物质生活富裕了，我们不需要再像黄香那样扇席暖床了，但他孝敬父母的精神是永远值得我们学习的。当夏天夜晚来临时，我们是否想到早早地开冷风让房间凉爽，父母入睡时再及时地关掉，以

免着凉;冬天时,是否想到开暖风让父母感到丝丝暖意。行孝是天下子女应尽之责,只有养成爱护父母的习惯,才会有“温、良、恭、俭、让”待人的处事态度,才会赢得大家的尊重。

典出《二十四孝》

孟宗哭竹

诗曰:“东吴孟宗,抱竹而哭,冬月笋生,母疾平复”。三国时,吴国有位孝子姓孟名宗。少年时父亡,他对母亲照顾得无微不至。一年冬天,天寒地冻,孟母年老病重,很想吃鲜笋做的汤。孟宗实在没有办法,便跑到屋后的双峰山竹林里四处挖掘,希望能挖到新鲜的竹笋,可正值严冬,哪里有新鲜的竹笋呢?想着卧床的母亲,急得大哭起来。他的眼泪一滴一滴地掉在雪地上,眼泪融化了雪,或许是他的一番孝行感动了天地,从地上长出了嫩绿的竹笋。孟宗大喜,赶紧把它挖出来,回家做了一碗鲜笋汤,孟母喝了汤后果然病就痊愈了。

古有“二十四孝”,孝感占有“三孝”,是全国闻名的“孝子之乡”,“孟宗哭竹”就是其中一孝。孟宗哭竹的地方就是哭竹巷。后人有诗云:泪滴朔风寒,萧萧竹数竿。须臾冬笋出,天意报平安。”孟宗“哭竹生笋”在现实中是难以想象的,但孟宗对母亲的孝敬却是一种真挚的情感。善良的人们敬佩孝顺之人,这种至纯的孝行,正是人们所向往和推崇的,因孝心而显现的奇迹正是大家共同的愿望。我们孝敬父母,不是只供给他的吃穿,还要让父母感到快乐,同时更要善体父母的心思。父母想得到的、想听到的、想看到的,为人子女都要善加观察,尽量能曲承亲意,让他们感受到温暖体贴的孝心,享受到人生的幸福美满。孝不分贵贱,也不分时间有无,只要真诚地付出,任何的方式都足以让父母得到安心,都足以让父母感到欣慰。

典出《二十四孝》

陶母教子

东晋有名的贤将陶侃,一生清廉俭朴,政绩显著,青史留名,这在很大程度上归功于母亲从小对他的教育。陶侃从小勤奋好学,孝顺母亲,十里八乡无人不知。初做渔梁吏,食用官府的腌鱼。他念起家中贫寒的母亲,就用陶罐盛了一点鱼托人送给母亲。不料,母亲不但不接受,还将陶罐封上退回,并附信责备说:“汝为吏,以官物遗我,非惟不能益吾,乃以增吾忧矣!”陶侃严守母训,从此为官廉洁奉公,两袖清风,最终成为晋朝著名的清官。陶母教子,给人诸多启示。陶侃的母亲将希望寄托在儿子身上,她看到儿子的举动意识到一个可怕的后果,那就是初次“以官物遗我”的乃鱼也,再次可能是金或银,直至将为官廉洁奉公抛于脑后而成为落下千古骂名的贪官,这有悖于她的初衷,也有悖于她的希望,更有悖于自己的良心。

正如刘备语:“勿以恶小而为之,勿以善小而不为。”也如孝篇所提到的“事虽小,勿擅为;苟擅为,子道亏。物虽小,勿私藏;苟私藏,亲心伤。”从小养成懂规矩和廉洁的品格,也

是对父母孝顺的一种体现。

典出《世说新语》

【社会热点】

感人心者莫先乎情，至仁至爱，是中华民族的传统美德，年仅38岁的田世国在自己生命周期的巅峰将肾捐给了年迈的母亲，正是儿子如此壮烈的反哺之爱，才使生命垂危的母亲重获新生。田世国的举动，充分体现了中华民族孝敬长辈的优良传统，他用自己的身体力行践行了人与人之间美好的情感，带给我们的是一种心灵冲击。“2004 年度感动中国人物”，让这个故事最终演化成一场被誉为“重新唤醒现代人传统孝道”的热潮，带给人们一个又一个动人的亲情故事。在你的心目中是怎样理解现代人的孝道？

第三节　出则弟

兄道友①，弟道恭；兄弟睦，孝在中。
财物轻，怨何生？言语忍，忿自泯②。
或饮食，或坐走，长者先，幼者后。
长呼人，即代叫；人不在，己即到。
称尊长，勿呼名；对尊长，勿见能③。
路遇长，疾趋揖；长无言，退恭立。
骑下马，乘下车；过犹待，百步余。
长者立，幼勿坐；长者坐，命乃坐。
尊长前，声要低；低不闻，却非宜。
近必趋④，退必迟；问起对，视勿移。
事诸父⑤，如事父；事诸兄⑥，如事兄。

【注释】

①**道友**：道：应该遵守的行为道德原则。友：友爱。
②**泯**：灭，指消除化解。
③**见(xiàn)能**：见同“现”，逞能，夸耀。
④**趋**：小步快走，表示恭敬。
⑤**诸父**：叔父、伯父。
⑥**诸兄**：兄长，堂兄。

【解读】

悌是儒家的伦理范畴，指敬爱兄长，友爱兄弟，常常与“孝”并称，称为“孝悌”。儒家非

常重视孝悌之道，把它看作实行“仁”的根本条件。《弟子规》悌篇讲的就是家中兄弟姐妹之间的相处之道以及与长辈在一起要遵守的规矩，教导孩子对待长辈要有恭顺的态度和行为，要懂得尊重别人。这里的“悌”是形声字，从心，从弟，兄在弟旁，心中有弟，兄弟者，手足也。兄弟间能诚心友爱，各尽其道，彼此息息相通，因为兄弟之间有直接的血缘关系，如同树木一样，同根连枝。兄弟之间如果将利益放在第一位，亲情放在第二位，不但有违兄弟之道，也有违孝道。《弟子规》中“首孝弟”确实是教育的根本。只有在家懂得孝敬父母，踏入社会才知道敬爱师长、尊敬领导；在家懂得友爱兄弟，在外面才知道关心朋友、包容互助。遵守孝悌之道，在社会上才能更好地接人待物。法昭禅师曾说：“一回相见一回老，能得几时为弟兄”。所以，为人父母真为自己的孩子着想，就要从小重视这些影响孩子一辈子的重要德行教育，这才是其人生幸福，才是真正的自然之道。

【指点迷津】

1. 谨庠序之教，申之以孝悌之义。

——战国 · 邹 · 孟轲《孟子 · 梁惠王上》

2. 悌，善兄弟也。

——东汉 · 许慎《说文解字》

3. 弟爱兄，谓之悌。

——西汉 · 贾谊《道术》

4. 子曰：“其为人也孝悌，而好犯上者鲜矣。不好犯上，而好作乱者，未之有也。君子务本，本立而道生。”

——春秋 · 鲁 · 孔子《论语 · 学而》

【读史明智】

温公爱兄

“温公兄老，爱敬情深，饥寒饱暖，时时关心。”讲的是宋朝时，有位明儒贤相叫司马温公，名光，字君实。他一生孝顺父母、友爱兄长、忠于朝廷。不仅他的德行备受推崇，他友爱兄弟的情怀更是流传千古。司马光的哥哥，字博康，名旦，兄弟二人的感情特别好。司马光每次返乡探亲，总会探望兄长，对哥哥关怀备至。当时的博康已有八十多岁，而司马光也年事不小，对待兄长依然如同父亲一般关怀备至，尤其是老人家体制羸弱，消化不佳；季节交替的时候又担心老人着凉，日日嘘寒问暖，兄弟间的情怀也自然流露出来。

人的一生和兄弟姐妹的相处时间往往超过父母，所以更应该彼此提携照顾，相互珍惜。温公与兄长之间的至情至亲的手足情怀一直成为古今美谈。温公虽然身处高官，但照料兄长从来都是亲力亲为，与仆人代劳全然不同。所谓“友爱至极，无以复加”。的确，天底下到底有多少人能拥有这般幸福的手足之情呢？曹植与曹丕本是亲生兄弟，应骨肉深情，真诚

相至，可却为了争夺地位、权利、财产不顾手足之情而骨肉相残。兄弟之间本应同气连枝，骨肉相连。然而纵观上下几千年的历史，兄弟相残的例子也数不胜数。孟子曾言：“孩提之童，无不知爱其亲者，及其长也，无不知敬其兄也。”(《孟子·尽心上》)意思是说孩提时代要懂得孝敬父母，长大之后要友爱兄弟，因为这些源于自然的天性，是人人应该知道的美德。司马温公的悌道，鼓舞了一代又一代的人们。从他自身的卓越品德操守中，我们要真正体会这种忠诚爱国和骨肉的至情，身体力行，追随这种不朽的精神风范。

典出《宋史·卷三百三十六·列传第九十·五司马光传》

田真叹荆

隋代有一户田氏人家，住着田真、田庆和田广三兄弟。父亲在世时，家业兴旺，地有千顷，骡马成群。堂前有一棵紫荆花树，无人管理却枝繁叶茂，开着五瓣小花，香气扑鼻。自他们成家之后，兄弟三人就想要各自发展，便将家产分成了三份。所有财产都已分好，只剩下庭院中那棵紫荆树了，多年来一直欣欣向荣，象征着家庭的兴旺。哥哥田真叹息着道：“田家的历史有多长，紫荆树就有多老。”田庆不以为然地说：“我们家产都分完了，留着这棵树也没什么用了，不如也把它给分了。”弟弟田广精打细算，认为紫荆树的树皮和木材都可以入药，不如直接把它砍掉，一人分一份，还能卖个好价钱。田真仰望着昔日的故宅和茂盛的紫荆树，内心十分的伤感，却无计可施。第二天，当田真去截树时，原本茂盛挺拔的紫荆树，一夜之间突然全部枯萎凋零，好像被火烧过一样。田真严肃地说：“树木原本就是同气连枝的，正是因为听说要被砍成三段，才会顷刻憔悴，我们人竟然连树木都不如啊！为什么手足之情要这样分离？他们决定不再分树，把分家的契约在紫荆树面前一同烧毁，决定继续同舟共济，共同经营幸福的生活。几天后，奇迹出现了，紫荆树复活了，还和以前一样。从此之后，他们兄弟更加友爱，他们相互扶持，相互帮助，再也不提分家的事情了。世人称紫荆树为和谐树、合欢树，它有灵性，后来“紫荆”常常用做比拟亲情，作为称美兄弟的典故。

“悌道”是孝道的延续，兄弟交往的关键在于和睦、谦让、忍让，建立这种友爱的观念非常重要。唐朝张公艺有“公艺百忍图”，这其中和为贵、忍为先的传统思想更是涵盖古今。“田真叹荆”的故事，不禁让我们明白真诚之心，无不感人心怀，化及万物。纵使是一枝一叶、一草一木，也能受到感动。人生苦短，千万不要等到追悔莫及时，才徒自伤悲。骨肉之情，手足之爱，当要好好珍惜。

典出南朝梁吴均《续齐谐记》

【社会热点】

当今社会，很多老人有退休金、有医保，本来可以安享晚年，但为什么好多老人家晚年的情况不太好呢？很大一部分原因是因为看见子女不和，兄弟间不讲悌道，家庭闹矛盾。江苏的陶老汉将自己土地分给两个儿子，自己靠捡垃圾为生，后来陶老汉感觉自己身体欠佳，希望人生最后日子兄弟二人能为他养老送终，可没想到的是两个儿子互相推脱，谁也不肯接父亲回家。陶老汉在孤独悲伤中离世。后来两个儿子才发现陶老汉将生前的存款全部取出，最终随遗体一起化为灰烬。对待这个事情你怎样看？

古人常常把孝悌并称，作为评价一个人最重要的标准。你认为具备怎样的品质才是悌？现在独生子女众多，悌道似乎难以理解，能列举一些你周围悌道的例子吗？

第四节　谨①

朝起早，夜眠迟；老易至，惜此时。
晨必盥②，兼漱口；便溺③回，辄净手。
冠必正，纽必结；袜与履④，俱紧切。
置冠服，有定位；勿乱顿⑤，致污秽⑥。
衣贵洁，不贵华；上循分⑦，下称⑧家。
对饮食，勿拣择；食适可，勿过则。
年方少，勿饮酒；饮酒醉，最为丑。
步从容，立端正；揖深圆，拜恭敬。
勿践阈⑨，勿跛倚⑩；勿箕踞⑪，勿摇髀⑫。
缓揭帘，勿有声；宽转弯，勿触棱⑬。
执虚器，如执盈⑭；入虚室，如有人。
事勿忙，忙多错；勿畏难，勿轻略。
斗闹场，绝勿近；邪僻事，绝勿问。
将入门，问孰存；将上堂，声必扬。
人问谁，对以名；吾与我，不分明。
用人物，须明求；倘不问，即为偷。
借人物，及时还；人借物，有勿悭⑮。

【注释】

①**谨**：由言和堇组成，本意作“慎”解。堇，黄色黏土，土质细密。言，行思缜密。谨是小心、谨慎、缜密的意思。

②**盥**：洗漱。

③**溺**：同“尿”。

④**履**：鞋。

⑤**顿**：放，安置。

⑥**秽**:肮脏。

⑦**分**(fèn):身份,等级,名位、职责、权利的限度。

⑧**称**(chèn):合适,相称。

⑨**阈**(yù):门槛。语出《礼记·曲礼上》:“大夫士出入君门,由闑右,不践阈。”

⑩**跛倚**:偏倚,站不正。语出《礼记·礼器》:“有司跛倚以临祭,其为不敬大矣。”

⑪**箕踞**:两脚张开,两膝微曲地坐着,形状像箕。

⑫**髀**(bì):大腿,亦指大腿骨。

⑬**棱**:棱角。

⑭**盈**:满。

⑮**悭**(qiān):小气,吝啬。

【指点迷津】

1. 子曰:“君子欲讷于言而敏于行。”

——春秋·鲁·孔子《论语·里仁》

2. 子曰:“食不厌精,脍不厌细。”

——春秋·鲁·孔子《论语·乡党》

3. 正其衣冠,尊其瞻视,俨然人望而畏之,斯不亦威而不猛乎?

——春秋·鲁·孔子《论语·尧曰》

4. 立不中门,行不履阈。

——春秋·鲁·孔子《论语·乡党》

5. 历览前贤国与家,成由勤俭破由奢。

——唐·李商隐《咏史》

6. 夫君子之行,静以修身,俭以养德,非淡泊无以明志,非宁静无以致远。

——三国·蜀·诸葛亮《诫子书》

【解读】

“谨”,是一种生活态度。生活中要谨言慎行,才能不犯错误。“谨”作为《弟子规》的第三部分内容,是《弟子规》中最长的一段,作者按时间顺序,从生活中的点滴小事、细节入手,详细列举了日常生活中应注意的习惯,告诫弟子处处要谨严,不可疏忽。朝起夜眠,饮食有节,这是对孩子自制力的训练。“至官服,有定位。”衣冠步履要有规律,这是培养孩子独立生活的能力。“事勿忙,忙多错,勿畏难,勿轻略。”这里说的是做事的能力。如此详细的说明,能够看出古人对弟子的殷殷嘱咐。而恰恰这些正是现代孩子所缺乏的能力。现在孩子大部分都娇生惯养,从小饭来张口、衣来伸手。也许有的连最基本的洒扫都不会,试想今后他们将如何面对生活呢?中国古代文化教育的传统是古人入小学先要学习“洒扫、应对、进退”的礼仪,可不要小看这种生活规范教育,它不仅是生活教育更是品德教育。谨的行为不是束人手脚，而是为了养成良好的生活习惯和严谨的生活态度。《淮南子·人间训》曰："圣人敬小慎微，动不失时。"用敬慎的态度处理细小的问题，不轻举妄动，待时机恰好时，再采取适宜的做法，这才是圣人之举。只有让孩子在生活中养成忍让、克己等品格，长大之后才能在逆境中奋起。

【读史明智】

朽木难雕

宰予是孔子众多弟子当中非常讨孔子喜欢的一个，因为他很会说话，说起来头头是道，娓娓动听。最早，孔夫子认为宰予一定会很有出息，对他寄予厚望。可是不久，宰子暴露出了懒惰的毛病。一天，孔子讲学，发现宰予没来，就派弟子去找他。一会儿工夫，弟子回来报告说，宰予正在房里睡觉。就因为在不恰当的时间小睡一会，孔夫子非常动怒，很生气说："朽木不可雕也，粪土之墙不可杇也。于予与何诛？"意思是腐烂的木头不堪雕刻，粪土似的墙壁粉刷不得，对于宰予你这样的人，我有什么好责备的？我理都不理你，连说都懒得说你。这话说得很重，要传达的意思无非是让大家珍惜光阴，做事需谨慎。如果我们去看《论语》可知，孔夫子基本上是温文尔雅的，动怒的情况并不多，这大概是比较动怒的一次。从孔子说的对宰予这样的人不能光听其言，还要观其行可以看出，宰予可能不止一次地向他保证能够改正，珍惜时间。每个人所拥有的时间是一样的，但用来工作的时间却不一样，他们不舍得浪费一分一秒。如温公警枕，发愤著书；祖狄发奋有为，闻鸡起舞成为后人学习的榜样。珍惜时间，会让我们的生命延长。

典出《论语·公冶长》

颜回食粥

孔夫子有一次与众弟子们被围困在陈、蔡的地方，连续几天没有吃的，个个饥饿困顿，心中忧虑。但孔夫子依旧每天不断地学习，弦歌不绝，没有一丝的埋怨与担忧。子贡见状，便用自己身上的财物，突破重围，换了少许的米，为大家解饥。因为人多米少，颜回与子路便找了一口大锅，在一间破屋里，为大家煮稀粥。子路因事离开，恰逢此时，子贡从井边经过，正好看到颜回正在食粥。子贡虽有些不高兴，却没上前质问，而是走到孔夫子的房间。子贡见了夫子，行礼后，问道："仁人廉士，穷改节乎？"孔子说："如果在穷困的时候，就改变了气节，那怎么还能算是仁人廉士呢？子贡接着问："像颜回这样的人，该不会改变他的气节吧？"孔子答："当然不会。"子贡便将颜回吃粥的事告诉了夫子。孔子听后，并没有很惊讶，说道："我相信颜回的人品，我们不能仅凭一件事就怀疑他"。于是，夫子召来颜回，对他说："我前几天梦到了自己的祖先，想必是要护佑我们吧？你粥做好了之后，我准备先祭祀祖先。"颜回听了，马上恭敬地说："夫子，这粥已经不可以祭祀先祖了。"孔子很诧异，颜回答

道："我刚才煮粥时，有一块尘土掉到粥里。我用勺子舀起来想把它倒掉，又觉得可惜便喝了它。食过的粥再来祭祀先祖，是不恭敬的！"孔子听后说："原来如此，如果是我，那我也一样会吃了它的。"颜回退出之后，孔子回头对着几位在场的弟子们说："我对颜回的信任，是不用等到今天才来证实的。"几位弟子也深受教育，非常信服。事实上，生活中即使我们亲眼所见到的事物，有时也和我们想象的不一样。所以谨篇中提到："见未真，勿轻言。知未的，勿轻传。"幸亏孔子知道颜回为人的品行，并去了解事情原委，才揭出事情的真相。印光大师曾告诫学人："静坐常思己过，闲谈莫论人非"。谨口舌是非，于己于人都有莫大的好处。若要将"谨言慎行"做得完美，还必须从心念上下手，因为这是一切言语行动的本源。

典出《吕氏春秋·审分览·任数》

【社会热点】

弟子规谨篇提出"衣贵洁，不贵华；上循分，下称家。"现在很多大学生军训服装沦为"一次性用品"，学生不穿称太难看。而在厉行勤俭节约的大背景下，未成年人攀比斗富、奢侈浪费的现象也屡见不鲜，对此，应该如何正确认识？

第五节　信

凡出言，信①为先；诈与妄②，奚可焉！
话说多，不如少；惟其是，勿佞③巧。
奸巧语，秽污词；市井气，切戒之。
见未真，勿轻言；知未的④，勿轻传。
事非宜，勿轻诺；苟轻诺，进退错。
凡道字，重且舒⑤；勿急疾，勿模糊。
彼说长，此说短；不关己，莫闲管。
见人善，即思齐；纵去远，以渐跻⑥。
见人恶，即内省；有则改，无加警。
唯德学，唯才艺；不如人，当自砺。
若衣服，若饮食；不如人，勿生戚⑦。
闻过怒，闻誉乐；损友来，益友却⑧。
闻誉恐，闻过欣；直谅⑨士，渐相亲。
无心非，名为错；有心非⑩，名为恶。
过能改，归于无；倘掩饰，增一辜⑪。

【注释】

①**信**:人所言,本意是真心诚意。

②**妄**:本意是胡乱之意,这里指言辞荒谬,荒唐不合理,没有依据。

③**佞**(nìng):善辩,巧言谄媚。

④**的**(dì):确实。

⑤**舒**:流畅。

⑥**跻**(jī):登,上升。这里指成为同一类人。

⑦**戚**(qī):悲戚,忧伤,难过。

⑧**却**:退却,离去。

⑨**直谅**:直:正直。谅:诚信。

⑩**非**:错误。

⑪**辜**:过错,罪过。

【指点迷津】

1. 子曰:“足食,足兵,民信之矣。”子贡曰:“必不得已而去,于斯三者何先?”曰“去兵。”子贡曰:“必不得已而去。于斯二者何先?”曰:“去食。自古皆有死,民无信不立。”

——春秋·鲁·孔子《论语·颜渊》

2. 子曰:“人而无信,不知其可也。大车无輗,小车无軏,其何以行之哉。”

——春秋·鲁·孔子《论语·颜渊》

3. 信,言合于意也。

——战国·鲁·墨子《墨子经》

4. 言悖而出者,亦悖而入。

——春秋·鲁·曾子《大学》

5. 不宝金玉,而忠信以为宝。

——西汉·戴圣《礼记·儒行》

6. 诚者,天之道也;思诚者,人之道也。

——战国·邹·孟轲《孟子·离娄上》

7. 丈夫一言许人,千金不易。

——北宋·司马光《资治通鉴·唐纪》

【解读】

中国自古就是一个讲究诚信的礼仪之邦,在源远流长华夏文明中,诚信如隽永的长河奔腾至今,内涵却从未改变。“信”在《弟子规》中相当重要,作为一个独立的部分,作者用了过半的篇幅告诉我们人与人之间的交往,最频繁、最易沟通、最易表达的就是言语,言语要建立在言而有信的基础上。早在两千多年前,孔子就曾以言警世:“人而无信,不知其可

也。”孔子将诚信看做人生立身之本，国家立业之本，人类发展之本。但是说话并不是只讲信用就够了，语言本身就是一门艺术。子曰：“古者言之不出，耻躬之不逮也。”意思是古人对自己的言语非常重视，说话前要三思，答应他人的事如果做不到是很可耻的。在现今社会，诚信也一直是个热门的话题，人们怀疑的越来越多，信任的越来越少，面对社会诚信的缺失，光靠呼吁道德回归是不够的，要从生活中的点滴行为去规范。信篇讲的第一个原则就是说话要讲究诚信，第二个原则是告诫我们言语欺骗或是花言巧语是不可取的。话如多不如少，所谓“病从口入，祸从口出”。告诫孩子有三种语言是绝对不能说的，“奸巧语”“秽污词”“市井气”。所谓人言可畏，众口铄金，三人成虎。立身处世应该谨言慎行，讲话的时候要吐字清晰，清楚明白，不听闲言是非。同时这部分对孩子们听什么话，怎么听也有明确的规定。它用十二个字告诉我们如果一个人听到批评就生气，听到表扬就欢喜，那么坏友近，而益友却。当犯错误时要及时改正，如果掩饰反而增加的过错。

总之，在丰富多彩的社会生活中，从小就要规范孩子在日常生活中的言行，养成良好的语言表述习惯。人们常说：“信则立，不信则废”，一个人要想在社会上立足，诚信、踏实是基础，我们要从身边的小事做起，从自我做起，养成诚信待人、信守诺言的优秀品德。

【读史明智】

徙木为信

商鞅是春秋战国著名的改革家，在秦孝公的支持下主张变法。由于当时正处在战争频繁、人心惶惶之际，变法之时，为了树立威信，商鞅下令在都城的南门外立一根三丈高的木头，并当众许下诺言，谁能把这根木头扛到北门，就赏赐十金。围观的人不相信如此轻而易举的事情可以获得如此高的赏赐，所以没有一个人肯出手试一试。于是，商鞅将赏金提高到50金。重赏之下必有勇夫，终于有人站出来将木头扛到了北门。商鞅立即赏了他五十金。商鞅这一举动，在百姓心中树立起了威信，而商鞅接下来的变法就很快在秦国推广开了。新法使秦国逐渐强盛，最终统一了中国。

而同样在商鞅“徙木为信”的地方，在早它400年以前，曾上演过一场令人啼笑皆非的“烽火戏诸侯”的闹剧。烽火是古代的军事通讯手段，点燃烽火表示国家有战事出现。周幽王为博宠妃褒姒一笑，燃烽火戏诸侯而失信天下，导致周王朝的衰败。一个“徙木为信”，一诺千金。一个言而无信，玩“狼来了”的游戏。结果前者变法成功，国富民强；后者自取其辱，身死国亡。毛主席早年在评价这个故事时也曾指出：“商鞅之法，良法也。……民何惮而不信？乃必徙木以立信者，吾于是知执政者之具费苦心也”。移动一根木头并非难事，关键是树立千金难买的威信。可见“信”对一个国家的兴衰存亡起着非常重要的作用。季布“一诺千金”使他免遭祸殃；楚怀王失信痛失贤才，致使屈原饮恨汨罗江。重温这些故事是让我们知道生活中有很多选择，但永恒不变的真理真实存在，那就是诚信。以史为鉴，诚信是我们立身、修德、处事的根本，也是中华五千年文明薪火相传的原因之一。要懂得诚实的重要性，永远记住诚实是为人之本。

典出《史记·商君列传》

季札挂剑

季札是周朝吴国人，因受封于延陵一代，又称延陵季子。有一次，季札代表吴国出使鲁国，途径徐国，拜会徐国国君。徐国国君看见季札，就被他的气质涵养所打动，内心感到非常的亲切。突然，被他腰间的一把佩剑深深地吸引住了。在古时候，剑是一种装饰，也是一种礼仪。无论是士臣还是将相，身上通常都会佩戴着一把宝剑。季札的这柄剑铸造得很有气魄，它的构思精湛，造型温厚，几颗宝石镶嵌其中，典丽而又不失庄重。只有像延陵季子这般气质的人，才配得上这把剑。徐君虽然喜欢在心里，却不好意思表达出来。季札看在眼里，心想为了完成出使的使命，我还无法送他，等我出使鲁国回来，一定要将这把佩剑送给徐君。怎料世事无常，等到季札回来时，徐君已经过世了。季札立即赶到徐君的墓前行礼，之后就把自己的宝剑挂在墓边的树上，然后返身离去。季札的随从非常疑惑地问他：徐君已经过世了，您将这把剑悬在这里，又有什么用呢？而季札却说：“始吾已心许之，岂以死背吾心哉？”虽然他已经去世了，但我的内心曾经有过承诺。徐君非常地喜欢这把剑，我心里答应要将剑送给他。君子讲求的是诚信与道义，怎么能够因为他的过世，而背弃为人应有的信与义，违弃原本的初衷呢？

自古以来，圣贤教诲我们，高迈的志节往往是表现于内心之中。孔子曰：“人而无信，不知其可也。”没有信用，就好像车子无法走动一样。《中庸》云：“不诚无物。”如果缺乏真诚的心，与应有的信义，那任何的事业都很难成就。言为心声，言语是内心至情的表白，心善，行为就善，心恶，行为自然偏颇。在这个耐人寻味的故事中，季札内心想要将剑送给徐君，他并没有因为徐君的过世，而违背做人应有的诚信，何况他并没有言语上的承诺。但他仍然信守着内心的诺言，不惜舍去千金难买的宝剑，将它挂在树上，怅然而去。这种“信”到极处的行为，在这掷地有声的三言两语中，信义的精神，确已传扬万古而不朽，令后人无比地崇敬与感动。难怪司马迁赞美季札是一位见微而知清浊的仁德之人。贤者的谦恭礼让、非凡气宇和远见卓知，一直在中国历史的长空中，闪耀不绝。

典出《史记·吴太伯世家》

【社会热点】

古人云：“老吾老以及人之老，幼吾幼以及人之幼。”人与人之间互相帮助，这是传统美德，应该赞扬。但就现实而言，很多时候因为人与人之间缺乏诚信，而变得复杂。2014 年春晚小品《扶不扶》，以诙谐幽默的形式，向人们传递正能量。其中一句“人倒了还可以扶起来，人心倒了可就扶不起来了”引发众议。小品《扶不扶》的成功就在于它聚焦于社会热点：

遇到老年人摔倒，扶还是不扶？如果发生在你的身上，你会怎么做？

第六节　泛爱众

凡是人，皆须爱；天同覆[1]，地同载[2]。
行高者，名自高；人所重，非貌高[3]。
才大者，望自大；人所服，非言大[4]。
己有能，勿自私；人所能，勿轻訾[5]。
勿谄富，勿骄贫；勿厌故，勿喜新。
人不闲，勿事搅；人不安，勿话扰。
人有短，切莫揭；人有私，切莫说。
道人善，即是善；人知之，愈思勉。
扬人恶，既是恶；疾[6]之甚，祸且作。
善相劝，德皆建[7]；过不规[8]，道两亏。
凡取与，贵分晓；与宜多，取宜少。
将加人，先问己；己不欲，即速已[9]。
恩欲报，怨欲忘；报怨短，报恩长。
待婢仆，身贵[10]端；虽贵端，慈而宽。
势服人，心不然；理服人，方无言。

【注释】

①**天同覆**：同在蓝天下。覆：遮盖。

②**地同载**：共立大地上。载，承载。天同覆，地同载指共同生活在一个世界上。

③**貌高**：外表高大威严，仪表堂堂，好像正人君子。

④**言大**：自我吹嘘，夸夸奇谈。

⑤**轻**：轻易，随便。**訾(zǐ)**：诋毁，鄙视，说人坏话。

⑥**疾**：痛恨。

⑦**德皆建**：双方道德都可建立。

⑧**规**：规劝。

⑨**己不欲，即速已**：子曰："己所不欲，勿施于人"，意思是自己不愿意的事，也不要强加于人。已：停止。

⑩**贵**：重在。

【指点迷津】

1. 尊师而重道，爱众而亲仁。

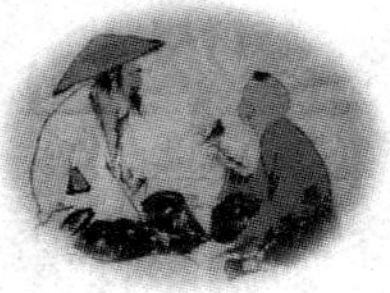

——明·《增广贤文》

2. 博爱之谓仁，行而宜之谓义。

——唐·韩愈《原道》

3. 己所不欲，勿施于人。

——春秋·鲁·孔子《论语·颜渊》

【解读】

"泛爱众"是《弟子规》中的第六部分，"爱"是指慈悲，有爱心。"众"是众人，意思是对待社会大众要广施爱心。人类社会以爱心为纽带，无论是什么肤色、什么种族，无论是男女老少，都希望得到别人的爱，这种爱如同《礼记·孔子闲居》言："天无私覆，地无私载，日月无私照。"这部分开篇就要求我们要有一颗仁爱之心，不仅对亲人，对待世间万物皆应如此，应与天地日月一样无私覆、无私载、无私照，这样才是真正的仁者。"仁"在中国传统文化中是一个核心道德概念，仁者，爱人也。孔子认为爱人的最高目标就是对人忠，己欲立而立人，己欲达而达人，最底线也要做到己所不欲，勿施于人。那么怎样爱人，怎样培养爱心呢？第一步就是孝，只有懂得对父母尽孝，才能把爱心外延出来爱一切人。泛爱众篇不仅教导我们做人是首重德行的培养，更告诉我们检验人才的品德标准。一个人的德行应该培养？《颜氏家训·教子篇》亦说："孔子云：'少成若天性，习惯如自然。'"一个人的德行是从婴幼儿时代就要打下良好的基础，即"童蒙养正"。"童蒙养正"是德行教育的基本点，也是德教育的根本点，没有人可以例外的。一个毫不利己，专门利人的人，而且能做到虚心向别人学习，不奉承富贵之人、不欺辱贫穷之人，对人要有包容忍让之心，不喜新厌旧，这样的人就是一个品德高尚的真正人才。然而人无完人，金无足赤。现在很多人都是为了一己目的在生活，自我人生追求和价值就是能够考个好大学、找个好工作、挣钱多、有房有车等，追求的更多的是个人相关的利益，却遗忘了整个天下家国和芸芸众生。当社会飞速发展，物质财富增加，我们的幸福指数却在降低，如果我们能做到"勿谄富，勿骄贫"，也许我们的快乐会多一些，烦恼会少一些。况且人生真正的快乐应该是不以成败荣辱、称讥毁誉为原则的，那种乐是超乎于喜怒哀乐之上的乐。所谓"独乐乐不如众乐乐"，所以要想拥有真正的幸福快乐，就需要培养一点天下的精神，不是小我，而应该有一个大我，要能够使自己的心与天地万物同体。

【读史明智】

祁奚荐贤

祁位于帝尧封地，有"尧之遗风"，其民勤俭质朴。这种品质在春秋时期祁奚身上表现得尤为突出。祁奚作为晋国有名的贤大夫，为人正直廉洁，心胸坦荡。由于时代所限，祁奚在政治上没有施展抱负的机会，但祁奚荐贤却成为千古美谈，为人们所称颂。

祁奚因病请老，悼公问谁可以代军中之职？祁奚举荐解狐。悼公很诧异，解狐可是你的仇敌，祁奚道："君问可，非问臣之仇也。"但解狐未及上任就死了。晋平公又问谁可以做君尉一职呢！祁黄羊推荐了他的儿子祁午。悼公问，祁午可是你的儿子，祁奚道："君问可，非问臣之子也。"祁午好学而不戏，守业而不淫，柔惠小物而镇定大事，有质直而无流心，任中军尉后，军无秕政。祁奚在这件事情上能够推举贤人，推荐他的仇人，而不谄媚；推立他的儿子，而不偏袒。这就是著名的外举不避仇，内举不避亲的故事。《弟子规》中也提到："己有能，勿自私；人有能，勿轻訾"。一个有才能和本领不要自私保守，别人有才能你也不应该去贬低诋毁，而应该实事求是得去看待。祁奚这种以国家社稷为重、外举不避仇、内举不避亲、举贤不为谄、救人不图报的"尚公"精神是非常难得的，受到世人的称道。

典出《左传·祁奚举贤》

仲淹立志

宋朝的宰相范仲淹从小就立志高远。小的时候遇到一个算命先生，上前询问道："你帮我看看，我能不能当宰相？"这位算命先生一辈子也没有见过，一个小孩子居然开口就说要当宰相，也着实吓了一跳。就跟范仲淹说："小小年纪，何以口气这么大？"范仲淹有些不好意思，低下了头。可紧接着又说："不然这样好了，你再看看，我能不能当大夫？"算命先生有些纳闷，为何志愿如此悬殊，就问他："你为什么选择这两个志愿？"范仲淹回答："因为只有良相跟良医可以救人。一个好的宰相如果把国家政策处理好，可以帮助千万百姓；而大夫只要尽职尽责，亦可以让众多的人摆脱痛苦。"算命先生听完之后很感动，一个孩子一心想着救人，算命先生立刻对范仲淹说："你有这样一颗心，乃真正宰相之心，想必你以后一定可以当宰相。"

励志当存高远，范仲淹从小就志向坚定，立志要当宰相，有一颗博爱之心。正如他在《岳阳楼记》中所说："先天下之忧而忧，后天下之乐而乐。"我们每一个人要从修身、齐家做起，进而很自然地把影响力扩充开来，这样才能生活在和谐、快乐的环境中。不仅如此，还要多关心和爱护我们周围的一切人事物，只有这样我们才能真正做到《弟子规》中"泛爱众"。

典出《宋史·卷三百一十四》

【社会热点】

80 后的刘平是南京一名普通生意人。为感谢环卫工的付出，从 2011 年开始，他每个周末都会给环卫工人送早餐，4 年来已送出 3 万多份。一碗热乎乎的小馄饨，承载着刘平的无限爱心。他说，既然自己做出了承诺，就会把这份爱心早餐一直送下去。在你的身边也有这样类似的事情吗？请举例说明。

第七节　亲仁

同是人，类不齐；流俗众，仁①者希。

果仁者，人多畏；言不讳②，色不媚③。

能亲仁，无限好；德日进，过日少。

不亲仁，无限害；小人进，百事坏。

【注释】

①**仁**：德行高的人。

②**讳**：有顾忌不敢说或不愿说。

③**媚**：巴结，逢迎。

【指点迷津】

1. 仁，亲也。

——东汉 · 许慎《说文解字 · 人部》

2. 里仁为美，择不处仁，焉得知？

——春秋 · 鲁 · 孔子《论语 · 里仁》

3. 与善人居，如入芷兰之室，久而不闻其香，则与之化矣；与恶人居，如入鲍鱼之肆，久而不闻其臭，亦与之化矣。

——西汉 · 刘向 ·《说苑 · 杂言》

4. 近朱者赤，近墨者黑。

——晋 · 傅玄《太子少傅箴》

【解读】

“仁”是中国古代一种含义较广的道德范畴，是儒家思想的核心内容。“仁”的本意是人与人之间相亲相爱。春秋时代的孔子将仁看做最高的道德准则和道德境界，它往往与忠、义、信、孝、爱等并列。《弟子规》作为儒家启蒙的教育读本，更是将“仁”的思想贯穿于其中，并将它作为一个单独的部分来编排。亲仁篇虽然篇幅短小，却饱含深意。“亲仁”，亲是亲近、学习，亲仁就是亲近仁者，亲近有道德、有学问、有情操的人，与他们为友。然而“同是人，类不齐；流俗众，仁者希”指的是在这个世界上中等程度的人居多，符合仁者标准的人很少，真正的仁者不会花言巧语，大家会对他产生敬畏之心。古人说：“仁者无敌。”因为内心仁爱的人，不仅爱人，还能宽恕包容别人。我们时时与仁德的人在一起，我们内在的品德也会不断的提升。亲仁篇告诫孩子要一直以仁义道德作为衡量标准，应该明辨是非，结交君子。所谓“入芝兰之室，久而不闻其香”，你每天接触的都是善人，我们无形当中德行都会提升。同样"近朱者赤，近墨者黑"，要避免与不良性格或者不良品德的人交往，否则自己的言语、行为就会变得愈来愈粗俗。学习亦是如此。"逆水行舟，不进则退"，在学习的道路上，必须要有良师益友的提携。只有亲近仁德之人才能增长我们的智慧，人生有智慧才会愈走愈轻松，所以"亲仁"非常重要。古人说："天地君亲师。"这是因为人伦大道，必靠师而传承，无师则人道衰，故师的作用等同于天地。友以辅仁，亲近良师益友，才能学有所成。人应当有仁爱之心，但更要亲近仁德之人。

【读史明智】

仁者无畏

狄仁杰是唐朝武则天时期一位很有威望，一位宅心仁厚的宰相。他作为封建统治阶级中杰出的政治家，他每任一职都心系百姓，政绩卓著。他身居宰相之后，能够辅国安邦，对武则天的弊政多所匡正。有一次，武则天对狄仁杰说："有人说你办事有失公允，还说你不配做宰相，你想知道他是谁吗？"狄仁杰回复说："如果我真的有哪些事情做得不对，还请陛下您明察，臣愿意接受处分。但如果经您查证之后，臣并没有这位所说的错误，希望陛下您不要轻信谗言。鉴此，也不必追究那些话是谁说的了！"武则天听后对其赞叹有加。

"流俗众，仁者稀"，两袖清风，胸怀大仁，行走世间，必然无碍。我们做人做事，都要以这样的仁人为榜样，只有这样，犯过错的机会才会越来越少，道德品行才会日见增长。

典出《新唐书·列传第四十·狄仁杰传》

小人害命

齐桓公是春秋时期著名的政治家，春秋五霸之首。曾任用管仲为相，君臣同心，推行改革，实行兵民合一，军政合一的制度，使齐国不断的强盛。但晚年的齐桓公生活腐化，宠信坏人。他宠信易牙、竖刁和开方三人。易牙为了让齐桓公品尝人肉的味道，不惜烹掉自己的儿子；而竖刁为了亲近桓公，主动阉割自己成为宦官；开方为了讨好桓公，十多年不回家看望父母。管仲很反感他们，多次对桓公说："像他们这样杀死自己的儿子、阉割自己，背弃自己父母的人是靠不住的。"齐桓公却听不进去，任凭宠臣放肆。后来，齐桓公病了，他们原形毕露，封锁宫门，逼走太子，对病重的桓公不理不睬，身为一代霸主的齐桓公"尸在床上六十七日，尸虫出于户"，最终落得被饿死的结局。古代的政治强人往往与齐桓公类似，都有"其兴也勃焉，其亡也忽焉"的特点。兴与亡的原因，在历史机缘之外，往往也和个人的修身情况密切相关。齐桓公之所以能成就霸业，与他胸怀宽广、不计私仇、思贤若渴的大家气度密不可分。等到霸业既成，齐桓公也像很多人一样产生了骄傲心理。有了"骄色"的齐桓公在晚年几乎放弃了修身、修德，沉湎于女色，重用小人，成了自己欲望的奴隶。放弃修身的直接结果就是"齐家"先出了问题，中国古人说："家和万事兴"，曾经"九合诸侯，一匡天下"

的齐桓公待自己生病之后,“五公子各树党争立”,哪里还有人管自己的死活？再加上易牙、开方、竖刁三个小人的背叛,一代霸主齐桓公除了惨死没有第二条路可走。可见,齐桓公的下场正如《弟子规》中所言:“不亲仁,无限害;小人进,百事坏。”如果不肯亲近仁人君子,就会有无穷的祸害,因为小人会乘虚而入,日积月累,我们的言行举止都会受影响,导致整个人生都会失败。

典出《史记·齐太公世家》

【社会热点】

幼师虐童事件频繁发生折射出了幼教之殇。幼儿园本该是孩子的乐园,是一个人童年最美好的回忆,是开始人生美好旅程的第一站。可如今频繁出现的虐童事件正是道德滑坡、教师不仁德的体现。你认为该怎样避免此类事件?

第八节　余力学文

不力行①，但学文；长浮华，成何人。
但力行，不学文；任己见，昧②理真。
读书法，有三到；心眼口，信③皆要。
方读此，勿慕彼；此未终，彼勿起。
宽为限，紧用功；工夫到，滞塞④通。
心有疑，随札记⑤；就人问，求确义。
房室清，墙壁净；几案洁，笔砚正。
墨磨偏，心不端；字不敬，心先病。
列典籍，有定处；读看毕，还原处。
虽有急，卷束齐；有缺坏，就补之。
非圣书，屏勿视；敝聪明，坏心志。
勿自暴，勿自弃；圣与贤，可驯致⑥。

【注释】

①**力行**:努力做。这里指身体力行前面所说的孝、悌、信、爱、仁。

②**昧**:昏,糊涂,不明。

③**信**:确实。

④**塞**:堵。

⑤**札**:札记,读书时摘记的要点和心得。

⑥**驯**:循序渐进。致:达到。

【解读】

"余力学文"是《弟子规》最后一个部分，在现今社会好好学习几乎是每个家长对孩子的唯一要求，可《弟子规》却告诉我们有多余的时间和精力时应该好好地学习典籍，以获得有益的学问。人要不断地提升，提升自己的内涵，就要努力用功读书，并利用空闲时间将自己充实起来。做人要循其道，做事要尊其法。不能身体力行孝、弟、谨、信、泛爱众、亲仁这些本分，一味死读书，不肯力行，纵然有些知识，也只能增长自己浮华不实的习气，变成一个不切实际的人，如此读书又有何用？相对的，如果只重力行，对学问却不肯研求，就容易执着自己的看法，而无法契合真理，这也不是我们所应有的态度。正如孔子所说："学而不思则罔，思而不学则殆。"读书要讲究方法，读书的真正目的就是要以更快捷的方式学得前人的经验，以便更好的应用。子曰："君子博学于文，约之以礼，亦可以弗畔矣夫！"立志成为君子，需要广博地研究各种学问，然后用礼节来约束言行，有知识和礼节的君子，他的行为就不至于太离谱了。《弟子规》把礼的内容具体化，只要遵循《弟子规》来实践，兼学各种经典和生活知识，就能拥有高远的智慧和实践的勇气。不偏离正道，才能很快达到目标。

【指点迷津】

1. 志于道，据于德，依于仁，游于艺。

——春秋·鲁·孔子《论语·述而》

2. 学而时习之，不亦说乎。

——春秋·鲁·孔子《论语·学而》

3. 敏而好学，不耻下问。

——春秋·鲁·孔子《论语·公冶长》

4. 虽有佳肴，弗食，不知其旨也；虽有至道，弗学，不知其善也。是故学然后知不足，教然后知困。知不足，然后能自反也；知困，然后自强也。故曰：教学相长也。

——汉·戴圣《礼记·学记》

5. 上士闻道，勤能行之；中士闻道，若存若亡；下士闻道，大笑之，弗笑不足以为道。

——老子《道德经·第四十一章》

6. 未有余力而学文，则文灭其质；有余力而不学文，则质胜而野。

——宋代·朱熹《论语集注》

【读史明智】

王献之学书法

王献之是东晋书法家王羲之的儿子，为了继承家学，七八岁时便向父亲王羲之学习书法。有一次，王献之正在聚精会神的练习书法，父亲悄悄走到背后，试图从其手中抽掉毛笔，没想到献之握笔很牢，便夸赞道："此儿后当复有大名。"王献之十多岁的时候，自认为字

写得不错，一天，他去问父亲："我的字再练三年就够好了吧？"父亲笑而不答。母亲摇头说："远着呢！""那五年呢？究竟多少年才能练好呢？写书法有什么秘诀吗？"献之急着追问。父亲看了看儿子，走到窗前，指着院内的一排水缸说："你要写完那十八缸谁，字才有骨架。"儿子听了不服气，暗下决心要展示给父母看。于是他苦练了五年，一天，他捧着自己最好的作品给父亲看，父亲没有做声，翻阅后见其"大"字上紧下松，便提笔在下面加上一个点，然后将字稿退给儿子。王献之不明白这是怎么回事，就拿去让自己的母亲看。母亲则仔细地揣摩，许久才叹了口气说："我儿字写了千日，唯有一点似羲之。"献之走近一看，原来母亲指的这一点正是王羲之在大字下面加的那一点！献之满脸羞愧，自感写字功底差远了，便一头扑进书房，天天研墨挥毫，刻苦临习。聪明的王献之深深地体会到写字没有捷径，只有"勤"字。从此一心练字，后来也成了举世闻名的书法名家。所谓"水滴石穿，非一日之功；冰冻三尺，非一日之寒。"王献之在学习上追求上进，坚持不懈，与父亲王羲之一样都是经过千锤百炼才成为著名的书法家。学习要"活到老，学到老"，终身学习不仅是一种生活态度，更是一种持之以恒的精神。

典出《晋书·卷八十·列传第五十》

纸上谈兵

战国时期赵国名将赵奢之子赵括，从小熟读兵法，谈起兵事头头是道，父亲也难不倒他。自以为天下无敌，赵奢却不以为然。这一年，秦国攻打赵国，赵国派老将廉颇前去抵挡。廉颇很有经验，他根据敌强我弱的形势，采取坚守不出、保存实力的策略，有效地阻止了秦国的进攻。秦军连攻了三年也没有打退赵军。秦国见廉颇难对付，就采用了反间计，派人散布流言，挑拨赵王和廉颇的关系。赵王中计，派了只会空谈兵法的赵括代替了廉颇。在长平之战中，赵括没有分析敌情，轻率地改变了老将廉颇的战略，只知道根据兵书办，不知道变通，在秦军的引诱下出兵迎战，结果使四十万赵军全军覆没，赵括也在乱箭中被射死。"不力行，但学文。"只知道在纸上谈论打仗，空有才学文化，空谈理论而不切实际，结果必然会失败。正如陆游所说："纸上得来终觉浅，绝知此事要躬行。"身体力行，知行合一非常重要。

典出《史记·廉颇蔺相如列传》

【社会热点】

北大毕业生杀猪成名的有两人，陆步轩和陈生。陆步轩为生活所迫，做过装修，开过小商店，最后小商店经营不善而转成了肉铺，名为"眼镜肉店"。一次偶然的采访报道，使得北大学子卖猪肉的故事，尽人皆知，"眼镜肉店"也很快远近闻名，肉铺的生意逐渐好起来。但社会上关于北大学子卖猪肉的事件引起了人们广泛的争论，而陆步轩常常成为学校、家长教育学生、子女的反面教材。无独有偶，北大经济学毕业生陈生放弃公务员的稳定工作，下海经商，他卖过菜，卖过饮料，卖过房子，后来从事养猪行业，在不到两年的时间里，他先后在广州开设近百家猪肉连锁店，营业额高达 2 个亿，把猪肉卖出了北大水平，被人称为广州

“猪肉大王”，他也因此成为许多创业者的偶像。

针对北大学子卖猪肉的事件，许多人认为北大学子是大材小用，但也有人认为行业不分贵贱，北大毕业生杀猪也是一番事业。对此你怎么看？

教学建议

一、教学指导意见

《弟子规》是成书于清朝并广为流传的启蒙读物，它集中国传统家训、家风、家教之大成，虽成书时间较晚，但影响甚广。全文以三字一句，两句一韵的形式提炼做人道理，不仅为幼儿教育行为提供了良好的读本，而且对家庭和谐、人文素质、道德礼仪都有很大的促进作用。幼儿园开展《弟子规》学习实践活动，要根据幼儿年龄特点有针对性的学习，重在培养幼儿的基础文明、传统美德和规矩的形成，让幼儿传承国学精髓，增长见识、汲取智慧，形成健康的人格，最终将《弟子规》的内容融入生活中慢慢变成一种习惯。由于《弟子规》属文言形式，幼儿在理解上有一定的难度，因此要根据幼儿的年龄差异、认知特点和接受能力合理的开展教学内容，在内容的选择上要注重取舍，取其精华，去其糟粕。如大班幼儿社会性行为更广泛，语言表达和理解能力也较小、中班幼儿强，但他们辨别能力还有待提高，尤其是自己身处特定的环境时应该如何处理，学习时要借助《弟子规》给幼儿提供一个良好的行为参考，帮助幼儿愉快、大方、礼貌地与人交往，并积累丰富的文化底蕴，培养其灵性。

二、具体教学实施

《弟子规》讲的是一种为人的规范，一种处世的准则。作为蒙学读本，对幼儿言语、行为、举止、待人、接物等方面提出了具体而明确的要求。学习《弟子规》要从培养兴趣入手，教学形式也应灵活多样。可以将每四句划为一小节，按“总叙”2 小节、“孝、悌、谨、信、泛爱众、亲仁 76 小节、余力学文 12 小节”分别讲授，根据大、中、小班幼儿年龄特点分若干学时进行教学，针对每一部分设计活动主题。以多种形式的诵读活动为载体，寓教育于诵读活动之中，以活动促学习，以活动促行为。同时为吸引幼儿注意，也可以采用接龙、对读、小火车等游戏活动形式，提高幼儿学习的兴趣。引导幼儿从我做起，从身边的小事做起，从一点一滴做起，力求教育活动效果的最佳化。

活动名称	《弟子规》“出则悌”	活动领域	语言领域
活动内容	兄道友，弟道恭；兄弟睦，孝在中。 财物轻，怨何生；言语忍，忿自泯。		
活动目标	认知目标：理解《弟子规》“兄道友，弟道恭；兄弟睦，孝在中。财物轻，怨何生，言语忍，忿自泯”内容。 技能目标：引导幼儿用明快的节奏诵读句子，激发幼儿学习语言文化的兴趣。 情感态度目标：联系实际，帮助幼儿理解悌道，养成团结友爱品质。		
活动准备	课件、手指玩偶、古典音乐、教学图片	备注	

续表

活动过程	诵读国学口号: 小手放在膝盖上,小脚一起来并拢, 快乐诵读大经典,我们争做小圣人。 一、开始部分 情境导入 小朋友你们有哥哥弟弟吗?那你们喜欢他们吗?为什么?今天国学姐姐给大家请来一位好朋友,让我们把它请来好吗? 手指偶:讲孔融让梨的故事。 二、基本部分 (一)引导幼儿理解“兄道友,弟道恭;兄弟睦,孝在中。财物轻,怨何生;言语忍,忿自泯”的内容。 明确:“兄道友,弟道恭”是说大哥哥大姐姐要有好的对待弟弟妹妹,弟弟妹妹不要耍小脾气,要尊敬哥哥姐姐。“兄弟睦,孝在中”是说大家有好和睦的相处,就是爱爸爸妈妈,爱长辈的海孩子。“财物轻,怨何生”就向孔融一样,不计较吃的用的,乐意分享,互相关心,大家就不会埋怨别人了。“言语忍,愤自泯”就是说把不好听的话都人在肚子里,多说好听的话,那么愤怒、生气的情绪自然就消失了。 1. 通过诵读、跟读的形式帮助幼儿正确朗读。 2. 做动作,我来学。 3. 跟着音乐做动作。 (二)讲故事,明道理 动画故事:许武教弟 在汉朝的时候,有一个叫许武的人,他的父亲死的早,他有两个弟弟,一个叫许晏,一个叫许普,他的弟弟都很小,许武去田里干活的时候 都会叫上弟弟,让弟弟在旁边看着,晚上许武就自己教弟弟读书,如果弟弟不听他的话,他就会去庙里跪着,后来许武举了孝廉。但是,他因为他的两个弟弟,都还没有名望,他就把家产分了三份,自己要了最好的那块地和广大的房屋,把不好的都留给了弟弟,人们都鄙视他,许武就一直忍受着这个不好的罪名,后来他的两个弟弟都中了状元之后,许武就把全族的人叫来了,哭着说了自己当时的苦衷,他那么做是为了弟弟能够得状元,说明了原因之后,许武就把自己的家产重新分成了两份,全部送给了他的两个弟弟。这个小故事告诉我们什么道理? 兄弟之间不要把钱财看得太重要。 (三)游戏活动:“传话接龙”游戏 滴滴答,滴滴答,游戏时间到。 (四)明辨是非 1. 两个小朋友争抢糖果。 2. 身体不舒服,需要小朋友帮助。 三、活动延伸 1. 用“请”“谢谢”等词汇和身边的小朋友交流。 2. 家长与幼儿一同发现身边悌道的例子,讲给幼儿听。	吸引幼儿注意 鼓励幼儿大胆表达 帮助幼儿理解故事所传达的意义 出示图片 以诵读、动作、音乐等形式提高幼儿学习兴趣,帮助幼儿理解句意。 展示课件,让幼儿看动画,听故事。 比一比,记一记 引导幼儿联系实际生活,启发幼儿运用“我来帮助你”“谢谢”等词汇表达对他人的关爱。

第二章　《朱子家训》

经典导读

中华民族自古以来就十分重视家庭教育，从产生家庭或家族开始，家训便随之产生。在“家齐而后国治，国治而后天下平”的思想影响下，许多帝王将相、雅士文人都把齐家看作是家庭教育的根本追求，为此撰写了大量形式多样、内容丰富、思想深刻的家训类著作，如诸葛亮的《诫子书》、颜之推的《颜氏家训》、康熙皇帝的《庭训》、曾国藩的《曾氏家训》等等。其中，“篇篇药石，言言龟鉴”的《颜氏家训》被古人誉为“古今家训之祖”，而朱伯庐的《朱子家训》因其篇幅短小、文辞通俗、易于记诵的特点，被宦官之家、书香门第乃至贩夫皂隶所喜爱，成为清代以来影响巨大的一部蒙书。这些卷帙浩繁、涉猎广泛的家训，积累了家族先辈们丰富的人生智慧、处世哲学、教子方法，其独特的艺术形式、丰富的人文内涵，在今天仍可字字为师，成为子孙后代的修身处世宝典。因此，吸取古代家训文化的精华，对于我们今天的道德教育、社会公德教育，乃至民族精神和时代精神的培育，仍然具有十分重要的借鉴意义。

一、古代家训发展的特点

作为传统文化的重要组成部分，家训从产生、发展到成熟，有一个长期的发展过程。大致经历了五个发展阶段：发轫于先秦时期，汉魏六朝时期发展，隋唐时期成熟，宋元明清时期达到繁荣鼎盛，到近现代时期受多种因素影响，家训呈转型的趋势。纵观家训发展的历史，其呈现出以下几个特点。

(1)内容丰富。家训著述浩瀚，覆盖面广，内容包罗万象，涉及人生和生活的诸多方面，如持家时应勤俭节约、孝亲睦邻，为官时要清正廉洁、勤政爱民，治学时应刻苦勤奋、志向高远，处世时要谨言慎行、诚实守信、爱国敬业等等，其主要内容体现了儒家的“修身、齐家、治国、平天下”的思想。颜之推在撰写的《颜氏家训》中，就重点阐释了儒家的这种家庭道德教育思想，他在该书的勉学篇中要求晚辈端正正确的读书态度、目的，他说：“古之学者为己，以补不足也；今之学者为人，但能说之也。古之学者为人，行道以利世也；今之学者为己，修身以求进也。夫学者犹种树也，春玩其华，秋登其实；讲论文章，春华也，修身利行，秋实也。”诸葛亮在《诫子训》中就理想人格提出“夫君子之行，静以修身，俭以养德；非淡泊无以明志，非宁静无以致远”。这些内涵丰富的家训，为后人留下了历久弥新的精神财富，反映了中华民族优秀的传统美德。

(2)数量众多。古代家训著作数量颇丰，从上海图书馆编著的目录学著作《中国丛书综录》来看，所录的家训就有一百种之多，其中两汉 20 部，三国 40 部，魏晋 1 部，唐 2 部，宋元 21 部，明清 89 部。在《四库全书》《古今图书集成》《五种遗规》《治家良言汇编》及《教家类纂》中，也辑录了大量的家训资料。这些家训能让我们看到从先秦到清家训发展的趋势变化。

(3)形式多样。从整体上来看，家训包括口头家训和书面家训两种形式。特别是在没有产生文字前，先民们为了将自己的生产生活经验传授给后人，在教育后辈时，往往是口耳相授，父子相传。从有文字记载的家训文献来看，家训随着历史的变迁，在形式上呈现出多样化的趋势，出现了家书、遗书、铭、诰、令、诫、诗、格言、警句及随笔等多种文学样式的家训。如唐代李白的《赠从弟冽》、李商隐的《娇儿》就是把家训与诗歌相结合的家训诗。在宋明以后家谱流行，有些家训就存在于家谱之中。从训诫对象来看，家训已从具体的人事发展成整个家族以及后世子孙，因此，家训在单篇形式的基础上，又出现家规、家仪、家书集这样的专书形式，如《颜氏家训》，还有汇集多部家训的家训总集，例如《古今家戒》《戒子通录》等等。

(4)种类繁多。历代家训内容都非常丰富，按内容划分，可分为家规、家教、家仪三个方面。家规是家庭的规矩、规定，如元人郑太和的《郑氏规范》；家教是对子孙的训诫，教导子孙如何为人处世，如清代朱用纯的《朱柏庐劝言》中，就教导子孙如何居家、处世、择友等；家仪是对处家礼仪的规定，包括日常的生活起居、婚礼、丧礼、祭礼等，如元代郑泳的《郑氏家仪》、清代朱熹的《家礼》等。按创作主体划分，可分为帝王家训、名人家训、女性家训等。帝王家训如刘备的《遗诏敕后主》、李世民的《帝范》、康熙帝的《圣谕十六条》等，名人家训如魏晋南北朝的嵇康写有《家诫》以告诫子女要慎言、少欲、立志、治学。著名的女性撰写的家训，在家训中也占有一定比重，如东汉著名的史学家班昭就写有《女诫》一书，该书成为后世女孩学习的样本。

二、《朱子家训》介绍

(一)作者介绍

《朱子家训》又名《朱子治家格言》《朱柏庐治家格言》，为明末清初著名的理学家、教育家朱柏庐所著。朱柏庐又名用纯，字致一，号柏庐，江苏昆山人。他身经明清两代，生于诗书簪缨之家，其姓为昆山望族，人称“玉峰朱氏”。朱伯庐自幼聪慧勤奋，刻苦读书，17 岁便考取秀才。后来清军入关，其父朱集璜在抵御清军的时候遇难，在临死时他写下绝命词：“可质祖宗，可对天地，生无自欺，死复何愧?”。父亲的离去，使得朱伯庐痛不欲生。面对家仇国恨，他决定要像父亲那样，保守民族气节，绝不屈膝降服。从此他不再求取功名，在家乡办学，传道解惑，以口播笔耕为生，担负起照顾弟弟妹妹的重任。康熙皇帝曾多次征召他，均被其所拒。朱伯庐一生潜心治学，以礼自持，专门研究程朱理学，主张“知行并进”，告诉学生要去实践，做到“学而时习”。他是这样说，也是这样做的，在生活中做到了知行合一。临终前他留给弟子们的遗嘱意味深长：“学问在性命，事业在忠孝。”他一生著作颇丰，著有《四书讲义》《劝言》《愧讷集》《春秋五传酌解》《困衡录》《耻耕堂诗文集》等，其中，最有影响的当属《朱子家训》，自问世以来，影响广泛，成为家喻户晓、脍炙人口的“治家之经”。

（二）内容简介

《朱子家训》融朱子一生之学养，集儒家思想之大成，篇幅虽短，仅五百余字，却字字珠玑，深入浅出，言简意赅，意蕴深远。其内容涉及生活起居、治家教子、识人择友、为人处世、家道伦常等社会人生的诸多方面，精辟地阐释了传统文化中的修身齐家之道。

1. 勤俭治家

勤俭节约是中华民族的传统美德，《尚书·大禹谟》中就曾说：“克勤于邦，克俭于家。”告诉我们在国家事业上要勤劳，在居家生活中要节俭。古代的墨家尤为主张“节用”这一思想，提倡节约，反对奢侈。而曾国藩说过“家败离不开一个奢字，人败离不开一个逸字，讨人厌离不开一个骄字”。所以历代圣贤都会教育后人不要“骄奢淫逸”。在朱子的家训之中，这种节俭美德在开篇便进行了阐述，“一粥一饭，当思来处不易；半丝半缕，恒念物力维艰。宜未雨而绸缪，毋临渴而掘井。自奉必须俭约，宴客切勿流连。器具质而洁，瓦缶胜金玉；饮食约而精，园蔬愈珍馐。勿营华屋，勿谋良田。”从中，我们可以看到朱子所提倡的质朴、俭约有余的生活。

2. 孝亲敬祖

自古以来，孝悌就是做人的根本。正如孔子在《论语》中说：“孝悌也者，其为仁之本与。”《孝经》中也说：“夫孝，德之本也。”在《孝经》之中还非常细致地告诉我们孝亲的五个事项，正所谓“居则致其敬，养则致其乐，病则致其忧，丧则致其哀，祭则致其严。五者备矣，然后能事亲”。家训中就明确告诫子孙：“祖宗虽远，祭祀不可不诚。”“兄弟叔侄，须分多润寡；长幼内外，宜法肃辞严。听妇言，乖骨肉，岂是丈夫；重资财，薄父母，不成人子。”这些至理名言告诉人们要尊亲、敬祖，善待身边的亲人和朋友。

3. 和睦处世

在待人处事上，家训倡导谦恭、宽宏的态度，对人要不卑不亢、宽宏仁慈，不要倚强凌弱。如家训中所言：“见富贵而生谄容者，最可耻；遇贫穷而作骄态者，贱莫甚。”“勿恃势力而凌逼孤寡”。对事要留有余地，谨言慎行，正如家训中说：“轻听发言，安知非人之谮诉，当忍耐三思；因事相争，焉知非我之不是，须平心暗想。”在识人择友上，也给子孙提供建议，“狎昵恶少，久必受其累；屈志老成，急则可相依。”告诉我们要远离品行不端的朋友，即“恶少”，要亲近益友。《弟子规》中也强调择友的重要性，“能亲仁，无限好；德日进，过日少。不亲仁，无限害；小人进，百事坏。”

4. 励志勉学

朱子倡导“身教重于言教”的教育观念，在家训中指出：“教子要有义方。”这里的“义方”，指教育子女时既要有大义，又要讲究方法，使子女成为有道德、有文化、有理想之人，成为对社会有用的人。在教育子女过程中，身教胜于言教，如《小儿语》中所说：“老子终日浮水，儿子做了溺鬼。老子偷瓜盗果，儿子杀人放火。”这就是上行下效的道理。同时家训中还谈到了读书的重要性，“子孙虽愚，经书不可不读。”读书能增长见闻，培养人格，陶冶性情，这一点毋庸置疑。曾国藩在教育子女时，就曾规定孩子每天必须看、读、写、作。那么读书最终的目的是什么呢？朱子告诉我们“读书志在圣贤，非徒科第”。《左传》中谈到人生有三不朽：“太上有立德，其次有立功，其次有立言。”而圣贤之人，就是能够立德、立功、立言的人，这是读书人的理想。

（三）语言特点

《朱子家训》自问世以来之所以能够三百年来都家喻户晓、影响广泛，在于它通篇以骈文的形式写成。这种形式，使得句式对仗工整，讲究平仄，两两相对；言辞平白朴实，言简意赅，毫无生疏深奥之感；韵律和谐优美，整齐押韵，朗朗上口，令人回味无穷。其通俗易懂、易于记诵、短小实用的特点，以及发人深省、精辟深刻的格言警句，被广大民众所喜爱，在民间或口头传训或写成对联条幅悬于厅堂屋室，成为治家教子的箴言。自清以来，《朱子家训》成为童蒙的必读教材之一。

含英咀华

第一节　勤俭持家　未雨绸缪

黎明即起，洒扫庭除①，要内外整洁。

既昏②便息，关锁门户③，必亲自检点。

一粥一饭，当思来处不易；半丝半缕，恒念物力维艰。

宜未雨而绸缪④，毋临渴而掘井。

自奉必须俭约，宴客切勿流连。

器具质而洁，瓦缶⑤胜金玉；饮食约而精，园蔬愈珍馐⑥。

勿营华屋，勿谋良田。

【注释】

①**庭除**：庭，指室内。除，指室外的院子。庭除，泛指庭堂内外。

②**既昏**：既，指已经。过了黄昏，天已黑了。“既昏便息”体现了顺应天道的观念，与天

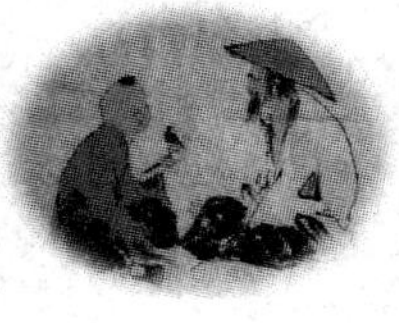

地同步，人会更加健康。

③**门户**：在古代，门与户是有分别的，单扇开的叫户，双扇开的叫门。关锁门户，能够培养人严谨的生活态度。

④**未雨而绸缪**：绸缪，当紧密缠缚讲，引申为修补。这个典故来自《诗经》中《豳风·鸱鸮》，诗中写到："迨天之未阴雨，彻彼桑土，绸缪牖户。"意思是：鸱鸮在天还没有下雨的时候就开始啄剥桑树皮，修补自己的窝巢。后来"未雨绸缪"就比喻凡事要预先做好准备，防患于未然。

⑤**瓦缶**：瓦制或陶制的器皿。

⑥**珍馐**：名贵精美的食品。

【解析】

勤俭持家是中华民族的传统美德，《朱子家训》开篇便体现勤俭节约的思想。文中写到"黎明即起，洒扫庭除，要内外整洁；既昏便息，关锁门户，必亲自检点。"这里的勤指勤快，梁实秋曾说："勤，劳也。无论劳心劳力，竭尽所能黾勉从事，就叫作勤。"显然，这里的勤既有劳作的艰辛，又有学业、事业的不断进取。俭指节俭，《朱子家训》中提到"一粥一饭，当思来之不易；半丝半缕，恒念物力维艰。""器具质而洁，瓦缶胜金玉；饭食约而精，园蔬愈珍馐"这些都是在教导人们要惜食、惜物，克己身心、勤俭养德，体现了"黜奢崇俭"思想。孔子要求统治者："道千乘之国，敬事而信，节用而爱人，使民以时。"墨子主张"节用"思想，反对奢侈和浪费。曾国藩则在其治家八字中提到"早、扫、考、宝、书、蔬、鱼、猪"以此告诫子孙要勤俭持家。如今，人们的生活水平有了提高，铺张浪费现象渐渐显露出来，因此要想改变，就得转变思想和观念，从行动上加以落实。

【指点迷津】

1. 克勤于邦，克俭于家。

——《尚书·大禹谟》

2. 俭，德之共也；侈，恶之大也。

——《左传·庄公二十四年》

3. 民生在勤，勤则不匮。

——《左传·宣公十二年》

4. 居安思危，思则有备，有备无患。

——《左传·襄公十一年》

5. 一箪食，一瓢饮，在陋巷，人不堪其忧，回也不改其乐。贤哉回也！

——《论语·雍也第六》

6. 勤则寿，逸则夭；勤则有材而见用，逸则无能而见弃；勤则博济斯民，而神祇钦仰，逸则无补于人，而神鬼不钦。

——清·曾国藩《曾文正公全集》

7. 夫君子之行，静以修身，俭以养德。非淡泊无以明志，非宁静无以致远。

——三国·诸葛亮《诫子书》

【读史明智】

一屋不扫，何以扫天下？

陈蕃，字仲举，汝南平舆人。生于官宦之家，其祖父曾任河东太守。东汉时期名臣，与窦武、刘淑合称为“三君”。年少时，曾自命不凡，心怀大志，想做一番大事业，为此，独居在一个庭院里勤奋学习，刻苦读书。由于他只专注于书册典籍，埋头苦读，对生活的琐事无暇他顾，所以他生活的庭院里长满了杂草，屋子也脏乱不堪。有一天，他父亲的一位老朋友薛勤来访，看见他独居的庭院内杂草丛生，落叶满地，就说：“孺子何不洒扫以待宾客？”陈蕃却振振有词回答说：“大丈夫处世，当扫除天下，安事一室乎！”薛勤听后，暗自惊异，知道他志向远大，雄心勃勃，便奉劝说：“一屋不扫，何以扫天下？”意在告诉他“千里之行，始于足下。”扫天下必须从“扫一屋”开始。陈蕃面显愧色，无言以对。

后来陈蕃长大后，被推举为孝廉，曾在郡里担任郎中一职，经太尉李固推荐，授予议郎，后来升任乐安太守。在为官的路上，他清正廉洁，刚直不阿，曾屡陈时政，受到朝中奸佞小人、宦官的痛恨。不仅如此，他对皇帝所做之事也经常直言劝谏，如桓帝要在广成苑进行围猎，陈蕃听说后，就上书劝谏，以虞舜、成王为例及现在面临的“三空”（田野空、朝廷空、仓库空）困厄为由，劝说桓帝不要骄奢淫逸、贪图享乐。由于多次犯言直谏，使得桓帝对他产生厌恶和不满，后来以陈蕃选人用人不当为由，罢免了他。

后来，桓帝过世，窦太后执掌朝政，下诏任命陈蕃为太傅。之后又再次下诏，表彰陈蕃，封他做高阳乡侯，食邑三百户。陈蕃上书辞让达十次，最终没有受封。《世说新语》中是这样评价他的：“陈仲举言为士则，行为世范。登车揽辔，有澄清天下之志。”

荀子在《劝学篇》中说：“不积跬步，无以至千里；不积小流，无以成江海。”告诉我们做任何事情都要踏踏实实，一步一个脚印，这样才能达到最终目标。陈蕃的故事体现了“扫天下”与“扫一屋”的哲学关系，让我们明白凡事都要从一点一滴做起，只有把小事做好了，做大事时才会令人放心、满意，得到别人的肯定与赏识，因此凡事“莫以善小而不为”。

典出《习惯说》

断齑划粥

范仲淹，北宋名臣。出身寒微，两岁时父亲病逝，之后跟着改嫁的母亲来到朱家，在朱家长大成人。他从小志向高远，喜欢读书。后来为了励志勉学，就在离家不远的醴泉寺昼夜苦读。每天，他只煮一锅粥，等到粥冷凝后，就用刀将粥切成四块，早晚餐各吃两块。在

吃的过程中配上用野菜腌的咸菜，这就是他每天的饮食。生活虽然清苦，但对于他来说却是在享受读书的乐趣。后世于是有了“断齑划粥”的佳话。二十三岁时，他来到应天府书院读书，生活依然拮据简陋，常年喝粥。他的一位朋友见他这样节约，就给他送些美食过来，然而他原封未动。朋友见状就问他：“难道这些酒菜不和你的胃口吗？”范仲淹说：“我已经适应了断齑划粥的生活，如果今日享受了您的美餐，日后就吃不下我的齑粥了。”

经过连岁苦读，范仲淹不仅收获了知识，还养成了勤俭朴素的作风，以天下为己任。在他日后为官后，虽位高权重，薪高禄厚，但仍然保持着清正廉洁、节俭朴素的作风，而且要求子女也要节俭朴素。他在治家时对子孙们说：“贫贱时，无以为生，还得供养父母。吾之夫人亲自添薪做饭。当今吾已为官，享受厚禄，但吾常忧恨者，汝辈不知节俭，贪享富贵。”子孙们听后，个个点头称是。

有一年，范仲淹的次子范纯仁准备结婚娶媳妇，打算把婚礼办得风光体面些。于是他将结婚所要购买的物品全部列出来，然后交给父亲看，范仲淹看罢，面露怒色，教训儿子说：“罗绮非帷幔之物，吾家素清俭，安能以罗绮为幔坏吾家法，若将帷幔带入家门，吾将当众焚之于庭。”最后，范纯仁只好按照范家的家训，节俭地把婚礼办了。

勤俭节约是中华民族的传统美德，范仲淹先生虽位高权重，但能够在富贵、权力面前不屈服，不奉承，不迎合，能够以天下为己任，始终保持“淡泊名利”“俭以养德”“清正廉洁”的作风，实乃为官之人的榜样。

典出《湘山野录》

【社会热点】

勤俭节约是中华民族的传统美德。在烟台大学的第七餐厅里，就有这样一群保洁员，面对学生们吃剩下的馒头和米饭，他们不忍浪费，把这些剩饭装到塑料袋里，留作他们的午餐和晚餐，想用此行动告诉大学生们应勤俭节约。

对此，你怎么看？勤俭节约的美德在你身上还有吗？在生活富裕、衣食无忧的今天，我们还要不要提倡勤俭节约？勤俭节约和过好日子又是否矛盾呢？

第二节　克己身心　近德远色

三姑六婆①，实淫盗之媒；婢美妾娇，非闺房②之福。

童仆③勿用俊美，妻妾切忌艳妆。

【注释】

①三姑六婆：在古代多指道姑、尼姑、卦姑，牙婆、师婆、药婆、媒婆、虔婆、稳婆。牙婆指女人贩子，师婆指女巫，药婆指看病的女医，媒婆指给人做媒的妇女，虔婆指妓院中的鸨母，稳婆指接生的产婆。卦姑指以算卦为生的妇女。这里三姑六婆泛指那些搬弄是非、说三道

四的妇人。

②**闺房**:女子居住的房间,这里指家庭。

③**童仆**:小厮、丫鬟、佣人等等。

【解析】

在生活中与人交往要谨慎,要远离那些唯利是图、利欲熏心之人。家训中所指的“三姑六婆”,往往指代社会上那些搬弄是非、说长道短的妇女。这些妇女经常聚集在一起,要么说三道四,要么搬弄是非,如果在日常交际中与这些人交友,是不会给家庭带来幸福的,所以要敬而远之,古语说:“恶人则远避之,杜灾殃于眉睫”就是这个道理。在中国古典小说中,三姑六婆这类人物屡见不鲜,如《水浒传》中的王婆,唯利是图,为了西门庆的十两银子,而和西门庆设计潘金莲,属于典型的“淫盗之媒”,同时也印证了“婢美妾娇,非闺房之福”这句话,家中女仆、妻妾太娇媚、美丽,并不是家中的福气。后面的“童仆勿用俊美,妻妾切忌艳妆”,都在告诉人们不是外表打扮得花枝招展,涂脂抹粉,有着美丽的外表就是“美”,真正永恒的“美”是以善为基础的,是一个人的内在修养、气质、涵养,有着一颗宽容、平和、乐观向上、善解人意的心。虽然现在社会没有童仆、小妾,但对于怎样做一个好儿女、好媳妇、好保姆,这句话仍然有着现实意义。

【指点迷津】

1. 言行,君子之枢机;枢机之发,荣辱之主也。

——《周易·系辞上》

2. 玩人丧德,玩物丧志。

——《尚书·旅獒》

3. 无稽之言勿听,弗询之谋勿庸。

——《尚书·大禹谟》

4. 修身絜行,言必由绳墨。

——宋·王安石《命解》

5. 行谨则能坚其志,言谨则能崇其德。

——宋·胡宏《胡子知言·文王》

6. 财能使人贪,色能使人嗜,名能使人矜,势能使人倚。四息既都去,岂在尘埃里。

——宋·邵雍《男子吟》

【读史明智】

摇唇鼓舌

春秋战国时期,天下纷争,群雄四起。孔子带着他的弟子们周游列国,宣扬仁义之道。当时孔子与柳下季是朋友,而柳下季有个弟弟名曰“盗跖”,这个盗跖以武力横行天下,侵扰

诸侯，贪财妄亲，既不顾及亲情，也不祭祀祖先，所经之处百姓苦不堪言。孔子对柳下季说："做父母的应该教导自己的子女，做兄长的要懂得教育自己的弟弟。现在先生你是贤士，可你的兄弟却被叫作盗跖，成为百姓的祸害，我替先生感到惭愧。我愿意替你前去说服他。"柳下季听后答道："假如子女不听从父母的教导，兄弟不服从兄长的教诲，即使再能言善辩又能拿他怎么办呢？况且盗跖为人思想活跃，勇武强悍，巧言善辩，先生还是不要去见他了"

孔子不听，前去见盗跖。盗跖听说孔子求见便横眉怒目地说："此人不就是那个巧伪之人孔丘吗？代我转告他，你矫造语言，假托文王、武王的主张；你头上戴着树杈般的帽子，腰上系着宽皮带，满口的胡说八道；你不耕种却吃得很好，不织布却衣着考究；你整天摇唇鼓舌，制造是非，以此蛊惑天下的诸侯，造成天下的读书人不能守住自己的本性，而是虚妄地标榜仁孝之名，以此达到封侯的赏赐。你实在是罪无不赦，快点滚回去！要不然，我将把你的心肝挖出来吃掉。"孔子听罢，再次请求会见，盗跖最后只好让他进来。

当孔子谨慎小心地进帐施礼后，盗跖却喊声如猛虎般说："孔丘，你上前来！你说的话，若合我意你就可以活着，倘若不合我意你就只有一死！"孔子说："天下人有三种美德：生就高大魁梧，举世无双，人见人爱，这是上等的德行；才智能够包罗天地，能力足以分辨事物，这是中等的德行；勇武、剽悍、果断，能够统率士兵，这是下一等的德行。如今将军同时具备了上述三种美德，但名字却叫盗跖，我认为将军不应有此恶名。将军如果愿意听从我的规劝，我将向南出使吴国、越国，向北出使齐国、鲁国，向东出使宋国、卫国，向西出使晋国、楚国，派人为将军建筑数百里的大城，确立数十万户人家的封邑，尊将军为诸侯，和天下各国和谐相处，休养士卒，孝亲敬祖。"盗跖听后大怒说："孔丘上前来！我面目英俊，身材高大魁梧，这是父母留给我的美德，你如今当面夸奖我，用功利来诱惑我，我难道还不知道吗？"，"如今你研习文王、武王的治国方略，掌控天下的舆论，一心想用你的主张传教后世子孙，穿着宽衣博带的儒式服装，说话与行动都装腔作势，想用这种办法追求高官厚禄，要说大盗再没有比你大的了。天下人为什么不叫你为盗丘，反而称我为盗跖呢？""你孔丘所说的，全是我要废弃的，你赶快从这滚回去吧，不要再说了！你的那套主张，实属巧诈、虚伪的东西，不可能用来保全真性，有什么好谈的呢！"孔子听罢快步离去，眼神模糊，面如死灰，垂头丧气地坐在车上，回到了鲁国。

文中庄子借盗跖之口对孔子进行了尖锐的批评。古人以"守口、少说、莫传"为仁者，"话多不如话少，话少不如话好"。这就告诉人们在生活中要谨言慎行，更不能利用口才去搬弄是非，达到不可告人的目的。

典出《庄子·盗跖》

举案齐眉

梁鸿，字伯鸾，东汉名士。他家里虽然贫穷，但博学多才，文采飞扬，高风峻节，在当地

远近闻名。许多名门大族都想把自己的女儿嫁给他，并派人说亲，然而他都未所动心，一一婉言谢绝，就是不娶。当时同县有户人家姓孟，虽不是名门贵族，却也算是富商之家。孟家有一闺女叫孟光，这个孟光史书上记载，其“身材矮小、肥丑而黑、力举石臼”，可谓是相貌平平，姿色全无。经常有人给她作媒，却被她婉拒，直到三十岁还未嫁人。于是父母便问她：“为何不嫁？”她立刻回答说：“要嫁就要嫁像梁鸿这样品德高尚的人。”梁鸿听说后，就把聘礼下到孟家，准备迎娶孟光。孟光得知此事，喜出望外，有条不紊地准备嫁妆。成婚当天，她盛妆入门，衣着华贵，打扮艳丽。然而，婚后一连七天，梁鸿对她都是置之不理、不予理睬。为此，孟光恭敬地来到梁鸿面前说：“我很早就听说夫君贤德，因而发誓非您不嫁，今天，非常感激夫君能娶我，只是不知为什么，婚后，夫君对我态度冷淡，沉默不语，不予理睬，不知我何处开罪了夫君，请夫君言明。”梁鸿神情不悦地答道：“我希望自己的妻子是一个朴素勤劳的人，能与我同甘共苦，一起到深山之中隐居。而现在你的这番穿着打扮却如此讲究，整天涂脂抹粉的，这哪里是我想要的妻子呢？”孟光一听，立刻高兴地说：“我这些天的穿着打扮，就是想检验一下，夫君是否真是我理想中的贤士。我早就准备好布衣布裙啦！”说完，便换上粗布衣，开始操持家务。梁鸿一看，连忙对孟光说：“此真梁鸿妻也！”

后来，夫妻俩进入霸陵山中隐居，以耕织为业，时而弹琴，时而咏诗，自娱自乐，不求富贵。几年后，为躲避它事，夫妻俩辗转来到吴地。在这里生活的几年里，夫妻二人可谓相敬如宾、相濡以沫。每当丈夫回家后，孟光就把饭菜备好，放在案子上，然后毕恭毕敬地端到梁鸿那里，低着头，将案子举到齐眉，以表示对丈夫的敬重。梁鸿在接的时候，也是彬彬有礼地用双手接过。由此可见夫妻二人的关系非常和谐、和顺。而这个日常礼仪，也被相邻所见。从此举案齐眉的故事就在吴中一带广泛流传，成为佳话。

婚姻乃人生大事，古人早有“娶妻取德不取色”，“择夫重德不重貌”的明训。故事主人公梁鸿的妻子虽然长相平平，又胖又丑，却聪明贤惠、勤劳朴实，两个人相敬如宾，相互尊重，相互关爱。所以，幸福的婚姻是建立在志同道合、相互尊重、相互理解基础上的。

典出《后汉书·梁鸿传》

【社会热点】

一名身着白色外套的漂亮女孩在乘车时遇到两位素不相识的盲人，当得知他们要坐火车回许昌老家时，心地善良的女孩担心两位盲人找火车站不方便，于是她握住盲人手中的竹竿，在通往郑州火车站的三公里道路上，成了盲人心目中最明亮的眼睛，成了这座城市最亮丽的一道风景。当他们走入火车站广场时，引起了很高的回头率。周围乘客见到此场景都称赞：这女孩儿不仅外表美，心灵更美，可算是“中国最美女大学生”了。当记者采访她时，她却说：“不要问我的名字好吗？送送他们不是很自然的事吗？谁都会这样做的。”

生活中的漂亮女孩随处可见，可为什么这个女孩被称为“中国最美女大学生”呢？“美”和“漂亮”有何区别？有些女孩虽然五官长得不是很完美，但却给人一种舒服和蔼的感

觉,是为什么呢？女人真正永恒的美是什么呢？

第三节　孝悌仁厚　重义轻利

祖宗虽远,祭祀不可不诚;子孙虽愚,经书[1]不可不读。

居身务期质朴,教子要有义方[2]。

莫贪意外之财,莫饮过量之酒。

与肩挑贸易[3],毋占便宜;见穷苦亲邻,须加温恤[4]。

刻薄成家,理无久享;伦常[5]乖舛[6],立见消亡。

兄弟叔侄,须分多润[7]寡;长幼内外,宜法肃辞严。

听妇言,乖[8]骨肉,岂是丈夫;重资财,薄父母,不成人子。

嫁女择佳婿,毋索重聘[9];娶媳求淑女,勿计厚奁[10]。

见富贵而生谄容[11]者,最可耻;遇贫穷而作骄态[12]者,贱莫甚。

【注释】

①**经书**:经,指儒家经典。从汉武帝时期确立一直到北宋,官方认定的儒家经典共十三部,史称儒家十三经。其中影响最广泛的要数四书五经。书,指儒家经典之外的诸子百家之书、史书、小说、诗文等。

②**义方**:讲究正确的教育方法,使子女明白做人的道理。

③**肩挑贸易**:挑着担子做生意的人。这里泛指做小生意的人。

④**温恤**:恤,体恤、怜悯。温恤,指对别人表示同情。

⑤**伦常**:指伦理道德。古代的人伦有五种,称为五伦:君臣、父子、夫妇、兄弟、朋友,和五伦相关的是五常,指人们在生活中应遵守的仁、义、礼、智、信五种道德准则。

⑥**乖舛**:舛读(chuǎn),乖舛,违背的意思,这里指混乱。

⑦**润**:指帮助。分多润寡是中国文化中宝贵的精神财富。老子就曾说过:“天之道,损有余以奉不足。”

⑧**乖**:背离、伤害之意。

⑨**聘**:订婚时男方送给女方的礼物。

⑩**奁**:奁读(lián),指女方陪嫁的嫁妆。

⑪**谄容**:指谄媚、巴结的样子。

⑫**骄态**:指骄纵傲慢的样子。

【解析】

家庭和谐是社会和谐、进步的基础，只有每个家庭和谐了、进步了，整个社会才能实现真正的和谐与进步。中国传统文化的“孝亲”思想在家庭和谐中起着十分重要的作用。古

语讲:“孝者,仁之本与”。这里的“仁”,由“二”和“人”组成,就是说一个人心里要想着他人,孔子说:仁者,爱人也。仁的根本就是懂得关爱他人。而懂得关爱他人的前提是懂得“孝悌”,这是“仁”的基础。朱子家训告诉人们“重资财,薄父母,不成人子”,意思是做子女的应该轻财重孝,这里的“薄”体现三个内容:一是指在物质上不能满足父母的日常生活;二是指没有关爱父母的身体健康;三是指没有对父母进行精神上的安慰与满足。所以,为人子女对父母尽孝,不仅要在物质上对父母进行赡养、照顾,还应在心理和精神上满足父母的要求,绝不能让父母物质上富足而精神上孤独寂寞。当这些做好了,你才能在对待他人、朋友时持有仁爱、同情、宽容之心,才能与人为善。正如家训所言:“与肩挑贸易,毋占便宜;见穷苦亲邻,须加温恤。”

【指点迷津】

(1)君子有三乐,而王天下不与存焉。父母俱存,兄弟无故,一乐也;仰不愧于天,俯不怍于人,二乐也;得天下英才而教育之,三乐也。君子有三乐,而王天下不与存焉。

——《孟子·尽心上》

(2)孝子之事亲也,居则致其敬,养则致其乐,病则致其忧,丧则致其哀,祭则致其严。五者备矣,然后能事其亲。

——《孝经·纪孝行章》

(3)责得人深者必自恕,责得己深者必薄责于人,盖亦不暇责人也。自责以至于圣贤地面,何暇有工夫责人。

——元·许衡《鲁斋遗书·语录上》

(4)不爱其亲,而爱他人者,谓之悖德;不敬其亲,而敬他人者,谓之悖礼。

——《孝经·圣治章第九》

(5)富贵本无根,尽从勤里来。

——明·冯梦龙《醒世恒言·徐老仆义愤成家》

【读史明智】

崔沔慈爱

唐朝崔沔是历史上有名的孝悌楷模。八岁时父亲离世,从此与母亲相依为命。十三岁时,他的母亲又得了眼病,为了给母亲治病,他变卖了家产,到处寻医问药,但还是没能治好母亲的眼病。从此,他一边刻苦读书,一边种菜糊口,小小年纪支撑起整个家。在母亲失明后的日子里,他都是谨慎恭敬地陪在母亲身边侍奉着。每晚就寝时,为了能随时照顾母亲,他都是和衣而睡,这样的习惯保持了三十年。

崔沔家门前有一个水塘,每天都会有人从塘边的小路经过。一天傍晚,当母子二人正在屋里吃饭的时候,忽听外面有嘈杂的喊叫声,崔沔急速出屋,看到一个小孩因摸黑走路而

掉到水里。幸好他救的及时，否则那个孩子的性命不保。回到屋里，母亲对崔沔说：“沔儿，塘边的小路比较狭窄，晚上又黑，人们从这里经过不是很便利，我们节省节省，在屋门前挂盏灯笼，方便路人，这样就不会有人落水了。”崔沔是个孝子，虽然家贫如洗，但还是顺应了母亲。

后来经过勤奋学习，他考取了进士。每当良辰美景之时，他都要带着母亲前去赴宴，让母亲忘记失明的痛苦。有一天，他陪母亲去馆子里吃饭，崔沔夹了菜给母亲吃。母亲吃后便问：“这是什么菜，既细滑又爽口。”崔沔告诉母亲说：“这是高笋。”看到母亲爱吃高笋，崔沔于是派人在家门前挖塘遍种高笋，并在它周边种上了果树。这样一来，母亲便可时常能吃到白玉一样的高笋了。后来，崔沔的官越做越大，为官期间勤政爱民，俭约自守。当母亲去世时，崔沔十分悲痛。他回到自己简陋的家中为母亲守孝，而且在每年清明之日，他都不会忘记给过世的老母亲送上一份高笋。世人感慨于崔沔的拳拳孝心，为了纪念崔沔对母亲的孝心，后人便把这个地方取名为“高笋塘”。

母亲辞世多年，崔沔还不忘照顾他的哥哥、姐姐、侄子、外甥，对待哥哥姐姐，就如同母亲一般敬爱；对待侄儿外甥，比对待自己的孩子还更加爱护。为官所得的俸禄他也会全部拿出来分给这些亲人。可谓是“敬姊爱兄，倍慈其侄，厚待诸甥。”别人看到，总会问他缘由，他说：“母亲与世长辞了，我再也不能在她老人家面前尽孝了。她在世时总是牵挂着这些哥哥姐姐、侄子外甥的，生怕他们过得不好，所以，为了告慰母亲的在天之灵，我要好好地厚待他们。”后来，崔沔官至中书侍郎，其儿子崔祐甫成为唐德宗的贤相，孙子崔植也成为唐穆宗的宰相。后人评价说，正是因为有了崔沔的孝心善行，其子孙后代才会得到荣华富贵，这是福报的结果。

崔沔的孝行让人高山仰止，他不仅在物质上对母亲尽孝，更从精神上关心、照顾母亲，帮助母亲实现她的善念。西汉桓宽在其《盐铁论·孝养》中说：“上孝养志，其次养色，其次养体。”崔沔的孝行就在于他能够“养体”“养色”“养志”，能够体察父母的内心，想之所想，急之所急，这才是孝亲的第一大事。

典出《德育古鉴》

暮夜无知

杨震，东汉名臣，通晓经籍，学富五车，风雅清正，被赞为“关西孔子”。一直于家乡隐居教书数年载，直到五十岁左右才步入仕途。在大将军邓骘的举荐下，他被举为茂才，先任荆州刺史，之后又调任东莱太守。一次，杨震因公事正好路过昌邑县，晚上便夜宿于馆驿。县令王密曾被杨震推荐过，为此王密非常感恩杨震的提拔。当他听说杨震来到本地，所以，当晚，他趁夜静无人之时悄悄地怀金十斤，去拜见杨震。目的很明显，感谢杨震的提拔，同时请他今后多多的照顾自己。杨震见状，当场拒绝，说：“故人知君，君不知故人，何也？”杨震为官十分清廉，从不贪意外之财，所以看到老朋友这样做感到很不高兴。然而，王密却反复劝说道："暮夜无知者。"杨震听后更加生气了，说道："天知，地知，你知，我知，怎能无人知道？"王密听了之后感到很羞愧，就连忙告辞带着黄金离去了，从此之后对杨震更加敬重。

杨震"暮夜却金"的故事，为后人所称颂，赞誉他为"四知先生"。后来他又调任涿郡太守，在官场上依然保持公正清廉的作风，不谋取私利，不吃请受贿。就是在日常生活起居之中，也常常教育子孙生活要简朴、节俭，所以他的子孙在生活上与普通百姓没什么区别。他身边的好朋友或亲戚都劝说他为子孙后代多置办些产业，以备将来衣食无忧，可却遭到他的反对，由此可见杨震高洁情操和廉洁品德。在后来的为官路上，他屡陈时事，多次谏言，最终遭到小人陷害，最后饮鸩而卒。到汉顺帝刘保即位时，为其冤屈昭雪。

俗话说："君子爱财，取之有道。"这里的"道"是合法之道，也就是说不义之财不能拿。杨震面对金钱的诱惑，能够守住自己的本心，不被世俗的潮流所吞噬，实在难能可贵。在官场之中，他始终保持着"公正廉洁"的作风，不阿谀奉承、不谋取私利，成为后世传颂的楷模，成为为官之人的榜样。

典出《后汉书·杨震传》

【社会热点】

(1)古语讲："百善孝为先，论心不论行，论行家贫无孝子。"在南京丁家庄燕歌园小区发生这样一件事，一位身患癌症的79岁病危老人竟被自己的儿子从家里搬到地下车库安置，老人的身体十分虚弱。其儿子的卑劣行为引来左邻右舍的强烈不满并将此事举报。当公安民警来到现场并了解情况时，这位老人的儿子还在不断地替自己辩解，称其家里只有40多平方米，房子太小，所以无法安置老人，但事实上这个小区最小房子的面积也不低于40平方米。最后在民警的警告下，该男子将老母从车库抬回家中安置。

《中华人民共和国刑法》规定，对于年老、年幼、患病或者其他没有独立生活能力的人，负有扶养义务而拒绝扶养，情节恶劣的，处五年以下有期徒刑、拘役或者管制。针对上面的事件，对于该老人儿子的行为，你是怎么看的呢？你是否真正懂得"孝"的含义呢？如今，面对当下社会出现的种种问题，在传统"二十四孝"的基础上，发布了新版"二十四孝"行动标准，这些你是否全部做到了呢？

新"24孝"行动标准

①经常带着爱人、子女回家	②节假日尽量与父母共度
③为父母举办生日宴会	④亲自给父母做饭
⑤每周给父母打个电话	⑥父母的零花钱不能少
⑦为父母建立"关爱卡"	⑧仔细聆听父母的往事
⑨教父母学会上网	⑩经常为父母拍照
⑪对父母的爱要说出口	⑫打开父母的心结

⑬支持父母的业余爱好

⑭支持单身父母再婚

⑮定期带父母做体检

⑯为父母购买合适的保险

⑰常跟父母做交心的沟通

⑱带父母一起出席重要的活动

⑲带父母参观你工作的地方

⑳带父母去旅行或故地重游

㉑和父母一起锻炼身体

㉒适当参与父母的活动

㉓陪父母拜访他们的老朋友

㉔陪父母看一场老电影

(2)结婚乃终身大事,按照民间结婚风俗,婚前男女双方先要订婚,男方要给女方送去订婚的礼金,也就是彩礼钱。如今各地彩礼钱水涨船高,在某些地方彩礼钱少则一两万,多则十几二十万,还有的地方彩礼钱要论斤秤,需要三斤三两百元钞票。在彩礼面前,很多女方不考虑男方的承受力,婚前索要巨额彩礼。为此,在广大农村出现"因婚返贫"的事件屡见不鲜,有的女方甚至因达不到她所需要的彩礼钱,而放弃结婚。

面对"彩礼"与"爱情",你是怎么看的呢?

第四节　和睦处世　谦恭待人

居家戒[1]争讼[2],讼则终凶;处世戒多言,言多必失。

勿恃[3]势力而凌逼孤寡[4];毋贪口腹而恣[5]杀牲禽。

乖僻[6]自是,悔误必多;颓惰[7]自甘,家道难成。

狎昵[8]恶少[9],久必受其累;屈志[10]老成,急则可相依。

轻听发言,安知非人之谮诉[11],当忍耐三思;因事相争,焉知非我之不是,须平心暗想。

施惠无念,受恩莫忘。

凡事当留余地,得意不宜再往。

人有喜庆,不可生妒忌心;人有祸患,不可生喜幸心[12]。

善欲人见,不是真善;恶恐人知,便是大恶。

见色而起淫心,报在妻女;匿怨[13]而用暗箭,祸延子孙。

【注释】

①**戒**:禁止做的事情。

②**争讼**:争指争吵、争夺。讼指诉讼,打官司。争讼主要有两种情况:一种是家庭成员内部的争斗,如兄弟之间因分家产而起争执;一种是家庭之外的争端,引起的官司。

③**恃**:倚仗、依赖的意思。

④**孤寡**:孤指年幼丧父,寡指丧夫,除此之外还有鳏、独这两种无依无靠的弱势群体,鳏指丧妻,独指老来丧子。儒家讲究"仁者爱人",唾弃欺侮老弱病残、孤儿寡母之人。在《礼记》中便强调照顾保护弱势群体,其《大同》篇说到"鳏寡孤独废疾者有所养。"

⑤**恣**:放纵,没有约束。

⑥**乖僻**:古怪孤僻。

⑦**颓惰**:颓废懒惰之意。

⑧**狎昵**:与人过分的亲近。

⑨**恶少**:品行恶劣的不良少年。孔子曾谈到益友、损友,他说:“益者三友,损者三友。友直,友谅,友多闻,益矣。友便僻,友善柔,友便佞,损矣。”

⑩**屈志**:抑制意愿,随从。

⑪**谮诉**:谮读(zèn),诬蔑、中伤,说别人的坏话。《增广贤文》中说:“来说是非者,便是是非人。”

⑫**喜幸心**:这里指幸灾乐祸的心理。

⑬**匿怨**:匿,隐藏。内心隐藏怨恨。

【解析】

仁爱是儒家所提倡的重要思想,孟子曰:“恻隐之心,仁之端也。”即仁爱的基础是与人为善,《朱子家训》中倡导的是一种和睦的处世原则。如家训所言:“居家戒争讼,讼则终凶;处世戒多言,言多必失。”这就告诉人们行事、处世时应少言慎行,在言行前应当认真思考、深入分析,否则会招惹不必要的问题与麻烦。一旦与人发生争执,“焉知非我之不是,须平心暗想。”学会隐忍与三思,和睦处世,不能“乖僻自是”。朱老先生还告诉人们不要倚强凌弱,“勿恃势力而凌逼孤寡”,人与人之间应和谐共处。同时,在交友方面,朱老先生认为应谨慎,孔子就曾对朋友进行分类,曰:“益者三友,损者三友。”益友能令人受益匪浅,而损友则使人误入歧途。这里,朱伯庐提出朋友交往的类型,“屈志老成,急则可相依。”在家训中,许多思想还体现了对自然、社会大众的感恩,“毋贪口腹而恣杀牲禽。”“施惠无念,受恩莫忘。”“善欲人见,不是真善;恶恐人知,便是大恶。”彰显了一个人尊重生命、淡泊名利、乐于奉献的至高境界。

【指点迷津】

1. 孝子之至,莫大乎尊亲;尊亲之至,莫大乎以天下养。

——《孟子·万章篇上》

2. 君子之于禽兽也,见其生,不忍见其死;闻其声,不忍食其肉。是以君子远庖厨也。

——《孟子·梁惠王章句上》

3. 少不勤苦,老必艰辛;少能服劳,老必安逸。

——宋·林逋《省心录》

4. 人莫不知学之有益于己也,然而不能者,嬉戏害之也。

——《淮南子·傣族训》

5. 君子不失足于人,不失色于人,不失口于人。

——西汉·戴圣《礼记·表记》

6. 善人同处,则日闻嘉训;恶人从游,则日生邪情。

——宋·范晔《后汉书·爰延列传》

【读史明智】

如嚼鸡肋

杨修,字德祖,三国时期曹操的谋士,官居主簿。其人才思敏捷,聪慧过人,恃才放旷,屡犯曹操之忌。曹操曾修建一座后花园,竣工后,曹操亲自视察,在园中转了一圈,然后叫人在园门上写了一个"活"字就走了。工匠们不解其意,前去请教杨修。杨修见了说:"'门'内添个'活'字,乃'阔'字也。丞相是嫌园门建的太宽阔了。"工匠们豁然开朗,重新修建园门。等改造完毕后又请曹操前去观看。曹操见后大喜,问是谁解此意,左右皆说杨修。曹操嘴上虽夸赞几句,可心里却不是很舒服。

有一次,塞北有人给曹操送来一盒酥。曹操尝了一口,然后拿笔在酥盒上竖写了"一合酥"三字,并让人拿给文武大臣看。大臣们看到这盒酥,感到很困惑,百思不解。此时,杨修正好走了进来,看到大家围在那里议论纷纷,便凑上前来一探究竟。原来是一盒酥,盒子上面还写有字,思忖片刻,会心一笑,于是取来餐具和众人分吃。大家问他:"我们怎敢吃魏王的东西?"杨修不急不慢地指着酥盒上的字说:"是魏王让我们一人一口酥啊!"大臣们这才恍然大悟,便放下心来享受美食,同时也被杨修的灵动机智所折服。而后,曹操问是何故,杨修说:"盒上明明写着'一人一口酥',岂敢违背丞相的命令呢?"曹操听后,面带喜色,但心里却开始厌恶杨修。

后来,当曹操攻打汉中,与刘备对峙时,因困于斜谷界口,想要出兵,又被马超拒守。想要收兵回朝,又恐被蜀兵所嘲笑。正当曹操陷入进退两难时,恰逢厨子端来一碗鸡汤,曹操见碗中有根鸡肋,由此感慨万千。此时夏侯淳进入帐中禀请夜间号令,曹操随口说道:"鸡肋!鸡肋!"于是夏侯淳把这句话当成号令传了下去。行军主簿杨修听到后,立即叫随行军士收拾行囊,准备归程。夏侯淳听到消息,惊恐万分,就派人把杨修叫到帐中询问。杨修解释说:"鸡肋鸡肋,食之无味,弃之可惜。今进不能胜,退恐人笑,在此何益?来日魏王必班师矣。故先收行装,免得临行慌乱。"夏侯淳听了是这个道理,便让营中各位将士打点行装,准备归程。曹操得知此事后,把杨修叫到面前讯问。曹操听后大怒,以其造谣惑众、扰乱军心为由,斩首了杨修。

杨修的错误在于处世中,忘了以"慎言"为原则,结果聪明反被聪明误。古代圣人常以"守口、少说、莫传"为"仁者","话多不如话少,话少不如话好",凡事看透而不说破。在说话前一定要"三思而后言",不要胡乱揣测别人的心思,而妄加评论。

典出《三国志·魏志·武帝纪》

浇瓜之惠

战国时期，梁国与楚国交界，两国的边亭都种瓜。梁亭的亭卒勤劳，天天挑水浇瓜，所以瓜秧长势极好，结的瓜又大又甜。而楚亭的亭卒不善管理，比较贪婪懒惰，所以其地里的瓜秧和西瓜长得不如梁亭。楚亭的人因为嫉妒梁亭的瓜长得好，于是一天夜里，他们趁着夜色偷偷跑到梁亭的瓜地里把梁亭的瓜秧全给扯断了。

第二天，梁亭的人很快就发现了此事，非常气愤，将此事报告给边县的县令宋就，并说："我们也要到他们的瓜地里把他们的瓜秧扯断。"宋就摇摇头，说："我们既然不愿他们扯断我们的瓜秧，那为什么还要过去扯断人家的瓜秧呢？他们做得不对，我们如果再跟着做，那就有点儿太狭隘了。梁国与楚国是近邻，需要互敬互爱才对，不可以怨报怨。你们听我的，从今天开始，每晚到他们的瓜地里给他们的瓜秧浇水，但这件事还不能让他们知道。"梁亭的人一听，感到有些道理，于是每晚梁亭的兵卒就偷偷地来到楚亭的瓜园去浇水。

很快，楚亭的人就发现自己地里的瓜长得一天比一天好。后来，经过他们仔细观察，才发现是梁亭的人每晚在夜里悄悄地为他们浇灌。楚国的县令得知此事后，感到十分惭愧和敬佩，并把此事上报给了楚王。楚王听后，很感动，有感于梁国人修睦边邻的诚意，于是命人备下重金以表达酬谢之意。从此，梁、楚两国长期修好，并建立友好的睦邻关系。

在《菜根谭》中有这样一句话："处世让一步为高，退步即进步的张本；待人宽一分是福，利人实利己的根基。"梁楚两国之所以能建立友好的睦邻关系，就在于他们懂得了"宽仁待人就是宽仁待己"的道理，所以在生活中我们应"以惠我之心惠人，以责人之心责己。"

典出《新序·杂事四》

【社会热点】

在今天本应人与动物和谐共处，然而在网络上经常看到遗弃宠物、虐待动物、残杀动物的行为，有的是为了满足变态的欲望，有的则借残害动物以泄愤，有的是为了获取高额的利润，还有的是将一些动物通过非法的手段合法的端上餐馆餐桌。在香港就曾发生这样一起虐猫事件：一只花猫正在四处觅食，正好被路过的四男一女看见，他们开始追赶着花猫，其中的两名男子还不停地像踢足球一样踢着花猫，最后花猫严重受伤，坐在地上口吐鲜血，双眼流泪痛鸣，最终死去。事件中的两名男子而因此判刑16个月。

在河南，南召宝天曼被誉为"天然物种基因库"，属于国家级自然保护区，这个地方因蝴蝶的品种和数量众多著称。在景区举办的首届蝴蝶节上，景区推出"蝴蝶仙子"以吸引游客。然而令人意想不到的是，蝴蝶仙子的衣服竟然是由上百只活蝴蝶装扮而成。这些活蝴蝶被钢针直接刺死在洁白的石榴裙上，有些蝴蝶还在那里颤抖。

针对不断出现的虐待动物、残杀动物或无视它们生命的行为，对此你怎么看？如何善待动物、尊重生命，保护我们的地球家园呢？

第五节　志在圣贤　心存天下

家门和顺，虽饔飧①不济，亦有余欢；国课②早完，即囊橐③无余，自得至乐。

读书志在圣贤，非徒④科第⑤；为官心存君国，岂计身家。

守分安命，顺时听天⑥。为人若此，庶乎近焉。

【注释】

①**饔飧**：饔(yōng)，当早饭讲；飧(sūn)，当晚饭讲。

②**国课**：国家的赋税，税收。

③**囊橐**：囊(náng)，橐(tuó)，囊橐指口袋。

④**徒**：仅仅。

⑤**科第**：科举考试。科举制度起源于隋朝，它是通过考试选拔官吏的制度。到了明清时期，考试分为三级：乡试、会试、殿试。乡试考中者称举人，会试考中者称贡士，殿试考中者称进士。

⑥**顺时听天**：顺时就是顺应时空，也就是要与时俱进，适应环境的变化，顺应时代的发展。听天指顺其自然，随缘即可。孔子所说的死生有命，富贵在天就是这个道理。

【解析】

俗话说，家和万事兴。“家门和顺，虽饔飧不济，亦有余欢。”这句话说的就是家庭和和睦睦，人人关系融洽，即使生活中上顿不接下顿，也会觉得幸福快乐。《论语》所讲“礼之用，和为贵”说的就是“以和为贵”的道理。家中父子、兄弟、夫妇等人能够和睦相处，相互包容、敬重，那么这个家庭便会和谐，事业才会发展。所以这里告诉人们要“以和为贵”，和气才能生财，一个家庭、一个家族才能生活祥和、万事顺心。如果家庭和谐了、富足了，那么社会也会和谐起来，国家也就富裕起来。荀子说：“下贫则上贫，下富则上富”。所以作为公民应“国课早完”，履行社会责任，这样就能创造一个“民富国强”的国家。“读书志在圣贤，非徒科第；为官心存君国，岂计身家。”体现了朱老先生仁义天下的出世精神。为官就要心存天下，“苟利国家生死以，岂因祸福避趋之。”一个好官就应为人民服务，而不是把官当成谋利的工具。即使不当官，也要做一个有德有才之人。朱先生在家训最后谈到的“做圣贤，存君国”值得每个人认认真真地去思考。

【指点迷津】

1. 人莫不知学之有益于己也，然而不能者，嬉戏害之也。

——《淮南子·傣族训》

2. 太上有立德，其次有立功，其次有立言；虽久不废，此谓不朽。

——《左传·襄公二十四年》

3. 立身以立学为先，立学以读书为本。

——宋·欧阳修《欧阳文忠公文集》

4. 常思奋不顾身，而殉国家之急。

——汉·司马迁《报任少卿书》

5. 善人同处，则日闻嘉训；恶人从游，则日生邪情。

——南朝·范晔《后汉书·爰延列传》

6. 临行而思，临言而择。

——宋·王安石《仁智》

7. 君子不失足于人，不失色于人，不失口于人。

——西汉·戴圣《礼记·表记》

【读史明智】

范蠡泛五湖

范蠡，春秋战国末期政治家、军事家。他虽出身贫寒，却睿智聪明、满腹经纶、学富五车、胸藏韬略。他是越王勾践的军师，被封为大夫，苦身戮力，勤奋不懈。此时，吴越两国结怨已久，连年战事。吴王夫差为了能给父亲报仇，正夜以继日的操练兵马，准备攻打越国。而身为越王的勾践决定先发制人讨伐吴国。范蠡劝阻未果。在两军兵戈相交中，越军大败，越王勾践最终带领仅剩的五千兵退守在会稽。为了保存实力，范蠡献"卑辞厚礼，乞吴存越"之策，被迫与吴国求和。吴王夫差答应赦免越国，不再出兵。但越王勾践需要在吴为奴三年。之后，范蠡陪同勾践在吴为奴，忍受各种凌辱。

三年后，勾践回国，为了时刻牢记亡国的耻辱，他让人在卧室内铺上柴草，并在屋里挂上一个苦胆，每次吃饭前，都要尝一尝这胆的苦味，以此提醒自己：不能忘记曾经在吴国所经历的苦难和羞辱。在和范蠡相处的过程中，勾践觉得范蠡文韬武略并且忠心耿耿，于是打算把国政交给他，但范蠡却说："操练兵马、行军打仗，文种不如我；治理国家、安抚百姓，我不如文种。"后来，勾践就把国家政事托付给文种，把操练兵马之事交给范蠡。

为了能早日实现"兴越灭吴"的计划，范蠡跋山涉水来到苎萝山上寻得一个德才兼备、绰约多姿的巾帼奇女，名叫西施。范蠡说服西施为国献身，并把他亲自送往吴国。吴王夫差一见立刻被西施的美貌所折服，日夜与西施卿卿我我，终日行乐。而西施也不忘范蠡当日的嘱托，在夫差面前经常夸赞越国的好，使得夫差放松对越国的警惕。最后，勾践在范蠡、文种的辅佐下，经过十年的策划和组织，最终里应外合，打败了吴国，从此越国不在向吴国称臣进贡。越王勾践最终成为一代霸主。

后来，越王勾践奖赏范蠡、文种等功臣，封范蠡为"上将军"。但范蠡在举国欢庆之时，却不恋虚名、不图富贵，能够急流勇退。况且他认识到勾践是能与之患难，不可与之共安乐的人。在他给勾践的信中是这样说的："我听说，君主忧虑，臣子就该劳苦；君主受辱，臣子就该以死谢罪。当年主公受辱于会稽山，我之所以苟活于世，是为了报仇雪恨。如今，天下已定，请主公给臣下降罪处死。"勾践听罢，连忙说："何罪之有？吴国大败，你功不可没。我们一起平分越国。"范蠡婉言谢绝。之后，他乘船不辞而别，永远地离开了越国。

范蠡泛海北上到了齐国，更名换姓，自称"鸱夷子皮"。他带领儿子们在海边耕作，经营生产，治理产业，没过多久，就已经家财万贯。齐国的国君听说他很有才能，就将相印交给他，让他做了宰相。他叹息说："居家则致千金，居官则致卿相，引布衣之极也。久受尊名，不详。"于是，刚三年，他又一次急流勇退，向齐王交还相印，散发资财给朋友相邻，只携带少量贵重财宝带领亲属离开齐都，秘密来到陶地隐居下来，自称陶朱公。因为陶地交通便利，利于生意经营，所以没过多久，家产累积过万，成为天下首富。

范蠡，虽出身贫寒，却经历了上将军、宰相、亿万富翁等角色转换。在名利财货面前，他能够抛弃功名利禄、荣华富贵，及时功成身退，实乃明智之举。古语讲"木秀于林，风必摧之；行高于人，众必非之"就是这个道理。范蠡虽不在活得富贵，但能够活得顺心遂意，能够"安守天命"，绚烂绽放之后让人生归于平淡，这才是他的幸福所在。

典出《史记·货殖列传》

如振落叶

王翱，字九皋，明代廉吏。一生历仕七朝，辅佐六帝。为官几十年，虽位高权重，但始终不徇私情、不畏权贵，保持着铁面无私、公正严明的高贵品质。王翱所在的吏部，主要负责官员的选拔和任用，他深知官贤与否直接关系国家的社稷稳定，所以，他身居"铨衡重地"，时刻不忘"守身如玉当慎初"这句古训，"以用贤报国为己任"，公正严明的选人、用人，决不拿手中的权力做交易。对于地位显贵者的托付，他都"毅然拒之，辞色俱厉"。为了避开登门拜访者，他在公务之外的时间都借宿在官署，很少回家。即便有人想要贿赂其家人，他却早已告诉家人不见私客，所以历史上评价他是"铁面无私，权势请托不敢行"。

王翱身居朝堂，手握重权，对自己及家人要求都很严格，在钱财问题上更是"淡然无欲"。由于廉政节俭，所以王翱经常穿着破旧衣服。一次，明英宗召见王翱，当王翱议事完转身走时，见其衣服破损，问其原因，王翱只好说是当天偶然穿了这件衣服，因接到诏命急于进宫，所以还没来得及更换衣服。

在家人问题上，他也不徇私情。一天，王翱在书房聚精会神地看书，这时，他最喜爱的孙子王辉推门而入，高兴地对王翱说："爷爷，我也要参加今年的秋试。"说着，他拿出官方印的试卷交给王翱，想请爷爷帮忙。王翱知道这个孙子没读几天书，他听后厉声呵斥道："你如果确实有真才实学，我当然不会阻挠你一展宏图。但是如果让你一个平庸之人录取的话，必定会埋没一个真正才能出众的人。你现在衣食无忧，何必勉强呢？"说完就把考卷撕了并扔进了火炉里。王辉见状，立时目瞪口呆。

在大的原则面前，王翱对家属也是毫不退让。王翱有一女，许配给在京郊做官的贾杰。王翱的夫人特别疼爱这个女儿，常常派人接女儿回家住住。每次派人去接，贾杰总是在妻子面前发牢骚，并埋怨说："以岳父现在的地位，把我调回京城简直是易如反掌。回到京城，你们母女见面的机会就多了，也方便多了，哪会有这么多麻烦啊！"女儿便将这番话讲给母亲听，母亲也觉得不无道理。于是，王翱夫人在一次和王翱吃饭的时候，见王翱酣畅淋漓之际，就委婉地把女婿调入京城一事说了出来。王翱听罢，便勃然大怒，拿起案上的酒杯随手就向夫人扔过去，打伤了夫人的脸。最后，直到王翱去世，贾杰也没有被调回京城。

在封建专制社会中贪官污吏很多，但像王翱这样身为高官，并且能够秉公办事、廉政节俭、忧国忧民的官员也不在少数。他们勤政爱民、公正严明，能够以天下为己任，不会被世俗的规则所同化，能够"出淤泥而不染"，给后人留下了宝贵的精神财富。

典出《洹词 · 记王忠肃公翱三事》

【社会热点】

（1）税收乃国家宏观调控的重要手段，是每个公民应尽的义务，它应"取之于民，用之于民"，然而在一些餐饮业、房屋租赁中介、车行等地方经常出现偷税、漏税、抗税、虚开发票的情况。特别是餐饮行业不开发票的现象很普遍，往往以抹零头、赠礼品为条件，借此大量逃税。而刚刚兴起的网购，每年因不开发票，躲过的国家税款就超过 5 亿元人民币。

针对以上问题，谈谈你是如何看待纳税的。

（2）古有范仲淹、王翱、包拯这样廉政爱民的好官，今有焦裕禄、孔繁森、任长霞这样为人民服务的模范，他们"先天下之忧而忧，后天下之乐而乐"，以天下苍生为己任，在自己的岗位上无私奉献、忠于职守、敢于担当，真正做到了"仰不愧于天，俯不愧于地 "，成为人们心目中最美好官。

而日前，一段采访"广州一年级小学生的理想"的视频引起了人们的关注，视频中一群天真烂漫的孩子们对着镜头畅谈着自己长大后的理想，有的孩子说："长大后我想当一名画家"，有的则说想当一名老师、消防员，还有的小朋友干脆不知道自己的理想是什么。其中一个小女孩的回答引起了人们的深思，女孩说她的理想是想做官，"做……贪官，因为贪官有很多东西。"

对此，你是怎么看待一年级小学生的理想是当贪官这件事的？你心目中的好官形象是什么样的？

教学建议

一、教学课时和内容安排

《朱子家训》融朱子一生之学养，集儒家思想之大成，篇幅虽短，仅五百余字，却字字珠

巩，深入浅出，言简意赅。由于家训以骈文形式写成，韵律和谐优美句式对仗工整，而且文中很多语句都被视为名言警句或者对联广为传颂，所以在学习此蒙学读物时，可以根据孩子的年龄特点和接受能力，将教学内容划分若干主题活动进行学习，如勤俭节约篇、孝亲敬祖篇、励志勉学篇、仁爱助人篇等等，每个主题活动根据具体内容，分成若干学时进行，可以一周一个主题。在选择教学内容时应注意《朱子家训》中的消极成分，例如里面有涉及因果报应的内容，“见色而起淫心，报在妻女；匿怨而用暗箭，祸延子孙。”所以我们在学习时应该有鉴别地对待、有扬弃地继承。

二、学习方法与指导

在学习《朱子家训》时，建议在诵读和讲读的同时，加深对国学思想文化的理解，建议把现代教育理论和方法引入国学课堂，如案例教学法、角色扮演法、任务驱动教学法等等。根据教学内容设计活动主题，每次活动开展可以按照文本诵读、含英咀华、读史明智、热点讨论四个内容进行。文本诵读主要引领学生诵读文本，理解文本；含英咀华主要是在讲读分析中感悟经典内容，提升学生涵养；读史明智则是在讲读分析内容的过程中，将历史典故与当前文本讲解内容相结合，提升学生的国学素养；热点讨论则是组织学生将经典内容与社会生活热点相联系进行研讨，由此达到知行合一的目的。

三、幼儿园教学活动设计

活动名称	勤俭节约，从我做起
活动内容	一粥一饭，当思来处不易； 半丝半缕，恒念物力维艰。
活动目标	1. 了解节约的重要性，懂得节约要从平时的一点一滴做起。 2. 培养幼儿从小养成勤俭节约的好习惯。
活动准备	大公鸡手偶、句卡
活动重、难点	培养幼儿从小养成勤俭节约的好习惯。
活动过程	（一）导入 1. 猜谜语：红花头上戴，彩衣不用裁，清晨唱支歌，千门万户开。 2. 教师出示手偶大公鸡“喜喜”，引出“喜喜”的故事。 （二）讲故事 1. 教师声情并茂地讲述《大公鸡喜喜》的故事。 2. 提问：（1）喜喜为什么要欺负晨晨？ （2）妈妈听到喜喜的话，对晨晨说了什么？ （3）晨晨又对妈妈说了什么？ 3. 小结：这个故事告诉小朋友要珍惜每粒粮食。特别是在我们用餐时，不要出现满桌或满地饭粒。今天的《朱子家训》就告诉我们这个道理，我们一起来听听吧！ （三）诵读感悟 1. 把写有“一粥一饭，当思来处不易；半丝半缕，恒念物力维艰。”的句卡贴在黑板上。 2. 带领幼儿诵读原文。 3. 引导幼儿理解此次活动的原文内容。 4. 带领幼儿接龙原文。

续表

	5. 请个别幼儿当小老师来领读。 （四）联系生活 提问：生活中，除了不浪费粮食，我们还应该怎么做才能节约能源，减少浪费呢？ （五）结束语 勤俭节约是中华民族的传统美德，在日常生活中，小朋友们要用实际行动做到节约一滴水、一粒米、一张纸、一度电，学会节约能源，争做“节约小能手”。 （六）活动延伸 请小朋友们回家把今天勤俭节约的知识讲给我们的爸爸、妈妈、爷爷、奶奶，然后利用家中的废旧纸、光盘、瓶子等物品进行废物改造，看看能做成什么东西。

附录

《女儿经》

女儿经，仔细听，早早起，出闺门，烧茶汤，敬双亲，勤梳洗，爱干净，学针线，莫懒身，父母骂，莫作声，哥嫂前，请教训，火烛事，要小心，穿衣裳，旧如新，做茶饭，要洁净，凡笑语，莫高声，人传话，不要听，出嫁後，公姑敬，丈夫穷，莫生瞋，夫子贵，莫骄矜，出仕日，劝清政，抚百姓，劝宽仁，我家富，莫欺贫，借物件，就奉承，应他急，感我情，积阴德，贻子孙，夫妇和，家道成，妯娌们，要孝顺，邻居人，不可轻，亲戚来，把茶烹，尊长至，要亲敬，粗细茶，要鲜明，公婆言，莫记恨，丈夫说，莫使性，整肴馔，求丰盛，著酱醋，要调匀，用器物，洗洁净，都说好，贤慧人，夫君话，就顺应，不是处，也要禁，事公姑，如捧盈，修己身，如履冰，些小事，莫出门，坐起时，要端正，举止时，切莫轻，冲撞我，只在心，分尊我，固当敬，分卑我，也莫陵，守淡薄，安本分，他家富，莫眼热，行嫉妒，损了心，勤治家，过光阴，不伶俐，被人论，若行路，姐在前，妹在后，若饮酒，姆居左，妯居右，公婆在，侧边从，慢开口，勿胡言，齐捧杯，勿先尝，即能饮，莫尽量，沉醉後，恐癫狂，一失礼，便被谈，肴面物，先奉上，骨投地，礼所严，动匙箸，忌声响，出席时，随尊长，客进门，缓缓行，急趋走，恐跌倾，遇生人，就转身，洗锺盏，轻轻顿，坛和罐，紧紧封，公姑病，当殷勤，丈夫病，要温存，爷娘病，时时问，姑儿小，莫见尽，叔儿幼，莫理论，里有言，莫外说，外有言，莫内传，勤纺织，缝衣裳，烹五味，勿先尝，造酒浆，我当然，无是非，是贤良，姆婶事，决莫言，若闻知，两参商，伯叔话，休要管，勿唧唧，道短长，孩童闹，规己子，是与非，甚勿理，略不逊，讼自起，

公差到，悔则迟，里长到，不可瞋，留饮酒，是人情，早完粮，得安宁，些小利，莫见尽，论彼此，俗了人，学大方，人自称，晒东西，也莫轻，秽污衣，寻避静，恐人见，起非论，他骂我，我不听，不回言，人自评，升斗上，要公平，买物件，莫亏人，夫君怒，说比论，好言劝，解愁闷，夫骂人，莫齐逞，或不是，陪小心，纵怀憾，看你情，祸自消，福自生，有儿女，不可轻，抚育大，继宗承，或耕耘，教勤谨，或读书，莫鄙吝，倘是女，严闺门，训礼义，教孝语，能针业，方成人，衣服破，缝几针，鞋袜破，被人论，是不是，自己寻，为人母，所当慎，奴婢们，也是人，饮食类，一般平，不是处，且宽忍，十分刻，异心生，若太宽，便不逊，最难养，是小人，再叮咛，更警心，妯娌多，都一心，本等话，莫生瞋，同茶饭，莫吵分，一闹嚷，四邻听，任会说，非为能，吵家的，个个论，公姑闹，不安宁，各自居，也要命，命不遇，只是贫，那时节，才理论，这等事，当自忖，管家娘，更须听，赶捉牲，莫纷纷，动宰割，忌刀声，亲锅厨，休铮铮，最不孝，斩先脉，夫无嗣，劝娶妾，继宗祀，最为切，遵三从，行四德，习礼义，难尽说，看古人，多贤德，宜以之，为法则。

《增广贤文》(节选)

昔时贤文，诲汝谆谆。
集韵增广，多见多闻。
观今宜鉴古，无古不成今。
知己知彼，将心比心。
酒逢知己饮，诗向会人吟。
相识满天下，知心能几人？
相逢好似初相识，到老终无怨恨心。
近水知鱼性，近山识鸟音。
易涨易退山溪水，易反易复小人心。
运去金成铁，时来铁似金。
读书须用意，一字值千金。
逢人且说三分话，未可全抛一片心。
有意栽花花不发，无心插柳柳成荫。
画龙画虎难画骨，知人知面不知心。
钱财如粪土，仁义值千金。
流水下滩非有意，白云出岫本无心。
当时若不登高望，谁信东流海洋深？
路遥知马力，日久见人心。

两人一般心，无钱堪买金；
一人一般心，有钱难买针。
相见易得好，久住难为人。
马行无力皆因瘦，人不风流只为贫。
饶人不是痴汉，痴汉不会饶人。
是亲不似亲，非亲却似亲。
美不美，故乡水；亲不亲，故乡人。
莺花犹怕春光老，岂可教人枉度春？
相逢不饮空归去，洞口桃花也笑人。
红粉佳人休使老，风流浪子莫教贫。
在家不会迎宾客，出门方知少主人。
黄芩无假，阿魏无真。
客来主不顾，自是无良宾。
良宾方不顾，应恐是痴人。
贫居闹市无人问，富在深山有远亲。
谁人背后无人说，哪个人前不说人？
有钱道真语，无钱语不真。
不信但看筵中酒，杯杯先劝有钱人。
闹市挣钱，静处安身。
来如风雨，去似微尘。
长江后浪推前浪，世上新人赶旧人。
近水楼台先得月，向阳花木早逢春。
古人不见今时月，今月曾经照古人。
先到为君，后到为臣。
莫道君行早，更有早行人。
莫信直中直，须防仁不仁。
山中有直树，世上无直人。
自恨枝无叶，莫怨太阳偏。
大家都是命，半点不由人。
一年之计在于春，一日之计在于晨。
一家之计在于和，一生之计在于勤。
责人之心责己，恕己之心恕人。
守口如瓶，防意如城。
宁可人负我，切莫我负人。
再三须慎意，第一莫欺心。

虎身犹可近，人毒不堪亲。
来说是非者，便是是非人。
远水难救近火，远亲不如近邻。
有酒有肉多兄弟，急难何曾见一人？
人情似纸张张薄，世事如棋局局新。
山中自有千年树，世上难逢百岁人。
力微休负重，言轻莫劝人。
无钱莫入众，遭难莫寻亲。
平生不做皱眉事，世上应无切齿人。
士者国之宝，儒为席上珍。
若要断酒法，醒眼看醉人。
求人须求大丈夫，济人须济急时无。
久住令人贱，频来亲也疏。
酒中不语真君子，财上分明大丈夫。
出家如初，成佛有余。
积金千两，不如明解经书。
养子不教如养驴，养女不教如养猪。
有田不耕仓廪虚，有书不读子孙愚。
仓廪虚兮岁月乏，子孙愚兮礼仪疏。
听君一席话，胜读十年书。
人不通今古，马牛如襟裾。
茫茫四海人无数，哪个男儿是丈夫？
白酒酿成迎宾客，黄金散尽为收书。
救人一命，胜造七级浮屠。
城门失火，殃及池鱼。
庭前生瑞草，好事不如无。
欲求生富贵，须下死工夫。
百年成之不足，一旦坏之有余。
人心似铁，官法如炉。
善化不足，恶化有余。
水至清则无鱼，人太急则无智。
智者减半，愚者全无。
在家由父，出嫁从夫。
痴人畏妇，贤女敬夫。
是非终日有，不听自然无。

诗韵篇

第一章 《声律启蒙》(节选)

经典导读

《声律启蒙》是古代学校专门训练蒙童进行属对、做诗、掌握声韵格律最具代表性的启蒙读物。它的内容丰富,对仗工整,声韵和谐,语句流畅,读起来朗朗上口,素有“音韵铿锵,辞藻华丽,妙不可言”之美誉。

一、《声律启蒙》的成书背景

中国古代的蒙童经过识字阶段后,除读经外,还要辅修学诗,而学诗从属对开始。属对,俗称对对子,就是把两句缀成对偶。属对是最能体现汉语特点的,目的是让学生分清平仄、掌握对仗、记住韵部,进而识音辨律,为学诗作文打下基础。于是早在元代就已经出现了专门的属对蒙学读本,如《对类》等。这类属对的蒙学读物,或是提供属对的大量素材,或是提供属对的诸多实例,一般句式整齐、对仗工整,具有较强的可读性。但学诗仅仅如此显然不够,还需要更为丰富的声韵知识,于是将属对与声韵结合,组织成既对偶又押韵的韵对,就成为蒙童学诗、了解音韵的最佳读物。

这种将声韵和对偶结合,组成节奏明快、音韵和谐的读物,大约从宋代开始,《宋史·艺文志》著录有高测的《韵对》。而现存最早有关声韵方面的蒙学读物是元代祝明的《声律启蒙》。《声律启蒙》最早由祝明的学生在元仁宗皇庆二年(1313)刊行。后人对此篇颇为重视,潘英曾为之续作,明代刘节曾予以校补,高儒评价它“对偶成音响,自然浑合九十首”。后清朝康熙年间进士车万育在此基础上稍加删改成篇《声律启蒙撮要》,这也是现行最为流行的《声律启蒙》版本。改版本为清代光绪癸未年间(约1883)成都魏朝俊“墨耕堂”私藏的版本,其封面题名为《声律启蒙》,内页所载名为《声律启蒙撮要》,作者题名为“衡山聂铣敏蓉峰重订、邵陵车万育双亭著、湘潭夏大观枫江笺”。

二、《声律启蒙》的编写体例

(1)《声律启蒙》按照《平水韵》编写,因律诗一般只用平声韵,故只选用了《平水韵》平声三十韵分部编写。全书分上下两卷,每卷十五个韵部,上卷为上平声,韵目依次为:“东”“冬”“江”“支”“微”“鱼”“虞”“齐”“佳”“灰”“真”“文”“元”“寒”“删”;下卷为下平声,韵目依次为:“先”“萧”“肴”“豪”“歌”“麻”“阳”“庚”“青”“蒸”“尤”“侵”“覃”“盐”“咸”。

(2)《声律启蒙》每个韵目之下各有三则对文，它们结构相同，均为十六句、八个韵脚、十个对子。例如“一东”，“以“一 东”韵的第一则对文为例：“云对雨，雪对风。晚照对晴空。来鸿对去燕，宿鸟对鸣虫。三尺剑，六钧弓。岭北对江东。人间清暑殿，天上广寒宫。两岸晓烟杨柳绿，一园春雨杏花红。两鬓风霜，途次早行之客；一蓑烟雨，溪边晚钓之翁。”，其中韵脚依次为：“风”“空”“虫”“弓”“东”“宫”“红”和“翁”。

(3)《声律启蒙》的每则对文都由对仗工稳的韵文构成，每则对文各有对语十对，从单字对、双字对、三字对、五字对、七字对到十一字对，由简入繁，句句对偶对仗，声调平仄交替，音韵和谐优美，节奏明快清丽，充分注重了属对的各个因素。如上文所引的“一东”中，“云对雨，雪对风”为单子对，“晚照对晴空。来鸿对去燕”为双字对，“三尺剑，六钧弓”为三字对，“人间清暑殿，天上广寒宫”为五字对，“两岸晓烟杨柳绿，一园春雨杏花红”为七字对，“两鬓风霜，途次早行之客；一蓑烟雨，溪边晚钓之翁”为十一字对。

三、《声律启蒙》的行文特点

(1)《声律启蒙》的内容丰富，涵盖社会、自然、人生等多方面内容，涉及天文地理、鸟兽花木、自然景物、器用宫室、时令饮食、历史人伦等知识，可以说是一本小小百科全书。如天文方面：“云对雨，雪对风”；地理方面：“秦岭云横，迢递八千远路；巫山雨洗，嵯峨十二危峰”；鸟兽方面：“来鸿对去燕，宿鸟对鸣虫。”；花木方面：“两岸晓烟杨柳绿，一园春雨杏花红”；器物方面：“蓉裳对蕙帐，玉斝对银缸”；历史方面：“陈后主，汉中宗”“马迁修史记，孔子作春秋”等等。

(2)《声律启蒙》蕴涵中华传统文化的精髓。首先，平仄相对、音韵和谐的对文中实则蕴含着祖先们最朴素的阴阳对立哲学思想。在天地、冬夏、高低、塞通、得失、祸福等相辅相成中无不体现着阴阳对立统一的哲学思想。如“沿对革，异对同，白叟对黄童。江风对海雾，牧子对渔翁。”其次，《声律启蒙》的对文常常将传统道德思想和人文历史知识进行了巧妙的融合，使得作品富有了中华传统伦理观。如“仁对义，让对恭，禹舜对羲农。”

(3)《声律启蒙》的对文中平仄相对、词性词类对仗工整，声调相协、音韵相调，朗朗上口。以“一东”中的“云对雨，雪对风。晚照对晴空。来鸿对去燕，宿鸟对鸣虫”为例，单字对中“云、雨、雪、风”为名词相对，双字对中“晚照”指夕阳的余晖，“晴空”指晴朗的天空，名称相对，意义相反，这两句说的均为自然景物。而另一组双字对中“鸿、燕、鸟、虫”也为名词相对，均为天空中飞的动物，前面的修饰语均为动词“来、去、宿、鸣”，“来、去”意义相反，“宿”与“鸣”一动一静，且名动词位置相同，词性词类均对仗工整。这段话的平仄为：“平对仄，仄对平。仄仄对平平。平平对仄仄，仄仄对平平。”平仄交错相对，音韵和美。

(4)《声律启蒙》的文字多源于古代的诗文曲赋，或引用原文，或化用句意，辞藻华丽，意境优秀。如上文提到的“晚照”，化用宋武帝的“白日倾晚照”之句；“晴空”，语出刘禹锡的“晴空一鹤排云上”。而“来鸿去燕”大有春来北往的漂泊孤零之感。再如“两岸晓烟杨柳绿”“一园春雨杏花红”意境清幽，景和人景。《声律启蒙》中的几乎每一个词、每一句话都

如诗如画，给读者以美的享受。而且，其语言如行云流水，自然活泼，充分体现了汉语美的特质。

四、《声律启蒙》的文化价值

（1）吟诗作对的范本。《声律启蒙》所用的《平水韵》平声三十韵部就是近体诗的押韵依据，行文中又选用常用的字，词和典故，编排分韵，节奏轻快、韵律鲜明，读来抑扬顿挫，朗朗上口，使阅读者在愉悦的诵读中对我国古典诗词的押韵，平仄，对仗三个最重要的特点产生潜移默化的感性认识，是阅读者掌握对偶技巧，学习声韵格律的最佳启蒙读物。

（2）包含了丰富的历史文化知识。《声律启蒙》引用了大量的神话传说、历史故事、成语典故，还包括了大量天文、地理、风俗、名物、动植物等知识，可以丰富阅读者的文史知识，提高阅读者的文化素养。

（3）多种表达技巧的综合。《声律启蒙》中很多句子都诗意盎然，有的直接引用或化用前人的诗句，辞采丰富华美，描写、比喻、拟人、夸张等多种表达技巧融为一体，写景状物生动逼真，为阅读者提高写诗作文能力提供极高的借鉴价值。

有学者评价《声律启蒙》为“知识性和实用性高度统一”。丰富的文化知识和诗词技巧训练在《声律启蒙》这部作品中得到了美的融合，它是中国古典艺术美的精华代表，作品结构的对称美、句式的参差美、语言的和谐美、音韵的音乐美等等，都从内容和形式的结合上把中国艺术的古典美推向了中国传统艺术的高峰。

含英咀华

第一节 一东[①]

云对雨，雪对风。晚照[②]对晴空。来鸿对去燕[③]，宿鸟[④]对鸣虫。三尺剑，六钧弓[⑤]。岭北对江东。人间清暑殿，天上广寒宫[⑥]。两岸晓烟[⑦]杨柳绿，一园春雨杏花红。两鬓风霜，途次[⑧]早行之客；一蓑烟雨，溪边晚钓之翁。

沿对革，异对同。白叟对黄童[⑨]。江风对海雾，牧子对渔翁。颜巷陋，阮途穷[⑩]。冀北对辽东。池中濯足水，门外打头风[⑪]。梁帝讲经同泰寺，汉皇置酒未央宫[⑫]。尘虑萦心，懒抚七弦绿绮[⑬]；霜华满鬓，羞看百炼青铜[⑭]。

贫对富，塞对通。野叟对溪童。鬓皤[⑮]对眉绿，齿皓对唇红。天浩浩，日融融。佩剑对弯弓。半溪流水绿，千树落花红。野渡燕穿杨柳雨，芳池鱼戏芰荷风。女子眉纤，额下现一弯新月；男儿气壮，胸中吐万丈长虹。

【注释】

①一东：《平水韵》中上平韵类里的编号第一的韵部，里面的字全是押与“东”字一样的

韵。《平水韵》是古代韵书，由其刊行者宋末平水人刘渊而得名。平水韵依据唐人用韵情况，把汉字划分成106个韵部（其书今佚）。每个韵部包含若干字，作律绝诗用韵，其韵脚的字必须出自同一韵部，不能错用。古代韵书选择每个韵的第一个字作为这个韵部的代表字，以便于称谓。故“一”是指在平水韵中的次序。“东”即这个韵部的代表字，称为韵目。与“东”韵目相同的字都归属于这一韵部。后面的“二冬”“三江”等情况相同，不再赘述。

②**晚照**：夕阳的余晖。宋代宋祁《玉楼春》有云：“为君持酒劝斜阳，且向花间留晚照。”

③**来鸿**：鸿，大雁，又称鸿雁，体型较大，善于飞行，常成群出行也偶尔会有孤行之雁。古诗中鸿雁常有思乡怀亲和羁旅行役之感。燕：燕子，体型略小，喜在人家屋内或屋檐下用泥做巢居住，常结伴双双出行。古诗中燕多为春天的信使，双燕有爱情之喻。然二者均为候鸟，春回北方繁殖，秋往南方越冬。故古人也常将“来鸿去燕”并称，喻指行踪漂泊不定之人。南宋陈允礼《红罗袄》词云：“念去燕来鸿，愁随秋到，旧盟新约，心与天知。”清代黄景仁《稚存从新安归作此寄之》诗云：“来鸿去燕江干路，露宿风飞各朝暮。”

④**宿鸟**：傍晚回巢栖息的鸟。唐代李白《菩萨蛮》词云：“玉阶空伫立，宿鸟归飞急。”

⑤**三尺剑**：古代的剑长约为三尺，故称三尺剑。《史记·高祖本纪》记载：“高祖为黥布流矢所中，医曰：‘可治’。高祖曰：‘吾提三尺剑取天下，非命乎？命在天虽扁鹊何益？’”。六钧弓：古代重量单位，合三十斤，六钧即为180斤。《左传·定公八年》记载，“定公侵齐，士皆坐列，曰：‘颜高之弓六钧’。皆取传观之。”

⑥**清暑殿**：宫殿名，在洛阳宫中有清暑殿。广寒宫：神话里称月亮中的宫殿为广寒宫。传说唐玄宗中秋夜游月宫，见月宫们上悬挂着“广寒清虚之府”的匾额，后称月宫为广寒宫。宋代周邦彦《鹊桥仙》词云：“翩然欲上广寒宫，横玉度、一声天碧。”。

⑦**晓烟**：清晨的烟雾。宋代宋祁《玉楼春》有云：“绿杨烟外晓寒轻，红杏枝头春意闹。”

⑧**途次**：旅途中的住宿处。途，旅途中。次，所在之处。

⑨**白叟**：白发老人。黄童：黄口小儿，指儿童。宋代苏轼《浣溪沙》有云：“照日深红暖见鱼，连溪绿暗晚藏乌，黄童白叟聚睢盱。”

⑩**颜**：颜，颜回，孔子的学生。阮：阮，阮籍，魏晋名士，竹林七贤之一。藐视世俗，行为狂放不羁，常独自驾车，率性而行，车到无路处，恸哭而返。

⑪**濯足水**：濯：洗涤。《孟子·离娄上》：“有孺子歌曰：‘沧浪之水清兮，可以濯我缨，沧浪之水浊兮，可以濯我足’。”打头风，顶头风。《琅环记》载：商人尤某之妻石氏，思夫成疾，死前长叹“吾恨不能阻其行，以至于此。今凡有商旅远行，吾当作大风，为天下妇人阻之。”自后商旅发船值打头逆风，则曰：“此石尤风也。”遂止不行。

⑫**同泰寺**：梁武帝普通二年（521）九月所建寺庙，今位于南京东北方。未央宫，西汉帝国的大朝正殿，建于汉高祖七年，今位于西安市汉长安城遗址西南部。

⑬**尘虑萦心，懒抚七弦绿绮**：世俗之事萦绕于心，懒得去弹琴。绿绮，古琴名，相传为汉代司马相如之琴，后代指名贵的琴。

⑭**霜华满鬓，羞看百炼青铜**：满鬓华发之发，不愿意去看镜子。青铜，借指镜子，古时用青铜炼制镜子。

⑮**鬓皤**（pó）：鬓角华发。皤，白色。眉绿，眉毛乌黑。绿，这里指青色、黑色。

【读史明智】

刘邦与三尺剑

汉高祖刘邦任沛县亭长时，为县里押送一批劳役的犯人到骊山修陵。途中大部分人都逃走了。刘邦暗中揣度，即使到了骊山也会被按罪被杀。于是走到丰西涸泽地带就停下来，饮酒大醉，夜里索性将剩下的所有犯人都放了。并对他们说："你们都走吧，我也要逃了。"这些人中有十多人愿意跟随刘邦。刘邦带醉前行，让一个犯人在前面探路。这个人回来说："前面有一条大蛇挡路，我们还是回去吧。"刘邦趁着酒劲说："大丈夫独步天下有什么害怕的！"于是走到前面拔剑将蛇斩为两段。继续走了几里路，刘邦因醉倒下就睡着了。队伍中走在后面的人途经斩蛇的地方，看见一个老太太在路边大哭。就问她为什么这样伤心，老太太说："我儿子是白帝子，变成蛇横在路上，现在被赤帝子杀了，所以我很伤心。"说后就不见了。等刘邦醒来，大家告诉了他这件事，刘邦心里觉得很高兴，认为自己必定不同凡人。从此，跟随他的人也越来越敬畏他了。

后刘邦讨伐黥布时，被飞箭所射中，吕后四处求医问药，并请来良医为其治病，病情越来越重，刘邦骂道："就凭我一个平民，手提三尺之剑，最终取得天下，这不是由于天命吗？人的命运决定于上天，纵然你是扁鹊，又有什么用处呢？"于是赐给五十斤黄金不再让医生为他治病。

典出汉·司马迁《史记·高祖本纪》

颜回与陋巷

颜回（前521—前481），字子渊，春秋末期鲁国曲阜（今属山东）人。自汉代起，颜回被列为七十二贤之首，有时祭孔时独以颜回配享。此后历代统治者不断追加谥号，明嘉靖时更是改称"复圣"。颜回十四岁拜孔子为师，此后终生师事之，是孔子最得意的门生。在孔门诸弟子中，孔子对他称赞最多，不仅赞其"好学"，而且还以"仁人"相许。

颜回所处的时代，已是中国的春秋末期，不但周天子的王权继续衰落，而且各诸侯国的公室也衰落了，许多贵族开始越权企图控制诸侯。鲁国经"三桓专权""陪臣执国命"两个时期后，不仅使宫室衰败，鲁国旧日的贵族世家也大都衰落。鲁国的颜氏家族到颜路、颜回父子时，除了保有祖传的贵族身份及颜路的鲁卿大夫头衔外，便只有陋巷简朴的住宅及五十亩郭外之田，十亩郭内之圃了。在生产力极为低下的春秋时期，些许田产难以维持一个贵族家庭的生计，颜回父子不得不省去作为贵族家庭的一般性开支，简居于陋巷。然即便是

这样，颜回依然追随孔子勤奋学习，丝毫不以生活的贫困而忧苦，反而坚持志向豁达乐观。孔子曾称赞颜回说："贤哉，回也！一箪食，一瓢饮，在陋巷，人不堪其忧，回也不改其乐。贤哉，回也。"

典出《论语·雍也》

阮籍与途穷

阮籍（公元210年—263年），三国时期魏诗人。字嗣宗。陈留（今属河南）尉氏人。竹林七贤之一，是建安七子之一阮瑀的儿子。曾任步兵校尉，世称阮步兵。

阮籍早年"好诗书"，有"济世志"，但处于魏晋易代之际，在统治阶级内部的残酷斗争中，不仅抱负无由施展，自身的安全也没有保障。他对曹魏末年的庸碌腐败深感不满，但又不愿与司马氏同流合污，于是转向崇尚老、庄思想，对黑暗的现实采取一种消极反抗的态度。

阮籍是有官职的，文化地位也高，却一生郁郁不得志，好友嵇康被杀也无力阻止，是一种"放浪形骸"的心境。终日"饮酒昏酣，遗落世事"，言谈交际更是"发言玄远，口不藏否人物。"因为他所生活的时代是中国历史上最痛苦的时代，时代的痛苦酿成心灵的痛苦，灵魂与社会同受煎熬，生命的炽热与时世的冷酷形成了鲜明而强烈的反差。于是在阮籍的身上突出表现为通过行动上的佯狂放诞、任性不羁。然在当时险恶的环境下，他要求自己"喜怒不形于色"，但他内心却十分痛苦，史书记载阮籍"时率意独驾，不由径路，车迹所穷，辄恸哭而反"。

典出《晋书·阮籍传》

【韵部诗例】

鸟鸣涧

唐·王维

人闲桂花落，夜静春山空。
月出惊飞鸟，时鸣春涧中。

无题

唐·李商隐

昨夜星辰昨夜风，画楼西畔桂堂东。
身无彩凤双飞翼，心有灵犀一点通。
隔座送钩春酒暖，分曹射覆蜡灯红。
嗟余听鼓应官去，走马兰台类转蓬。

第二节　二冬[1]

春对夏，秋对冬。暮鼓对晨钟[2]。观山对玩水，绿竹对苍松。冯妇虎，叶公龙[3]。舞蝶对鸣蛩[4]。衔泥双紫燕，课蜜[5]几黄蜂。春日园中莺恰恰，秋天塞外雁雍雍。秦岭云横，迢递八千远路；巫山雨洗，嵯峨十二危峰[6]。

明对暗，淡对浓。上智对中庸。镜奁对衣笥[7]，野杵对村舂[8]。花灼烁，草蒙茸[9]。九夏对三冬[10]。台高名戏马，斋小号蟠龙[11]。手擘蟹螯从毕卓，身披鹤氅自王恭[12]。五老峰高，秀插云霄如玉笔；三姑石大，响传风雨若金镛[13]。

仁对义，让对恭。禹舜对羲农[14]。雪花对云叶[15]，芍药对芙蓉。陈后主，汉中宗[16]。绣虎对雕龙[17]。柳塘风淡淡，花圃月浓浓。春日正宜朝看蝶，秋风那更[18]夜闻蛩。战士邀功，必借干戈成勇武；逸民适志，须凭诗酒养疏慵[19]。

【注释】

①冬："冬"和"东"左现代汉语中的读音完全一致，但在中古读音不同（主要是韵腹不同），所以分属不同的韵部。

②**暮鼓、晨钟**：中国古代城市中的报时工具就是钟和鼓，并会建筑一些大型建筑物来专门安放钟和鼓，即所谓的钟楼和鼓楼。故鼓楼晚间报时的鼓声称为暮鼓，钟楼清晨报时的钟声称为晨钟。如唐代杜甫的《游龙门奉先寺》："欲觉闻晨钟，令人发深省。"宋代欧阳修《和丁宝臣游甘泉寺》："城头暮鼓休催客，更值横江弄月归。"佛寺里面也有钟楼和鼓楼，通常两两相对，建于正殿的左右，用以报时或典礼时敲击，故晨钟暮鼓亦形容寺庙的生活。如宋代陆游《短歌行》"百年鼎鼎世共悲，晨钟暮鼓无时休。"

③**冯妇**：晋国男子名，善搏虎。**叶公**：春秋时楚国贵族，喜好龙。

④**鸣蛩**：蟋蟀。唐代钱起《晚次宿预馆》诗："回云随去雁，寒露滴鸣蛩。"

⑤**课蜜**：采蜜。课，为某事而劳作。金代元好问《赠休粮张炼师》诗："中林宴坐人不知，野鹿衔花蜂课蜜。"

⑥**秦岭云横**：出自韩愈的《左迁至蓝关示侄孙湘》："云横秦岭家何在？雪拥蓝关马不前。"迢（tiáo）递，遥远的样子。**嵯（cuō）峨**：山势高险的样子。**危**：高。唐朝杜甫的《江海》："故园不可见，巫山田郁嵯峨。"

⑦**镜奁（lián）**：盛放梳妆用具的匣子，又称"镜匣""妆奁"。**衣笥**：盛衣服的竹器。

⑧**杵（chǔ）**：舂米或捶衣的木棒，将稻、粟米等放置在臼中，用杵不停地舂捣，可除去粗皮。舂（chōng）：把东西放在石臼或乳钵里捣，使破碎或去皮壳。

⑨**灼烁**：亦作"灼爚"。鲜明的样子；光彩的样子。**蒙茸**：蓬松、杂乱的样子。

⑩**九夏**：夏季三个月共90天，故名"九夏"。**三冬**：冬季的三个月称三冬，具体指孟冬

（农历十月）、仲冬（农历十一月）、季冬（农历十二月）。

⑪**戏马**：戏马台。公元前206年，盖世英雄项羽灭秦后自立为西楚霸王，定都彭城（即今徐州），于城南的南山上，因山为台，以观戏马、演武和阅兵等，故名戏马台。**蟠龙**：蟠龙斋。《晋书》记载，东晋大司马桓温所建书斋画有龙，号蟠龙斋，后桓温子桓玄篡晋，刘毅起兵讨伐，曾在此斋居住，刘毅小字蟠龙。

⑫**擘（bò）**：分开，剥开。**蟹螯**：螃蟹的两个大前足。**毕卓**：东晋人，喜持蟹畅饮。南朝宋刘义庆《世说新语·任诞》记载，毕茂世（毕卓）云：一手持蟹螯，一手持酒杯，拍浮酒池中，便足了一生。**鹤氅**：（chǎng），用仙鹤羽毛制成的外套。**王恭**：东晋大臣、外戚，建威将军，少年即有美誉，常乘高车、披鹤氅涉雪而行。《世说新语·企羡》记载："孟昶未达时，家在京口，尝见王恭乘高舆，被鹤氅裘。"

⑬**五老**：山峰名，在江西庐山的南部，由五座小山峰构成。**三姑**：山峰名，由三座小山峰组成，在今安徽境内。**金镛**：一种乐器，青铜铸造的大钟。

⑭**禹舜对羲农**：古代帝王夏禹、虞舜、伏羲氏和神农氏。

⑮**云叶**：云片、云朵。

⑯**陈后主**：南北朝时期南朝陈国末代皇帝陈叔宝，582年至589年在位。陈后主大建宫室，生活奢侈，不理朝政，日夜与妃嫔、文臣游宴，制作艳词。隋军南下时，自恃长江天险，不以为然。祯明三年（589年），隋军攻入建康，陈叔宝被俘。后在洛阳病死，终年52岁。**汉中宗**：汉宣帝刘询，原名刘病已，汉武帝刘彻的曾孙，西汉第十位皇帝，于公元前74年至公元前49年在位。刘询在位期间，励精图治，任用贤能，贤相循吏辈出，史称"宣帝中兴"。黄龙元年（前49年）十二月，刘询因病死于长安未央宫，谥号孝宣皇帝，庙号中宗，葬于今天西安市南郊的杜陵。

⑰**绣虎**：三国时魏国曹操的儿子曹植，他文章出众，当时人称绣虎。**雕龙**：南朝梁帝刘勰（字彦和），曾作《文心雕龙》。

⑱**那更（gēng）**：古代诗词常用语，尤其是词中。相当于"哪堪""怎堪""不堪"。

⑲**疏（亦作"踈"）慵**：疏懒，懒散。

【读史明智】

冯妇虎

古时候晋国人，有一位名字叫冯妇的男子，力大无比，能赤手空拳打死老虎，多次为民除害，得到很多人对他的敬仰。后他做了善士，不再杀虎。有一次他到野外去，看见许多老百姓正举着锄头、木棒追逐一只老虎。那老虎背靠着山势险阻的地方，没有人敢去迫近它。大家远远望见冯妇来了，连忙跑过去迎接他。冯妇二话没说，捋起衣袖跳下车朝猛虎扑去。百姓们朝冯妇发出欢呼声，而车上的那些士人则面带嘲讽，讥笑他身为士人却重操旧业。

典出《孟子·尽心下》

叶公龙

叶公，春秋时楚国叶县县令沈诸梁，名子高，封于叶（古邑名，今河南叶县）。据说叶公十分喜欢龙，衣服上的带钩、饮酒的器皿上都刻着龙的图案，甚至是居室里也雕镂装饰着龙。天上的真龙知道叶公如此喜好龙，便从天上下降到叶公家里，龙头搭在窗台上探望，龙尾伸到了厅堂里。叶公一看是真龙，转身就跑，吓得像失了魂似的，惊恐万状，不能控制自己。由此看来，叶公并不是真的喜欢龙，他喜欢的只不过是那些像龙的东西而不是龙。

典出汉·刘向《新序·杂事》

【韵部诗例】

昌谷读书示巴童

唐·李贺

虫响灯光薄，宵寒药气浓。
君怜垂翅客，辛苦尚相从。

过香积寺

唐·王维

不知香积寺，数里入云峰。
古木无人径，深山何处钟。
泉声咽危石，日色冷青松。
薄暮空潭曲，安禅制毒龙。

第三节　三江①

……

旌对旆②，盖对幢③。故国对他邦。千山对万水，九泽对三江④。山岌岌，水淙淙⑤。鼓振对钟撞⑥。清风生酒舍，白月照书窗⑦。阵上倒戈辛纣战⑧，道旁系剑子婴降⑨。夏日池塘，出沿浴波鸥对对；春风帘幕，往来营垒燕双双。

……

【注释】

①一东、二冬为全文选录，从三江以后的每个韵目中仅选择一则对文。

②**旌**：古代用羽毛装饰的旗子，又指普通旗子。**旆**：古代旗末端状如燕尾的垂旒，泛指旌旗。

③**盖**：曲盖。**幢**：赤幢。两者皆为古代将军刺史的仪仗。

④**九泽**:古时的九个沼泽地带,各书记载的名称略有差异,可视为泛指湖泽。**三江**:古代的三条江,其名称各书记载大不相同,可视为泛指江河。

⑤**岌岌**:很高的样子。**淙淙**:流水的声音。

⑥**振**:震动,引申为被敲击的意思。撞,平声,读“窗”。

⑦**清风**:清凉的风。酒舍:卖酒的店铺。语出《史记·司马相如列传》:“相如与俱之临邛,尽卖其车骑,买一酒舍酤酒,而令文君当鑪。”白月:一版本为“皓月”,即明月之意。《南史·谢惠传》:“入吾室者,但有清风;对吾饮者,惟当明月。”唐代诗人卢仝《听萧君姬人弹琴》中也有“月照书窗归无眠”。此两句应为此诗化用。

⑧**阵上倒戈辛纣战**:周武王伐纣之牧野大战。《史记·周本纪》记载周武王伐商时“纣师皆倒兵以战,以开武王。武王驰之,纣兵皆崩畔纣。纣走,反入登于鹿台之上,蒙衣其殊玉,自燔于火而死。”辛纣:商纣王。

⑨**道旁系剑子婴降**:秦王子婴投降刘邦。《史记·高祖本纪》记载刘邦率军逼近咸阳时,“秦王子婴素车白马,系颈以组,封皇帝玺符节,降轵道旁。”子婴:秦朝第三任皇帝,也是最后一位统治者,世称“秦三世”,在位仅46天。

【读史明智】

阵前倒戈

殷商末年(公元前11世纪),商纣王居功自傲,建鹿台,造酒池,悬肉为林,过着奢华的生活。加上连年征战,使兵力不足,国库空虚。他刚愎自用,听不进正确的意见,杀比干,囚箕子,失去人心。而崛起于商国西面的周,在几任君主的统治下逐渐强大。周武王继位后四年,在盟津举行誓师大会,例数商纣王残害人民的罪状,鼓励大家同心伐纣。周武王的讨伐大军士气旺盛,一路势如破竹,很快就打到了离朝歌仅仅七十里的牧野。

商纣王惊闻周军来袭,仓促武装大批奴隶,连同守卫国都的军队,开赴牧野迎战。武王在阵前声讨商纣罪行以激励将士斗志,商纣王的士兵也愤恨纣王的暴虐纷纷倒向周军,为周武王一同讨伐纣王,商军立即土崩瓦解。纣王见大势已去,仓皇间逃回朝歌,登鹿台自焚而死。周军占领商都,商朝灭亡。

典出《史记·周本纪》

系颈投降

巨鹿之战后,秦王朝备受打击,朝权完全操控在赵高手中,内政一片混乱。后赵高杀了二世,拥立子婴为秦王,史称秦三世。子婴知道赵高杀害二世,就把赵高杀了。

这时,刘邦义军最先进入关中,子婴遂派将领率兵至峣关抵御,刘邦带军绕过峣关,越过蒉山,在蓝田一带两度大败秦军后派人劝秦投降。子婴见败局已定,乘坐没有任何装饰

的白马车，脖子上套着丝带，手里拿着秦皇的玉玺、兵符和节杖，哈着腰等在路旁，以示投降。刘邦手下的将军主张把子婴杀了，但是刘邦说："楚怀王派我攻咸阳，就因为相信我能待人宽厚；再说，人家已经投降，再杀他不好。"说完，他收了玉玺，把子婴交给将士看管起来。

这样，秦始皇建立起来的强大的王朝，仅仅维持了十五年，就在农民起义的浪潮中灭亡了。

典出汉·刘向《新序·杂事》

【韵部诗例】

独酌

唐·杜牧

窗外正飞雪，拥炉开酒缸。
何如钓船雨，蓬底睡秋江。

进艇

唐·杜甫

南京久客耕南亩，北望伤神坐北窗。
昼引老妻乘小艇，晴看稚子浴清江。
俱飞蛱蝶元相逐，并蒂芙蓉本自双。
茗饮蔗浆携所有，瓷罂无谢玉为缸。

第四节　四支

……

戈对甲①，鼓对旗。紫燕对黄鹂。梅酸对李苦②，青眼对白眉③。三弄笛，一围棋。雨打对风吹。海棠春睡早，杨柳昼眠迟④。张骏曾为槐树赋，杜陵不作海棠诗⑤。晋士特奇，可比一斑之豹；唐儒博识，堪为五总之龟⑥。

【注释】

①**戈**：古代的一种兵器，横刃，用青铜或铁制成，装有长柄。**甲**：古代军人打仗穿的护身衣服，用皮革或金属叶片制成。

②**李苦**：李子很苦。《世说新语·雅量》记载，晋代王戎自幼聪颖，神采秀美。小时候有次与同伴在路边玩耍，见道旁有李树，果实累累。小孩们争相去摘，只有王戎不去。有人问他为什么，他说："树在道旁而多果实，果实必定是苦的。"小孩们摘下李子一尝，果然苦涩不能入口。

③**青眼**：黑色的眼珠在眼眶中间，青眼看人则是表示对人的喜爱或重视、尊重；其旁为

白色，斜视对方则白色出现，表示轻视对方。《晋书·阮籍传》记载，晋人阮籍不拘于世俗的礼法，常用白眼对付礼俗之辈，用青眼接待知音。**白眉**：《三国志·蜀志》记载，三国时蜀人马良（字季常）有兄弟五人，字中都有“常”字，其中马良的才学在兄弟当中最为突出。马良眉有白毛，当时有俗语说“马氏五常，白眉最良”。后世便称兄弟中才干最突出者为白眉。

④**海棠春睡**：《杨太真外传》记载，唐明皇（玄宗李隆基）一次见到宿醉醒来的杨贵妃慵懒的样子，觉得很美，笑着说：“岂醉？是海棠睡未足耳！”**杨柳昼眠**：《三辅故事》记载，汉朝宫苑中有株柳树，树形像人，称之为人柳，“一日三眠三起”。

⑤**张骏曾为槐树赋**：东晋后期前凉国国君张骏曾从陕西一带移植一些柳树树苗，但不久大多死了，仅有酒泉宫西北生有少量槐树，因而作《槐树赋》。便有感而作了《槐树赋》。**杜陵不作海棠诗**：杜陵指唐代诗人杜甫，杜甫祖籍京兆杜陵，故自称“杜陵布衣”，后人也称他为“杜陵”。宋人王禹偁《诗话》说，杜甫的母亲名海棠，杜甫为避讳而从不作吟咏海棠的诗。

⑥**晋士特奇，可比一斑之豹**：指晋代的文士才华出众，流传的文人轶事也只是其中很少的一部分，就如同从竹管中看金钱豹，只能看到它身上的一块花纹一样。**五总之龟**：总龟，古代对知识渊博者之誉称。传说龟为长寿的灵物，每长二百年，就能生出两条尾巴，称一总，到千岁的时候，共有五总。五总的龟无所不知。因此常称博学多闻的人为“五总龟”。

【读史明智】

青眼白眼

阮籍（210年—263年），三国时期魏诗人。字嗣宗。陈留（今属河南）尉氏人。竹林七贤之一，是建安七子之一阮瑀的儿子。曾任步兵校尉，世称阮步兵。史书记载，阮籍本有济世之志，但他所属的时代为魏晋交替时期，曹魏与司马氏争权的时代。他反对曹魏末年的庸碌腐败，也不愿与司马氏同流合污，始终在政治斗争的漩涡中应付、挣扎。同时期的许多魏晋名士都遭受到政治的迫害，形成所谓“魏晋之际，名士少有全者”的恐怖局面。阮籍更是放浪形骸，以“自然”反对礼教。阮籍好酒，常到一个美妇当炉的酒家去喝酒。醉了就若无其事地躺在人家旁边睡着了，丝毫不避嫌。起初美妇的丈夫十分警惕，但后来时间一长，也就习以为常、见怪不怪了。

阮籍不经常说话，却常常用眼睛当道具，用“白眼”“青眼”看人。对待讨厌的人，用白眼；对待喜欢的人，用青眼。据说，他的母亲去世之后，嵇康的哥哥嵇喜来致哀，但因为嵇喜是在朝为官的人，也就是阮籍眼中的礼法之士，于是他也不管守丧期间应有的礼节，就给嵇喜一个大白眼；后来嵇康带着酒、夹着琴来，他便大喜，马上由白眼转为青眼。

典出《晋书·阮籍传》

管中窥豹

王献之，是东晋著名书法家王羲之的儿子，从小开始学习写字、绘画，聪明过人，深得父亲的喜爱。长大后他也成为了一位著名的书法家，与父亲并称“二王”。

有一天，一次父亲的朋友及门生在玩樗（chū）蒲（pú）（古代的一种游戏）。在一旁观看的献之竟然能够给他人出谋，还直言指出下棋的人“南风不竞！”。门生听了笑道：“小孩子是管中窥豹，只看到一个斑点。”

典出南朝·宋·刘义庆《世说新语·方正》

【韵部诗例】

相思

唐·王维

红豆生南国，春来发几枝。
愿君多采撷，此物最相思。

晚桃花

唐·白居易

一树红桃亚拂池，竹遮松荫晚开时。
非因斜日无由见，不是闲人岂得知。
寒地生材遗校易，贫家养女嫁常迟。
春深欲落谁怜惜，白侍郎来折一枝。

第五节　五微

……

宽对猛①，是对非。服美对乘肥②。珊瑚对玳瑁③，锦绣对珠玑④。桃灼灼，柳依依⑤。绿暗对红稀。窗前莺并语，帘外燕双飞。汉致太平三尺剑，周臻大定一戎衣⑥。吟成赏月之诗，只愁月堕；斟满送春之酒，惟憾春归。

……

【注释】

①**宽**：宽容、宽缓。**猛**：严厉、猛烈。宽对猛指政治措施的宽缓和严厉。《左传》昭公二十年说：“宽以济猛，猛以济宽，政是以和。”

②**服美**：衣着华美。**乘（chéng）肥**：乘坐的马匹肥壮。

③**珊瑚**：一种由珊瑚虫分泌的石灰质骨骼聚结而成的东西，状如树枝，多为红色，也有白色或黑色的。因颜色鲜艳美丽，古人认为有很高的观赏价值。**玳瑁**：海洋中的一种龟类

爬行动物，背壳有美丽的花纹，甲片可作为装饰，龟甲可以制作成透明且有光泽的有机宝石。

④**锦绣**：精美鲜艳的丝织品。**珠玑**：珠宝、珠玉。

⑤**灼灼**：鲜艳明亮的样子。《诗经·周南·桃夭》："桃之夭夭，灼灼其华。"**依依**：形容树枝柔弱，随风摇摆的样子。《诗经·小雅·采薇》："昔我往矣，杨柳依依。"

⑥**周臻大定一戎衣**：《尚书·武成》有记载，周朝讨伐商纣王时"一戎衣，天下大定。"是说周武王一穿上打仗的服装（戎衣），就消灭了商纣王，建立周朝，使天下得到了安定。臻（zhēn）：至、达到。戎衣：军装。

【读史明智】

一戎衣　天下定

周武王姬发，他举兵伐纣，建立周朝，后来史书赞扬他："一戎衣，天下大定。"意思是他穿着战袍（也就是起兵），平定了天下。

典出《尚书·武成》

【韵部诗例】

山中

唐·王维

荆溪白石出，天寒红叶稀。
山路元无雨，空翠湿人衣。

暮归

宋·苏轼

牛羊久已下，寂寞掩柴扉。
水鹊鸣城堞，飞萤上戟衣。
夜凉江海近，天阔斗牛微。
何日招舟子，寒江北渡归。

第六节　六鱼

无对有，实对虚。作赋对观书。绿窗对朱户[①]，宝马对香车[②]。伯乐马，浩然驴[③]。弋雁对求鱼[④]。分金齐鲍叔，奉璧蔺相如[⑤]。掷地金声孙绰赋，回文锦字窦滔书[⑥]。未遇殷宗，胥靡困傅岩之筑；既逢周后，太公舍渭水之渔[⑦]。

……

【注释】

①**绿窗**：绿色的纱窗，指女子的居室，有时也代指贫寒人家的女子居室。**朱户**：古代帝王赏赐诸侯或有功大臣的朱红色的大门。

②**宝马**：此处指装饰华丽的马。**香车**(jū)：泛指装饰华美的车或轿。

③**伯乐**：春秋中期秦穆公时人，以善于相马闻名。**浩然**：唐代著名诗人孟浩然，喜骑驴，曾说："吾诗思在风雪中驴子背上"。

④**弋**(yì)：也叫弋射，是一种用系有细丝绳的箭射猎飞禽的射猎方式。**求鱼**：指"缘木求鱼"，爬到树上去捉活鱼。

⑤**分金齐鲍叔**：《史记·管晏列传》有载，春秋时期，管仲早年家贫，与好友齐鲍叔一起经商，每次分利，管仲总会多取，鲍叔也没因此看清管仲，而是知道他是要奉养母亲才如此。**奉璧蔺相如**：《史记·廉颇蔺相如传》有载，战国时期，秦昭王得知赵国有和氏璧，假意以十五座城与赵交换和氏璧，赵国大臣蔺相如捧璧入秦，与秦王据理力争，终将和氏璧又完好无缺的带回了赵国。

⑥**掷地金声孙绰赋**：孙绰是晋代人，以文采著名，因作《游天台山赋》，好友范元称："试掷地上，当作金石声。"**回文锦字窦滔书**：晋代窦滔因与妻子分别，其妻苏蕙因思南丈夫，织锦成"回文璇玑图"诗，计八百四十字，寄给窦滔使其回心转意。

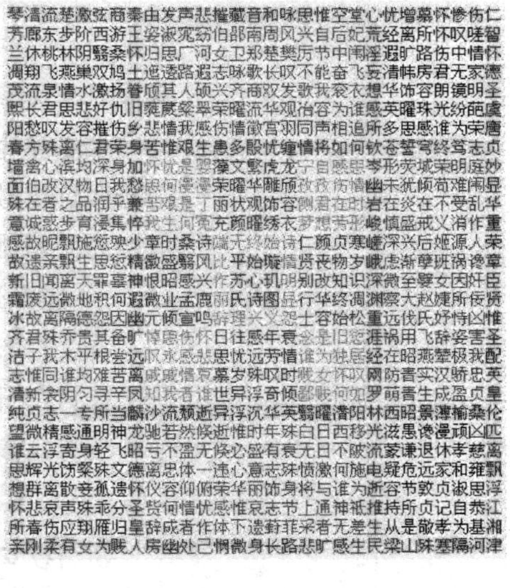

⑦**未遇殷宗，胥靡困傅岩之筑**：**胥靡指**古代服劳役的刑徒。《史记·殷本纪》有载，商朝时傅说本为胥靡，在傅岩筑墙。武丁求贤臣良佐，梦得圣人，绘其相貌遍访天下，最终在傅岩找到傅说，举以为相，商朝中兴。**既逢周后，太公舍渭水之渔**：太公就是太公望，名姜尚，也就是姜太公。《史记·齐太公世家》记载，姜尚曾在渭水边钓鱼，周文王遇到他，与之交谈，大喜，便同车而归，立为师。

【读史明智】

管鲍之交

管鲍之交，八拜之交之一（八拜之交：管鲍之交、知音之交、刎颈之交、舍命之交、胶漆之交、鸡黍之交、忘年之交、生死之交）。

春秋时，齐国管仲家贫，又要奉养母亲，好友鲍叔牙知道了，就找管仲一起做生意。因为管仲没有钱，所以本钱几乎都是鲍叔牙出的，可是，当赚了钱以后，管仲却拿的比鲍叔牙还多，鲍叔牙的仆人看了就说："管仲本钱拿的比我们主人少，分钱的时候却拿的比主人还多！"鲍叔牙却对仆人说："不可以这么说！管仲家里穷又要奉养母亲，多拿一点没有关系的。"之后，管仲和鲍叔牙一起去打仗，每次进攻的时候，管仲都躲在最后面，大家就骂管仲是一个贪生怕死的人。鲍叔牙马上替管仲说话："你们误会管仲了，他不是怕死，他得留着他的命去照顾老母亲呀！"管仲听到之后说："生我者父母，知我者鲍叔牙也！"

几年后，齐国发生了内乱，国君被杀。管仲和鲍叔牙分别护送公子纠和小白返回齐国，争取国君之位。公子小白在回国途中，遭到护送管仲的暗杀。可惜管仲在暗算小白的时候，把箭射偏了，小白没死，还当了齐国国君，即齐桓公。犒赏群臣时，决定封鲍叔牙为宰相，鲍叔牙却说："管仲各方面都比我强，应该请他来当宰相才对呀！"齐桓公听了鲍叔牙的话，请管仲回来当宰相。

典出《史记·管晏列传》

【韵部诗例】

齐安郡晚秋

唐·杜牧

柳岸风来影渐疏，使君家似野人居。
云容水态还堪赏，啸志歌怀亦自如。
雨暗残灯棋散后，酒醒孤枕雁来初。
可怜赤壁争雄渡，唯有蓑翁坐钓鱼。

避兵还舍率题壁间

清·邢昉

江村归日暮，桑柘半成墟。
唯有蓬蒿色，青青满故庐。

第七节　七虞

……

秦对赵，越对吴。钓客对耕夫[1]。箕裘对杖履[2]，杞梓对桑榆[3]。天欲晓，日将晡[4]。狡兔对妖狐。读书甘刺股，煮粥惜焚须[5]。韩信武能增四海，左思文足赋三都[6]。嘉遁幽人，适志竹篱茅舍；胜游公子，玩情柳陌花衢[7]。

【注释】

①**钓客**：垂钓的人。**耕夫**：耕地的人，即农民。

②**箕(jī)裘**：簸箕和皮袍。《礼记·学记》："良冶之子，必学为裘；良弓之子，必学为箕"。

故后代以“箕裘”比喻能继承父业，引申指能继承父业的后辈。**杖履**：拐杖和鞋。《礼记·曲礼》载，五十岁老人可扶杖而行。又人如席地而坐，须脱履于室外，而长者可入室而后脱履。因此后来以“杖履”为敬老之词。

③**杞(qǐ)梓**：杞和梓两种优质木材，用以比喻优秀人才。**桑榆**：两种树木，比喻日暮和晚年。

④**天欲晓**：天快亮了。**日将晡(bū)**：天快黑了。晡指申时，即午后三点至五点。

⑤**读书甘刺股**：《战国策·秦一》记载，战国时苏秦用连横之策游说秦王，未获成功。归家后发奋读书，困了就用锥子刺自己的大腿以振奋精神继续读书，最终学成纵横之术，劝说六国君主实行合纵之策，拜六国相。甘，甘愿。股，大腿。**煮粥惜焚须**：《新唐书·李勣(jì)传》记载，唐朝开国功臣李勣姐姐病了，李勣亲自为其熬粥，不觉被火烧了胡须。其姐劝他不必如此，他说：“姊多疾，而勣且老，虽欲数进粥，尚几何？”。

⑥**韩信**：汉初大将，佐助汉高祖刘邦平四海、定天下，后被封为淮阴侯。**左思**：西晋人，博学能文，以十年时间写成《三都赋》。《晋书·左思传》记载，“于是豪贵之家竞相传写，洛阳为之纸贵。”

⑦**嘉遁幽人**：避世隐居之人。**适志**：使自己的志向得以满足。**胜游公子**：快乐游玩之青年男子。**玩情**：纵情。**柳陌花衢(qú)**：指花街柳巷。陌，街道。衢，四通八达的大道。

【读史明智】

苏秦刺股

战国时期，中原大地上七雄并立，战争连年不断，各国都想统一中原。年轻的苏秦凭借自己的学识和口才游说当时最强大的秦国，希望得到重用，然多次游说未果。黑色貂皮大衣破了，一百斤黄金也用完了，苏秦缠着绑腿布，穿着草鞋，背着书箱，挑着行李，面黄肌瘦、狼狈不堪地离开秦国，返回家乡。到家里，妻子不下织机，嫂子不去做饭，父母也不与他说话，苏秦尝尽人间冷暖，长叹道：“妻不以我为夫，嫂不以我为叔，父母不以我为子，是皆秦之罪也！”于是开始发奋苦读，反复选择、熟习、研究、体会。读到昏昏欲睡时，就拿针刺自己的大腿，鲜血一直流到脚跟。

满一年后，胸怀大志的苏秦，再次告别父母去游说各国，晓之以理，动之以情，终于取得了六国的信任，接受了他的联合主张。最后，他兼佩六国的相印，执金牌宝剑，总辖六国臣民。

典出《战国策·秦一》

煮粥焚须

李勣，唐代人。本姓徐，名世勣，字懋功。李勣家本是富豪。史称其“家多僮仆，积粟数

千钟”，与其父徐盖都是乐善好施之人，救济贫苦人，不管关系亲疏。李勣很小的时候，父母就去世了。他和姐姐俩相依为命。姐姐为了养活李勣，经常冒着酷暑严寒去乞讨，还到处帮人洗衣，去山上挖野菜，在艰难中抚养弟弟长大成人。李勣十七岁时，参加了瓦岗寨起义军，后来归顺了李渊、李世民。出将入相，深得朝廷信任和重任，被朝廷倚之为长城，是唐朝的重臣。

李勣晚年时已是唐朝开国大臣，姐姐也老了。一次姐姐生病，身居高位的李勣亲自为姐姐煮粥，竟然把胡须都烧着了。姐姐见了，就说家里仆人很多，让他不要再亲自煮粥了。李勣回答到：“我难道是因为没有人的缘故吗？姐姐多病，我也老了，虽然想多给您熬粥，但还能熬几次呢？”从李勣质朴的言行中，可以让人体会到浓浓的手足之情。因此，后世多用“煮粥焚须”来比喻手足之爱。

典出《新唐书·李勣传》

【韵部诗例】

八阵图

唐·杜甫

功盖三分国，名成八阵图。
江流石不转，遗恨失吞吴。

次韵叶致远见赠

宋·苏轼

欲求五亩寄樵苏，所至迟留似贾胡。
信命不须歌去汝，逢人未免叹犹吾。
人皆劝我杯中物，我独怜君屋上乌。
一技文章何足道，要知摩诘是文殊。

第八节　八齐

……

云对雨，水对泥。白璧对玄圭①。献瓜对投李，禁鼓对征鼙②。徐稚榻，鲁班梯③。凤翥对鸾栖④。有官清似水，无客醉如泥⑤。截发惟闻侃母，断机只有乐羊妻⑥。秋望佳人，目送楼头千里雁；早行远客，梦惊枕上五更鸡。

……

【注释】

①**白璧**：平圆形而中有孔的白玉。**玄圭**：一种黑色的玉器，上尖下方，古代用以赏赐建立特殊功绩的人。

②**禁鼓**:设置在宫城谯楼上报时的鼓。**征鼙**(pí):古时军队出战时所击的战鼓。

③**徐稚榻**:徐稚,东汉高士,隐居不仕。《后汉书·徐稚传》记载,豫章太守陈蕃在郡不接宾客,唯徐稚来时特设一榻,去则悬之。陈蕃为东汉名臣,与大将军窦武等谋宦官,事败被杀。榻:古代一种狭长而较矮的床形坐具。**鲁班梯**:鲁班,即公输般,春秋时鲁国人,著名的工匠。《墨子·公输》云他曾给楚王制造云梯以进攻宋国。

④**翥**(zhù):高飞。**鸾**(luán):传说中凤凰一类的神鸟。**栖**:禽鸟歇宿为栖。

⑤**清似水**:《汉书·郑崇传》载,郑崇反对汉哀帝封赏外戚,以"臣门如市,臣心如水。"表达自己的清廉。**醉如泥**:《世说新语·任诞》记载,晋山涛的儿子山简镇守襄阳时,每次到岘山之南的高阳池,总是喝得大醉而归。李白《襄阳歌》中"笑杀山翁醉似泥"就是指此事。

⑥**截发惟闻侃母**:《世说新语·贤媛》记载,陶侃的母亲湛氏剪下自己的长发招待陶侃的朋友。**断机只有乐羊妻**:《后汉书·列女传》记载乐羊子的妻子以织布为喻劝说丈夫继续学业。

【读史明智】

截发留客

陶母湛氏出生于三国时期吴国的新淦县南市村(今江西省新干县金川镇)。湛氏名字无从查考。家境贫寒,父早丧。16岁那年,因一次偶然的机会,她嫁给了吴国扬武将军陶丹为妾。

陶丹在陶侃很小的时候就去世了,生活重担全部落在陶母湛氏肩上。家里清贫,母子相依为命,艰难度日。湛氏每天日织麻、夜纺线,换回钱粮供儿子读书。将劳作后的全部时间用来教育儿子。她认为,孩子的品格是从幼年就开始形成的,课子不严,教子不紧,将会贻误孩子的一生。她教育儿子爱惜光阴,崇尚勤劳。又教诫陶侃,务"使结交胜已"。

有一天,陶侃的好友范逵等数人途经新淦,见冰雪封道,且又天色将晚,特来陶侃家借宿。可是家中拿什么来招待客人?陶侃发愁了,湛氏便把自己的长发剪下,让儿子拿到市场上卖了换回几斛米,另外抽出自己垫床的稻草,切碎来喂范适的马,范逵对他们十分敬佩。

典出《世说新语·贤媛》

断机劝夫

河南郡乐羊子的妻子,不知道是姓什么的人家的女儿。

乐羊子在路上行走时,曾经捡到一块别人丢失的金饼,拿回家把金子给了妻子。妻子说:"我听说有志气的人不喝'盗泉'的水,廉洁方正的人不接受他人傲慢侮辱地施舍的食物,何况是捡拾别人的失物、谋求私利来玷污自己的品德呢!"羊子听后十分惭愧,就把金子

扔弃到野外，然后远远地出外拜师求学去了。

一年后乐羊子回到家中，妻子跪起身问他回来的缘故。羊子说：“出行在外久了，心中想念家人，没有别的特殊的事情。”妻子听后，就拿起刀来快步走到织机前说道：“这些丝织品都是从蚕茧中生出，又在织机上织成。一根丝一根丝的积累起来，才达到一寸长，一寸一寸地积累，才能成丈成匹。现在如果割断这些正在织着的丝织品，那就会丢弃成功的机会，迟延荒废时光。您要积累学问，就应当‘每天都学到自己不懂的东西’，用来成就自己的美德；如果中途就回来了，那同切断这丝织品又有什么不同呢？”羊子被他妻子的话感动了，又回去修完了自己的学业。

典出《后汉书·列女传》

【韵部诗例】

九日登高

唐·王昌龄

青山远近带皇州，霁景重阳上北楼。
雨歇亭皋仙菊润，霜飞天苑御梨秋。
茱萸插鬓花宜寿，翡翠横钗舞作愁。
漫说陶潜篱下醉，何曾得见此风流。

秣陵道中口占

宋·王安石

经世才难就，田园路欲迷。
殷勤将白发，下马照青溪。

第九节　九佳

……

城对市，巷对街。破屋对空阶。桃枝对桂叶，砌①蚓对墙蜗。梅可望，橘堪怀②。季路对高柴③。花藏沽酒市，竹映读书斋④。马首不容孤竹扣，车轮终就洛阳埋⑤。朝宰锦衣，贵束乌犀之带；宫人宝髻，宜簪白燕之钗⑥。

【注释】

①**砌**：台阶。

②**梅可望**：曹操率军出征，军士渴而无水，曹操假称前方有梅林，可解渴。军士闻之遥望，口中流水。**橘堪怀**：陆绩六岁拜见袁术，见座间有橘，想带回去给母亲吃便偷偷地在怀中藏了三个。

③**季路**：又叫子路、仲由，孔子学生。**高柴**：字子羔，孔子学生。

④**花藏沽酒市**:卖酒的集市有鲜花隐藏在这里。**竹映读书斋**:书房的窗户上映着竹子的影子。

⑤**马首不容孤竹扣**:《史记·伯夷列传》有载,孤竹君的两个儿子伯夷、叔齐在商朝末年隐居周地,周武王起兵讨伐商纣王,他们认为是以臣伐君,不合道义,拦在周武王的马前劝阻。扣,牵住马不让它前进。**车轮终就洛阳埋**:《后汉书·张皓传》有载,东汉安帝时,外戚梁冀专权。安帝派遣八人巡视风俗吏治,其中张纲年龄最轻、职位最低。他刚出洛阳,就下车将车轮拆下,用土埋上,说“豺狼当道,安问狐狸!”立即上书弹劾梁冀,朝野为之震动。

⑥**朝宰锦衣,贵束乌犀之带**:朝廷的高官穿着锦绣的衣服,腰间系乌犀带的最为贵。朝宰:朝廷中宰相级别的高官。乌犀之带:腰带上有黑犀牛角的装饰。**宫人宝髻,宜簪白燕之钗**:宫女盘起的发髻上,适合插白燕形状的宝钗。《汉书》中有载,汉成帝时,招灵阁有神女献燕钗,成帝赐予赵婕妤(即赵飞燕),后昭帝时宫人碎之,遂化白燕飞走。髻:妇人盘发曰髻。

【读史明智】

望梅止渴

三国时期,曹操带兵攻打宛城(今河南南阳)的张绣时,经过方城县一个叫梅林铺的地方。时值中午,烈日当空,天气十分炎热。曹操派人四处找水,又命令士兵就地挖井,始终见不到一滴水。

士兵们全军都很口渴。为了不耽误行军,曹操灵机一动,站在高处,指着前面一个小山包说:“前面就有一大片梅林,结了许多梅子,又甜又酸,可以用来解渴。”士兵们听后,嘴里都流口水一时也就不渴了,个个来了精神,加快行进速度,最后到达前方有水源的地方。

典出《世说新语·假谲》

怀橘遗亲

陆绩,三国时期的吴国人,官至太守,对天文和历法十分精通。他的父亲陆康曾经担任庐州太守并与袁术往来密切。陆绩六岁时,到九江去拜见袁术。袁术让人给他拿橘子吃。陆绩知道母亲喜欢吃橘子,就在怀里藏了三个橘子。临走时,陆绩弯腰告别袁术,橘子滚落到地上。袁术笑着说:“陆绩,你来别人家做客,怎么怀里还藏着橘子呀?”陆绩连忙跪在地上,回答说:“橘子很甜,我是想留给母亲吃的。”袁术说:“陆绩这么小就知道孝敬,长大后一定可以成才。”袁术感到陆绩与众不同,后来经常跟别人称赞他。

【韵部诗例】

候台使自馀杭安溪登陆抵县郭即事

明·王世贞

老去逢迎损壮怀，祇凭游目未全乖。
黄绵覆垄家家乐，碧玉围城面面佳。
地僻官曹宽礼数，溪清渔网斗生涯。
方平自诧馀杭酒，那有青帘插柳街。

秦淮晓渡

清·潘高

潮长波平岸，乌啼月满街。
一声孤棹响，残梦落清淮。

第十节　十灰

……

休对咎①，福对灾。象箸对犀杯②。宫花对御柳，峻阁对高台。花蓓蕾，草根荄③。剔藓对剜苔④。雨前庭蚁闹，霜后阵鸿哀。元亮南窗今日傲，孙弘东阁几时开⑤。平展青茵，野外茸茸软草；高张翠幄，庭前郁郁凉槐⑥。

【注释】

①**休**：美好、喜庆、吉利。**咎**：灾难、灾祸。

②**象箸**（zhù）：亦作“象筯”。象牙制作的筷子。**犀杯**：犀牛角做的酒杯。

③**根荄**（gāi）：亦作“根垓”“根核”，指植物的根。

④**剔藓对剜苔**：韩愈《石鼓歌》中有“剜苔剔藓露节角”，大意是只有把蒙在石碑上的苔藓剜剔干净才能看清碑上的文字。

⑤**元亮南窗今日傲**：东晋诗人陶潜，字元亮，其《归去来兮辞》中有“倚南窗以寄傲”之句。**孙弘东阁几时开**：孙弘，即公孙弘，汉武帝时曾为宰相，《汉书·公孙弘传》记载，公孙弘为招揽贤才，“起客馆，开东阁以延贤人。”

⑥**茵**：青草茂密浓厚，像被褥一样。**茸茸**：形容花草丛生。**幄**（wò）：帐篷。翠幄是说树叶浓荫蔽日如帐篷。**郁郁**：生长茂盛。

【读史明智】

南窗寄傲

陶渊明，又名潜，字元亮，号“五柳先生”，谥号“靖节先生世称”。晋世名渊明，入刘宋

后改名潜。大约生于365年,大司马侃之曾孙。陶侃,东晋开国元勋,军功显著,官至大司马。祖父陶茂、父亲陶逸都做过太守。然陶潜出生后家道衰微,九岁丧父,与母妹三人度日。陶潜少怀高尚,博学善属文,颖脱不羁,任真自得,为乡邻之所贵。

因家贫,最初为江州祭酒,不堪吏职,解任归家。后州复为镇军、建威参军、彭泽县令。在做县令期间,郡里遣督邮至,县吏白应束带见之,陶潜感叹道:"吾不能为五斗米折腰,拳拳事乡里小人邪!"于是解印归家,乃赋《归去来兮辞》,中有"倚南窗以寄傲"之句。

典出《晋书·陶潜传》

东阁待贤

公孙弘,名弘,字季,齐地菑川人,为西汉名臣。其少时曾在家乡薛县做狱吏,后因触犯法律而被免职。失去职务的公孙弘没有了经济来源,于是到海上去牧猪。四十余岁的公孙弘拾起书卷,于不惑之年开始勤奋学习。汉武帝时期,先后两次被国人推荐,征为博士。十年之中,从待诏金马门擢升为三公之首,封平津侯。先后被任为左内史、御史大夫、丞相之职。

公孙弘任职期间,为官清廉,功劳卓著。做宰相后还特地在自家庭院的东边开一个小门,造了房舍供宾客居住,广招贤人,让他们为国献计献策,共商国是。

汉武帝元狩二年(公元前121年),公孙弘于相位逝世,谥献侯。公孙弘是西汉建立以来第一位以丞相封侯者,为西汉后来"以丞相褒侯"开创先例。

典出《汉书·公孙弘传》

【韵部诗例】

客至

唐·杜甫

舍南舍北皆春水,但见群鸥日日来。
花径不曾缘客扫,蓬门今始为君开。
盘飧市远无兼味,樽酒家贫只旧醅。
肯与邻翁相对饮,隔篱呼取尽余杯。

梅花

宋·王安石

墙角数枝梅,凌寒独自开,
遥知不是雪,为有暗香来。

第十一节　十一真

……

哀对乐，富对贫。好友对嘉宾。弹冠对结绶[1]，白日对青春[2]。金翡翠[3]，玉麒麟[4]。虎爪对龙麟。柳塘生细浪，花径起香尘[5]。闲爱登山穿谢屐，醉思漉酒脱陶巾[6]。雪冷霜严，倚槛松筠同傲岁；日迟风暖，满园花柳各争春[7]。

……

【注释】

①**弹冠**：弹去帽子上的灰尘，准备做官。《汉书·王吉传》记载，王吉字子阳，他与贡禹为好友，相约相互推举提拔为官，当时人说，“王阳在位，贡公弹冠”。**结绶**：佩系印绶，谓出仕为官。《汉书·萧育传》记载，萧育与陈咸、朱博是好朋友，两人相互推荐，都出仕做官。因为之前有王阳、贡公的事，故当时人说，“萧朱结绶，王贡弹冠”。

②**青春**：春天。春天草木茂盛呈青葱色，正在茂盛时期，所以称之为青春。

③**金翡翠**：金色的翡翠鸟；也可指用翡翠鸟羽毛做成的装饰品。

④**玉麒麟**：用玉雕刻的麒麟。

⑤**香尘**：芳香之尘。多指女子走过时所带起的有花香的微尘。

⑥**谢屐（jī）**：《晋书·谢灵运传》说，南朝宋诗人谢灵运嗜好登山，设计出一种专用的登山木屐。后人称这种木屐为谢公屐，简称谢屐。屐，木底鞋，下有两道齿，用以在泥地上行走。此字在平水韵中是入声陌韵的字，属仄声，故与下联中“陶巾”的“巾”字构成对仗。今读为jī，则是平声字。**漉（lù）**：过滤。**陶巾**：陶渊明的头上的葛巾。陶渊明天性嗜酒，经常亲自酿酒，酒酿好后就摘下头上的葛巾过滤，然后再戴上。

⑦**槛（jiàn）**：栏杆。**松筠（yún）**：松树和竹子。此两种植物均耐寒，冬季不落叶，故称“傲岁”。**日迟**：太阳移动得很慢，这是春天的景象。

【读史明智】

谢公屐

谢灵运公元385年出生于始宁东山（今上虞上浦乡东山），母亲刘氏为王羲之外孙女，父谢瑍是东晋名将谢玄之子。谢玄在淝水大战中立下赫赫战功，被封为康乐公，食邑2 000户。年少时，谢灵运就展示了非凡的文学才华，他叔父称赞其“文章之美，江左莫及”。

东晋安帝义熙元年（405年），21岁的谢灵运进入官场。刘裕建立大宋朝后，对谢氏家族始终怀有疑忌，谢灵运被降为永嘉太守、临川内史等职。

无缘于仕途的谢灵运开始钟情于山水。他开山挖湖，翻山越岭，总是到那些最幽深最

险峻的地方去，哪怕千岩万险，没有一个地方不游到的。为了方便遍访名山，谢灵运在登山就穿一双木制的钉鞋，其底部的两道齿是活动的，上山时可以取掉前掌的齿钉，下山时便取掉后掌的齿钉。于是，总能使木屐的底部保持为平面状态，上山下山分外省力稳当，这就是著名的“谢公屐”。

典出《宋书·谢灵运列传》

【韵部诗例】

宿建德江

唐·孟浩然

移舟泊烟渚，日暮客愁新。
野旷山低树，江清月近人。

春日寄怀

唐·李商隐

世间荣落重逡巡，我独丘园坐四春。
纵使有花兼有月，可堪无酒又无人。
青袍似草年年定，白发如丝日日新。
欲逐风波千万里，未知何路到龙津。

第十二节　十二文

家对国，武对文。四辅对三军[①]。九经对三史[②]，菊馥[③]对兰芬。歌北鄙，咏南薰[④]。迩[⑤]听对遥闻。召公周太保，李广汉将军[⑥]。闻化蜀民皆草偃，争权晋土已瓜分[⑦]。巫峡夜深，猿啸苦哀巴地月；衡峰秋早，雁飞高贴楚天云[⑧]。

……

【注释】

①**四辅**：官职名，相传古代天子身边的四个辅佐。《尚书·洛诰》有“四辅”之称。**三军**：古代所说的三军是指骑马打仗的前、中、后三军。

②**九经**：儒家的九部经典，通常指《易经》《尚书》《诗经》《左传》《礼记》《仪礼》《周礼》《论语》《孟子》。**三史**：魏晋六朝时以《史记》《汉书》《东观汉记》为三史。

③**馥(fù)**：香。

④**歌北鄙**：《孔子家语·辩乐解》记载，“殷纣好为北鄙之声，其废也忽焉。”鄙，边境上的城邑。北鄙，代指北鄙之声。**咏南薰**：《孔子家语·辩乐解》记载，舜弹着五弦琴唱道：“南风之熏兮，可以解吾民之愠兮；南风之时兮，可以阜吾民之财兮。”薰，同“熏”。这里代指《南风》之歌。

⑤**迩**:近。

⑥**周太保**:西汉周天子的太保,负责监护与辅佐国君。召公于周武王时曾任此职。召(shào)公,又称召伯,姓姬,名奭,因封于召,故称召公。**李广**:西汉名将,陇西成纪人,汉文帝、汉武帝时与匈奴作战,屡立战功,擅长骑射,为边郡太守时,匈奴不敢入侵,称之为"飞将军"。

⑦**闻化蜀民皆草偃**:《汉书·循吏传》记载,西汉景帝时,文翁为蜀地太守,为改变蜀地少数民族鄙陋的民风,他提倡文教,开办学校,提高文士的地位,结果蜀地百姓都闻风而化,民风大变。化,教化。偃:倒伏。草偃:风一吹草就倒下。比喻道德文教的感化人。**争权晋土已瓜分**:据史书记载,春秋末年,晋国掌握国家大政的六卿钩心斗角、争权夺势,留下韩、赵、魏三家,最后三家瓜分了晋国的土地,史称"三家分晋"。

⑧**巫峡**:长江三峡之一,在今四川重庆巫山和湖北巴东两县境内。北魏郦道元的《水经注·江水》中说,巫峡中"常有高猿长啸,属引凄异,空谷传响,哀转久绝。故渔者歌曰:"巴东三峡巫峡长,猿鸣三声泪沾裳"。巴地即巴州,今之四川东部一带。**衡峰**:南岳衡山之回雁峰。相传北雁南来,到达回雁峰就不再南飞,直到第二年仍飞回北方。**楚天**:楚地的天空。楚地指长江中下游一带,衡山亦在其中。

【读史明智】

李广难封

李广,陇西成纪人,西汉名将。他英勇善战、智勇双全的英雄。他一生与匈奴战斗七十余次,常常以少胜多,险中取胜,以致匈奴人闻名丧胆,称之为"飞将军""避之数岁"。李广又是一位最能体恤士卒的将领。他治军简易,对士兵从不苛刻,尤其是他与士卒同甘共苦的作风,深得将士们的敬佩。正是由于李广这种战斗中身先士卒,生活中先人后己的品格,使士兵都甘愿在他麾下,"咸乐为之死"。

然而,这位战功卓著、备受士卒爱戴的名将,在连年用兵、军功易得的汉武帝时代,却始终未能裂土封侯,引来史家一片惋惜,民间无数惆怅。武帝时代,本是开疆拓土、重奖军功的年代,李广从弟李蔡文帝时同为中郎,景帝时一同抗击匈奴,被封乐安侯,官至丞相。二人同出身,同做官,同立战功,并且李蔡人品、才能、名声远不及李广,官名、爵位却在李广之上。李广的儿子李敢以校尉身份跟着霍去病出征匈奴,"因夺左贤王旗,斩首多",赐爵关内侯。甚至李广的部属军吏也有不少以军功取侯。偏偏李广本人驰骋疆场,戎马一生,历文帝、景帝、武帝三朝,一直难以封侯,最后还自杀身亡。后遂用"李广难封""李广未封""李广不侯"等慨叹功高不爵,命运多舛。

典出《史记·李将军列传》

【韵部诗例】

秋风引

唐·刘禹锡

何处秋风至，萧萧送雁群。
朝来入庭树，孤客最无闻。

次韵偶成

宋·苏辙

交情淡泊久弥新，吏役萦缠日益纷。
香火社中真避世，簿书丛里强论文。
樽罍正及明蟾夜，舟楫来随早雁群。
世俗如君今有几，真将富贵等浮云。

第十三节　十三元

幽[①]对显，寂对喧[②]。柳岸对桃源[③]。莺朋对燕友[④]，早暮对寒暄[⑤]。鱼跃沼，鹤乘轩[⑥]。醉胆对吟魂[⑦]。轻尘生范甑，积雪拥袁门[⑧]。缕缕轻烟芳草渡，丝丝微雨杏花村[⑨]。诣阙王通，献太平十二策；出关老子，著道德五千言[⑩]。

……

【注释】

①**幽**：隐藏，不公开的。

②**喧**：大声说话，声音杂乱。

③**柳岸**：植柳的水岸。**桃源**："桃花源"的省称。

④**莺朋、燕友**：成群结伴的黄莺和燕子。明代朱权《宫词》之十三云："莺朋燕友时相得，似识东城帝子家。"

⑤**暄**：温暖。

⑥**鱼跃沼**：《诗经·大雅·灵台》有"王在灵沼，於牣(rèn)鱼跃"。沼：水池。**鹤乘轩**：古代卫国懿公喜鹤，让鹤乘轩车。轩：古代一种有围棚或帷幕的车。

⑦**醉胆**：醉酒后的胆量，形容豪气。**吟魂**：诗人的诗情、诗思。

⑧**轻尘生范甑**：范丹因家贫，无米做饭，锅中都有了灰尘。甑，指古代蒸食的炊具，底部有许多小孔放在鬲上蒸食物。范：范丹，又作范冉，字史云。东汉名士，中国古代廉吏典范。**积雪拥袁门**：厚厚的积雪拥堵在袁安的门前。袁，袁安，东汉人，因下雪不忍与人争食而卧床不出。

⑨**芳草渡**：长满芳草的渡口，多指隐士之地。**杏花村**：长满杏花的村落，多指卖酒处。

⑩诣阙(què)王通,献太平十二策:唐代杜淹《文中子世家》记载,隋朝大儒王通,曾献隋文帝《太平策》十二篇,不被采纳,于是退隐教书。**出关老子,著道德五千言**:《史记·老子韩非列传》记载,春秋时老子欲出函谷关隐居,遇函谷关令尹喜挽留,无奈老子留下五千字的《道德经》扬长而去。

【读史明智】

甑尘釜鱼

东汉名士,范丹(又作范冉,字史云)是中国古代廉吏典范。汉桓帝时为莱芜县令,因牵连到反对宦官的事件中,遭到阉党的禁锢,只好弃官推鹿车载着妻子四处云游,避祸在梁沛之间。经常居无定所、食不果腹。以卖卜为生,或寓息客庐,或依宿树下,如此十多年,终于自己盖了一间茅草屋,但还是经常是断粮,靠吃野菜为生。然范丹根本不放在心上,后汉灵帝解除党锢,太尉、司徒、司空三府交相举荐,他坚辞不就。时人称赞他说:"甑中生尘范史云,釜中生鱼范莱芜。"

公元185年(中平二年)卒于家,年74岁。当按其遗嘱"敛衣足蔽身,棺足周体"进行薄葬。因其享有很高声望,送葬者达两千多人。灵帝诏谥其为"贞节先生",刺史郡守各为其立碑表墓,蔡邕撰写了《范丹碑》文。

甑尘釜鱼,是指甑里积了灰尘,锅里生了蠹鱼,就是形容穷困断炊,也比喻为官清廉自守。

典出《后汉书·独行传·范冉》

袁安高卧

袁安,字邵公。汝南汝阳。东汉大臣,少承家学,被举为孝廉,在职十余年,京师肃然,名重朝廷。其后代繁荣兴盛(汝南袁氏),成为东汉有名的世家大族。

袁安没作官的时候,客居洛阳,很有贤名。有一年,洛阳大雪,他人皆除雪出外乞食,独有袁安门前积雪如故。洛阳令按户查看,以为袁安已经冻饿而死,便让人扫除积雪,进屋察看。只见袁安直挺挺地躺着,便"问何以不出,安曰:'大雪人皆饿,不宜干人(不应当打搅别人)'。"后遂把宁可困寒而死也不愿乞求他人的有气节的文人称作"袁安困雪"或"袁安高卧""袁安节。"陶渊明《咏贫士》诗:"袁安困积雪,貌然不可干。"又把"袁安户""袁门"等指作雪中贫士之家。

典出《后汉书·袁安传》

【韵部诗例】

乐游原

唐·李商隐

向晚意不适，驱车登古原。

夕阳无限好，只是近黄昏。

病中作

宋·陆游

此事明明在默存，一身元有一乾坤。

不忧竖子居肓上，已见真人出面门。

力守谁能发底火，深潜自足美灵根。

用功若到无功处，千载乘云不足言。

第十四节　十四寒

多对少，易对难。虎踞对龙蟠①。龙舟对凤辇②，白鹤对青鸾③。风淅淅，露　④。绣毂对雕鞍⑤。鱼游荷叶沼，鹭立蓼花滩⑥。有酒阮貂奚用解，无鱼冯铗必须弹⑦。丁固梦松，柯叶忽然生腹上；文郎画竹，枝梢倏尔长毫端⑧。

……

【注释】

①**虎踞、龙蟠**：好像蹲伏的虎，盘绕的龙，常用来形容地势峻峭险要。踞：蹲、坐。盘：曲折环绕。

②**龙舟**：船上画着龙的形状或做成龙的形状的船，古代专指帝王所乘坐之舟，另端午节民间竞渡之舟也称为龙舟。**辇**（niǎn）：古代用人拉着走的车子，后多指天子或王室坐的车子。凤辇，上面雕有凤凰图案的车子。

③**青鸾**（luán）：古代传说中凤凰一类的神鸟。赤色多者为凤，青色多者为鸾。

④**淅淅**：象声词，此处形容轻微的风声。　：形容露水多。

⑤**绣毂**（gǔ）：装饰精美的车子。毂：车轮中心，有洞可以插轴的部分，多借指车轮或车。**雕鞍**：雕饰有精美图案的马鞍。

⑥**鱼游荷叶沼**：鱼儿在荷塘里嬉戏。**鹭立蓼花滩**：鹭儿在蓼花滩边休息。蓼：一年生的草本植物，开白花或浅红色小花，生长在水边或水中。

⑦**有酒阮貂奚用解**：《晋书·阮孚传》记载，阮孚（fú），晋散骑常侍，嗜酒，放浪不羁，曾解金貂换酒喝。**无鱼冯铗**（jiá）**必须弹**：《战国策·齐策》记载，战国时孟尝君门客冯谖（xuān）曾弹剑铗而歌："长铗归来兮，食无鱼"。

⑧**丁固梦松，柯叶忽然生腹上**：《三同志吴志·孙皓传》记载，吴国尚书丁固有一天做梦，梦见腹上长出一棵松树，有人对他说："松字十八公也"。后十八年丁固果为公。**文郎画竹，枝梢倏尔长毫端**：《宋史·文同传》记载，文同善画墨竹，画笔一挥，转眼间竹子的树梢就栩栩如生。**文郎**：文同，字与可，宋朝人，善画竹。**倏(shū)尔**：极快地、飞快地。**毫**：代指毛笔。

【读史明智】

冯谖弹铗

战国后期是一个诸侯争雄、战乱频仍的时代，为了保存实力许多宗室大臣都养士，广招宾客，齐国孟尝君就是其中的一位。孟尝君号称食客三千闻名，为了便于管理他将食客分为三等：上客享受的待遇最好，不但膳食有鱼有肉，而且出门还有车马代步；中客居所一般，吃饭也有鱼肉，只是外出缺少车马可乘；下客住处最差，虽然也饿不着肚子，但饭菜粗劣，出入皆听其自便。

冯谖就生活在这个时代的齐国。冯谖虽然自幼聪明好学，满腹经纶，但怎奈家境贫寒，穷得实在过不下去了，便托人请求孟尝君，表示愿意在他的门下寄居为食客。然孟尝君并没有发现冯谖的才能，冯谖在孟尝君的众多门客中也仅仅是其中最为普通的一员。

不久，冯谖就倚着柱子弹着自己的佩剑，感慨地哼唱起来："长剑啊，我们还是回去吧，吃饭连鱼都没有！"有人就把这事告诉了孟尝君，于是孟尝君说："给他鱼吃吧！"几天后，冯谖又故伎重演，弹着他的剑，唱道："长剑啊，我们还是回去吧，出门连车子都坐不上！"同舍的宾客都取笑他，并又把这件事报告给孟尝君。孟尝君笑了笑，说："此人大概想做我的上宾，听他的谈话还算谦虚，大概是一个深藏未露的人，就依了他吧。"于是，冯谖有车马，享受上等宾客的待遇。

冯谖高高兴兴地乘坐着他的马车，高举着他的佩剑，去拜访他昔日的朋友们，十分愉悦地述说孟尝君如何对他尊重。

此后不久，冯谖又弹着他的剑，唱道："长剑啊，我们还是回去吧，在这里做客，可怜家中没人照顾！"同舍的宾客们听了冯谖的高歌，都感到这个人贪心不足，很厌恶他。孟尝君知道这个情形后，主动登门询问冯谖："冯先生家里还有什么亲人？"冯谖回答说："多谢相国对谖的关照，在下家有老母在堂。"孟尝君立即吩咐下人，给他老娘送吃的穿的。送衣食物品，长期供给冯母！自此之后，冯谖心满意足地住在孟尝君门下，再不弹剑说唱了。

后来冯谖为孟尝君谋划，营就三窟，辅佐孟尝君夺回齐相宝座，并安居高位数十年。

典出《史记·孟尝君列传》

【韵部诗例】

于易水送别

唐·骆宾王

此地别燕丹，壮士发冲冠。
昔时人已没，今日水犹寒。

无题

唐·李商隐

相见时难别亦难，东风无力百花残。
春蚕到死丝方尽，蜡炬成灰泪始乾。
晓镜但愁云鬓改，夜吟应觉月光寒。
蓬山此去无多路，青鸟殷勤为探看。

第十五节　十五删

……

姚对宋，柳对颜①。赏善对惩奸。愁中对梦里，巧慧对痴顽。孔北海，谢东山②。使越对征蛮③。淫声闻濮上，离曲听阳关④。骁将袍披仁贵白，小儿衣着老莱斑⑤。茅舍无人，难却尘埃生榻上；竹亭有客，尚留风月在窗间⑥。

【注释】

①**姚对宋**：唐玄宗执政时期，先后任用姚崇、宋璟为相，二人为开元盛世的形成作出杰出贡献，史称“姚宋”。**柳对颜**：唐代的两大书法家柳公权和颜真卿。书法在唐代为鼎盛时期，凡及楷书，言必称颜、柳。

②**孔北海**：东汉末年的孔融（字文举），因汉献帝时曾任北海太守，故有此名。孔融，能诗善文，“建安七子”之一，但为人恃才负气，对曹操多有讥讽，终被其杀。**谢东山**：晋朝的谢安，字安石，号东山。四十岁开始从政，因功绩卓著，做到了尚书仆射，掌管吏部，加封后将军，为晋朝的名臣。

③**使越**：出使南越。**征蛮**：征讨蛮族。蛮指南方的少数民族。古人对四方的少数民族各有称呼，南蛮、北狄、东夷、西戎。

④**濮上**：濮水之滨，濮水一带的地方。春秋时期这里以侈靡之乐闻名。**阳关**：汉朝设置的防御西北游牧民族入侵的关隘，也是丝绸之路的必经之路，因其在玉门关之南而得名。唐王维有诗句：“西出阳关无故人”，抒发离别情绪。

⑤**骁将袍披仁贵白**：唐代名将薛仁贵喜穿白袍征战，号称“白袍将军”。**小儿衣着老莱斑**：周朝老莱子常穿五彩斑斓的衣服，学婴儿在父母身旁嬉戏，以娱父母欢心。

⑥**茅舍无人，难却尘埃生榻上**：茅舍中长久没有人，坐榻上难免会积淀尘埃。**竹亭有客，尚留风月在窗间**：竹亭中常常有客人来往，清风明月驻留窗间。

【读史明智】

老莱娱亲

春秋时，楚国有位隐士，名叫老莱子。他非常孝顺父母，对父母体贴入微，总是想方设法地讨父母的欢心。

为了让父母过得快乐，老莱子特地养了几只美丽善叫的鸟让父母玩耍。他自己也经常引逗鸟儿，让鸟儿发出动听的叫声。父亲听了很高兴，总是笑着说："这鸟声真动听！"老莱子见父母脸上有笑容，心里也非常高兴。

七十岁的老莱子有一次为了逗父母开心，一次他专门做了一套五彩斑斓的衣服，在父母面前穿花衣服，手舞足蹈，父母看了乐呵呵的。还有一次，他为父母取浆上堂，不小心跌了一跤。他害怕父母伤心，故意装着婴儿啼哭的声音，并在地上打滚。父母还真的以为老莱是故意跌倒打滚的，见他老也爬不起来，笑着说："莱子真好玩啊，快起来吧。"后人常以"老莱娱亲"形容子女想尽办法让年事已高的父母心情舒畅。

典出《艺文类聚》

【韵部诗例】

独坐敬亭山

唐·李白

众鸟高飞尽，孤云独去闲。
相看两不厌，只有敬亭山。

读杜诗

宋·陆游

千载诗亡不复删，少陵谈笑即追还。
常憎晚辈言诗史，清庙生民伯仲间。

知识链接

音韵格律常识

中国古典诗歌中有许多优秀的作品，具有无可抗拒的永久魅力，为后人代代传颂。时至今日，依然有许多人热爱并痴迷于中国古典诗歌的欣赏与创作。其中古诗中整齐的句式、和谐的韵律、回环的韵脚、精美的对仗，无一不在人们的心目中留下经久不灭的印象，在

感受诗歌丰富的内容、浓郁的情感同时被富有音乐性的音韵美感所吸引。下面简单介绍一下诗歌音韵格律常识中的几个问题。

一、押韵

韵是诗词的基本要素之一。诗词中所谓的韵，大致等于现代汉语中的韵母。比如，“长”和“方”的尾声，按普通话它们的韵母都是“ang”，这个韵母就是这两个字的“韵”，且它们属于同一个韵部。那什么又是韵部呢？韵母相同或接近的字组合在一起就构成一个个的韵部，比如“空、虫、东、宫、红”的韵母均为“ang”，它们都属于一东韵部。

诗人在诗词中用韵，叫作押韵。所谓押韵，就是把同韵部的两个或更多的字放到同一位置上，这种同韵部字在同一位置上的重复，可以构成了声音的回环，使作品声韵谐和，也方便记忆。押韵所押的“韵字”通常都是放在句子的尾端，所以又称韵脚。比如：

人闲桂花落，夜静春山空。

月出惊山鸟，时鸣春涧中。

诗中韵脚“空”“中”两字便属同韵字押韵，它们隔句在同位置上重复出现从而造成一种和谐和回环的音韵之美，使得作品读来朗朗上口。

二、平仄

平仄是诗词格律的一个术语。何谓平仄？平仄是中国诗词中用字的声调，平指平直，仄指曲折。要区别平仄，先要懂得四声。四声是古代汉语的四种声调。所谓声调，指语音的高低、升降、长短。古代汉语的四个声调为：平声、上声、去声、入声。诗人们把四声分为平仄两大类，平就是平声，仄就是上去入三声。

按字义解释，平指平直，仄指曲、不平。古人认为平声没有升降的，较长的，而其他三声是有升降的，是不平的，较短的，从而形成了平仄两个类型的声调。两类声调在诗词中交错着，那就能使声调多样化曲直、升降、长短的变化，使得声调多样化，而不至于单调，从而形成抑扬顿挫、平仄谐和的音乐美。

而现代汉语中虽有个别方言（如粤语、闽语、客家话等）中保留了四声，但大多语言中入声字已经消失，平声分为阴平、阳平，从而形成了新四声，即、阴平、阳平、上声、去声。这就为我们辨别四声、平仄提供了很大难度。要解决这一个难题，就要熟记一些常用入声字。

三、对仗

诗词中要求严格的对偶，称为对仗。对仗又称队仗、排偶。它是把同类或对立概念的词语放在相对应的位置上使之出现相互映衬的状态，使语句更具韵味，增加词语表现力。

对仗大抵可以分为词语对仗、句式对仗和格律诗对仗。

词语对仗的要求是词义必须同属一类，如以山川对山川，以草木对草木等；词性必须基本相同，如名词对名词，动词对动词等；平仄必须相对，即以平对仄或以仄对平；结构必须对称，即以单纯词对单纯词，以合成词对合成词；另外，要避免同字相对。

句式对仗，主要是句子的结构相同，如以主谓短语对主谓短语，以动宾短语对动宾短语等。

格律诗对仗的具体内容，首先是上下两句平仄必须相反，其次是要求相对的句子句型应该相同，句法结构要一致，如主谓结构对主谓结构，偏正结构对偏正结构，述补结构对述补结构等。有的对仗的句式结构不一定相同，但要求字面要相对。再次，要求词语所属的词类(词性)相一致，如名词对名词，动词对动词，形容词对形容词等；词语的“词汇意义”也要相同。如同是名词，它们所属的词义范围要相同，如天文、地理、宫室、服饰、器物、动物、植物、人体、行为、动作等同一意义范围内的词方可为对。对仗的运用有宽有严，因而出现各种不同类型，有工对、邻对、宽对、借对、流水对、扇面对等。在内容上则有言对、事对、正对、反对等名目。

教学建议

《声律启蒙》在训练儿童对音韵格律方面的知识有着重要的价值。在中国古代，自私塾的幼童起，就开始“声律”这种文学修养的训练，对音律、格律等都有严格的要求。声律启蒙中有很多的典故，这些典故涉及面很广，天文、地理、历史、政治乃至人情世故，为人处世，道德规范等等。故有人曾说“读声律启蒙，犹如读万卷书也。”那么，对幼儿如何开展声律启蒙的教学呢？

一、教学建议

1. 提倡诵读，培养幼儿诗文诵读的语感

《声律启蒙》的教学，建议采用以诵读为主的方式，在反复的诵读中体会汉语的音律美，形成幼儿诗文诵读的语感，为今后的汉语学习和诗文学习打下坚实基础。我们知道汉字有四声之分，四声有节奏性，可以形成抑扬顿挫、回环往复的旋律美。《声律启蒙》充分利用了汉字的特点，多用韵语，读来朗朗上口，听来铿锵悦耳，提高了易读易记的水平，使儿童在记诵的过程中受到了语言美、声音美的感染熏陶。

2. 配合音乐，倡导幼儿古韵新唱

《声律启蒙》是一门音韵格律方面的蒙学读本，其主要的特点在于作品的音韵美，可以在教学中适当地将声律启蒙的篇目合着音乐吟唱出来，让孩子在音乐声中感受作品的语言美、节奏美和格律美，同时也增加幼儿的学习兴趣。

3. 图文并茂，提高幼儿识物能力

《声律启蒙》中有大量的关于天文、地理、花木、鸟兽、人物、器物等方面属对，可以采用图片的方式，一方面增加幼儿的学习兴趣，另一方面也可以拓展幼儿的识物量，提升幼儿的想象力。

4. 故事讲读，激发兴趣丰富知识

化用大量的诗文典故，是《声律启蒙》教材的一个特点。教学中可以采用串讲故事方

式，激发幼儿的学习兴趣。如讲到“冯妇虎、叶公龙”时，可以她们介绍冯妇搏虎和叶公好龙的成语故事。

5. 创意涂鸦，提升幼儿的想象力创造力

《声律启蒙》中大量的写景句也可以尝试激发幼儿涂鸦创作一番。一方面丰富了诵读形式，另一方面也在涂鸦尝试让幼儿将文字想象出画面，并创造出作品。这种形式，可能刚刚开始时会有一定的难度，但只要坚持下去一定会提升幼儿的想象力和创造力。

二、实施建议

1. 教学对象

《声律启蒙》中分为上下两卷，共三十个韵部，每个韵部中有单子对、双字对、三字对、五字对、七字对和十字对或十一字对，同时还化用古代许多诗文典故，因此在幼儿园使用《声律启蒙》教材，建议放在中班或者大班。这个年龄段的幼儿语言能力发展较好，具有初步的理解与表达能力。

2. 学时分配

建议每一个韵部 6 学时，上下卷共三十个韵部，合计 180 学时。

3. 活动设计示例

活动名称	《声律启蒙》之“一东”（上）
活动目标	1. 多种诵读，感受国文的韵律美、节奏美，培养幼儿国学语感。 2. 复述情节，用完整的语言表达自己的想法。 3. 认读识物，丰富知识激发兴趣。
活动重点	多种诵读，感受国文的韵律美、节奏美，培养幼儿国学语感。
活动难点	复述情节，用完整的语言表达自己的想法。
活动准备	1. 故事《白蛇起义》的挂图 2. 手偶“聪聪猪” 3. 小圣人、小淑女的头饰 4.《声律启蒙》诵读视频 5. 韵律动作的伴奏音频：彩云追月
活动内容	设计意图

续表

一、利用手偶，激发兴趣 今天国学姐姐给小朋友们介绍一位好朋友——聪聪猪。聪聪猪听说大三班的小朋友诵读经典特别棒，也都在争做小诗人，它非常想来看看(拿出手偶)。聪聪猪："小朋友，大家好呀！"，小朋友和聪聪猪也打声招呼吧。 二、图片展示，识物组词 1. 教师利用课件展示云、雨、雪、风，让幼儿说说这是自然界的什么 引出对子"云对雨、雪对风。" 知识延伸：自然界还有哪些现象呢？ 幼儿：霜、物、树、山、水等等。 2. 那到了晚上会是怎样的呢？ 教师出示"晚照"的图片，小朋友猜猜，晚上和什么相对？ 教师出示"晴空"的图片。 知识延伸：你们还可以想到哪些是相对的？ 幼儿：白对黑，早对晚…… 3. 图片：大雁、燕子、鸟儿、虫儿 诵读"来鸿对去燕，宿鸟对鸣虫"	手偶，拉近国学与小朋友的距离。小朋友和聪聪猪打招呼，渗透教学难点。 图片识物，丰富幼儿知识。 拓展迁移知识，了解自然。
三、国学故事，感受语言 聪聪猪有个故事囊，里面有好多好多精彩的小故事！聪聪猪给小朋友们带来的第一个小故事。名字叫《斩蛇起义》(教师带领小朋友读2遍题目)，请小朋友在听故事的时候注意思考，刘邦在路上遇到了什么，他是怎么做的？ 聪聪猪讲过故事了，那国学姐姐有问题要问问小朋友： "故事里讲到刘邦在路上遇到了什么，他是怎样做的？" 这就是今天我们要一切诵读的"三尺剑、六钧弓。岭北对江东"。 出示《声律启蒙》之"东"(上)诵读视频。 四、多种诵读，感受经典 1. 聪聪猪领诵，小朋友们跟诵 2. 老师、小朋友对诵 3. 拿出头饰，小朋友们分为小才子、小淑女来对诵 4. 小朋友们拍手诵 五、课堂小结、延伸活动 回家开展和爸爸妈妈的对诵活动。	尝试让幼儿初步理解相对的概念。 多次诵读 故事激趣 多种形式诵读，增强诵读的趣味性，感受国文韵律节奏的美感，培养幼儿国学语感。

第二章 《千家诗》

经典导读

《千家诗》是中国古代最著名的蒙学读本之一，与《三字经》《百家姓》《千字文》合称为“三百千千”，是我国旧时带有启蒙性质的诗歌选本。《千家诗》的选文题材多样：山水田园、咏古伤今、怀乡思人、离别赠友、咏物抒怀等，诗歌多为唐宋两朝名家名作，具有通俗易懂、雅俗共赏的特点。

一、《千家诗》的版本与内容

《千家诗》流传广泛，版本繁多，今天所见的本子，多以不是最初的面貌。一般认为，最早的本子是南宋刘克庄所编撰的，题名为《分门纂类唐宋实现千家诗选》。该版本在清代曹寅（曹雪芹祖父）刊行的《楝亭十二种》中有所收录，并署作“后村先生编集”。“后村先生”即南宋刘克庄，字潜夫，自称后村居士。书中收录了368人（一说565家）的近体诗1281首，其中大部分作品为宋代诗人的作品，唐代诗人作品也占有一定比例，极少数为南北朝和五代诗人的作品。全书依照时令、气候、天文、地理、花草、竹木、禽兽、昆虫、宫室、器物等14门，133类，共分为22卷，所有作品均为律诗与绝句。

因刘克庄为南宋诗人、宋末文坛领袖。后人发现刘克庄所集的《千家诗》多为当朝之作，尤以南宋诗人作品居多，且篇目、门类比较多，不适合诵读和普及。故在明代之后开始陆续出现了许多仿造刘克庄的《千家诗》的新版本出现。这些选本大多是根据刘克庄的原本增删而成，在编排体例上也有一定程度的调整。其中，署名谢枋得选、王相注题为《增补重修千家诗》（皆七言律诗）的版本，在民间流传最广。据翟灏《通俗编》记载：“今村塾所诵《千家诗》者，上集七言绝八十余首，下集七言律四十余首，大半在后村选中，盖据其增删之耳。”后坊间又出现了题名为王相选注的《新镌五言千家诗》。后书坊将两者合刊，即为通行版本的《千家诗》。

虽号称千家，《千家诗》实际只录有122家诗人，收录诗歌226首。其中七言绝句94首、七言律诗48首、五言绝句39首，五言律诗45首。按朝代分：唐代65家，宋代52家，五代1家，明代2家，无从查考年代的无名氏作者2家。其中选诗最多的是杜甫，共25首，其次是李白，共8首；女诗人只选了宋代朱淑真2首七绝。

二、《千家诗》的特点与价值

《千家诗》是我国最早的较为完善的诗类蒙学读本，也是具有诗歌启蒙性质的选本，具有以下优点和价值。

（1）易于成诵，通俗易懂。《唐诗三百首》的选注者蘅塘居士在其序中写到："世俗儿童就学，即授《千家诗》，取其易于成诵，故流传不废"，可见其得以广泛流传的原因。《千家诗》所选的200余篇作品中，几乎均为近体诗。所谓近体诗，是指唐代形成的格律诗体，因其字数、句数、平仄、对仗和押韵都有严格的规定，故诗歌的句式整体、音韵和谐流传、朗朗上口。而选本中又以绝句和律诗为主，内容挑选浅显易懂、便于背诵的作品，其中也不乏有许多优秀隽永、意境深远的名篇佳作，在社会上流传甚广、脍炙人口。如《红楼梦》第六十三回"寿怡红群芳开夜宴"中，众人掷骰子掣花名签，共掣出八支签，签上诗句，有六支见于《千家诗》。蔡义江《红楼梦诗词曲赋评注》说："夜宴中行酒令时所玩的象牙花名签子所镌的诗句，极大部分均可在旧时十分流行的《千家诗》选本中找到。"酒令诗对的许多作品均出自《千家诗》，也可见其因易于成诵、通俗易懂而产生的广泛的传播。

（2）范围广泛、知识丰富。王相选注《千家诗》虽只选了226首，却包括122位作者，他们是唐、宋、南北朝、五代等多个时代来自于不同阶层的诗人，上至帝王、官员、名士、诗人，下至僧侣、平民、孩童，甚至还有少量的女性诗人。作品的题材也十分广泛，也单纯的写景、咏物的，也有抒怀、言志的；有赠友离别的，也有吊古伤今的；有应制颂德的，也有唱和酬唱的……基本上反映了社会生活的全面。

刘克庄选本的《千家诗》在序中提及目的正是为了"多识于草木鸟兽之名"。王本《千家诗》也基本保留了这一特点。作为蒙学读物，《千家诗》用诗的形式为少年儿童提供了丰富的知识。如王安石的《元日》："爆竹声中一岁除，春风送暖入屠苏。千门万户曈曈日，总把新桃换旧符"，把春节（元日指正月初一）的热闹气氛和万象更新 的盛况一笔画出。王驾的《社日》则 为人们提供了古代春、秋两次祭祀土地神和五谷神的有关情况，如此等等。可以说《千家诗》所选诗作的内容涉及古代社会生活的方方面面。诗中的村落山水、皇家宫苑、寺院禅房、风花雪月以及人情世态等等，为人们提供了一幅包容万象、绚丽多彩的自然和社会生活画卷，对于人们学习知识、增 长见识颇具价值。

（3）四季编排，重视童趣。王相选注的《千家诗》在重新编排的时候，不仅按照诗体的分类，还按照春、夏、秋、东四季的顺序来编纂诗篇。如把写春天的诗集中在一起排序，如七言绝句部分，首篇是宋代程颢的《春日偶成》，随之有朱熹的《春日》、苏轼的《春宵》、杨巨源的《城东早春》、王安石的《春夜》、韩愈的《初春小雨》等，直至唐代贾岛的《三月晦日送春》，都是描写春天的景色，吟咏春天的景物，抒发春天的情感，记写春天的事情。随后，依次是夏、秋、冬三季。写夏天的诗有司马光的《客中初夏》、赵师秀的《约客》、高骈的《山亭夏日》等；写秋天的作品有杜甫的《秋兴》、陆游的《秋思》、刘禹锡的《秋风引》等；写冬天的则有卢梅坡的《雪梅》、刘克庄的《冬景》等。这些作品风格各异，情趣盎然，季节特征明显，景物描摹细腻，对人的内心情感的刻画和表现也相当成功。这样的编排方式令人耳目一新，同时在相类似的写景诗中便于儿童掌握季节的特征。同时如能在教学中配合适应的季节，就会让儿童伴随或春意融融、或夏日炎炎、或秋景瑟瑟、或寒雪皑皑的不同季节感受春夏秋冬的四季变化，体味美好的生活意境，从而激发儿童的学习兴趣。

(4)教育德行、陶冶性情。重视宣扬德行、陶冶性情也是《千家诗》对传统诗教文化的继承与突破。虽然书中有对封建皇帝歌功颂德的诗篇，也有一些思想倾向不良的作品，但大部分诗作都具有较高的精神境界。如在许多写景的作品寄情于景、或是写景后直接抒情、或是在景物描写熔铸抒情。如七言律诗的选文杜甫《江村》："清江一曲抱村流，长夏江村事事幽。自去自来梁上燕，相亲相近水中鸥。老妻画纸为棋局，稚子敲针作钓钩。多病所需为药物，微躯此外复何求。"诗中写了夏天里江村的景象：请撤单江水曲折地绕着村子流过，在夏日里显得格外的幽静，梁上的燕子自由自在地飞来飞去，水中的沙鸥在互相嬉戏，妻子在纸上画着棋局，小儿在敲着针做钓钩。多么幽静而惬意的山村情景，但诗的最后一句却写到由于自己老了，多病的身体需要治病的药物，除此之外还能有什么奢求呢？这是一个老儒生对国家的拳拳赤子之心，抒发了作者对社会国家的关怀！

另外还有许多作品中，或托古讽今，针砭朝政，指责政府的昏庸无能；或痛斥荒淫无耻、奢靡腐朽的当朝者；或讽刺阿谀奉承、趋炎附势的小人；或托物言志、借景抒情，抒发自己的胸怀与抱负；或歌颂人民的勤劳淳朴，赞美刚直不屈、善良大度的品行。有些诗篇还为人们提供了对待人生和仕途坎坷的方法，主张积极进取的人生态度，注重培养良好的品行。也有的作品宁静淡泊、充满哲理。

总之，《千家诗》作为我国古代的一部童蒙读物，不管是写景抒怀、咏物言志、赠友寄思、还是评古论今、应制颂德、风俗风情等作品都不同程度的具有儒家经世致用的诗教化色彩，对于儿童具有一定的道德教育和陶冶性情的意义与价值。

三、关于《千家诗》的评价

清代乾隆年间蘅塘退士在《唐诗三百首》序言中提到："世俗儿童就学，即授《千家诗》，取其易于成诵，故流传不废，但其诗随手掇拾，工拙莫辨，且止五七律绝二体，而唐、宋人又杂出其间，殊乖体制。"可谓直接道出《千家诗》的优缺点。从《千家诗》所选的诗歌作者而言，唐宋词人都有。选文多推敲锤炼之作，诗味隽永，具有较高的艺术水平。例如：王安石的《春夜》诗"金炉香烬漏声残，剪剪轻风阵阵寒。春色恼人眠不得，月移花影上栏杆"，堪称宋代七绝的代表作之一。明代胡应麟在《诗薮》中说："宋绝句共称者，子美(苏舜钦)'春阴垂野草青青'，介甫（王安石)'金炉香烬漏声残'，子瞻(苏轼)'卧看溪南十亩阴'，平甫(王安国)'万顷波涛木叶飞'。"这些诗句都是诗意天成，意境开阔。苏轼的《饮湖上初晴后雨》"水光潋滟晴方好，山色空蒙雨亦奇。欲把西湖比西子，淡妆浓抹总相宜。"更使西湖名闻遐迩，赢得了"西子湖"的美誉。再如具有唐代五绝压卷之作美称的王之涣《登鹳雀楼》："白日依山尽，黄河入海流。欲穷千里目，更上一层楼。"写诗人在登高望远中表现出来的不凡的胸襟抱负，反映了盛唐时期人们积极向上的进取精神。这样的名篇佳作在《千家诗》中可谓比比皆是。因此，即使是从艺术角度看，《千家诗》也可以称得上是一部高质量高品位的唐宋诗选集，在我国古代文学史上应该占有一定的地位。

当然，《千家诗》也有其不足之处，具体内容如下。

(1)所选应制诗与和诗在今天已没有多大现实意义。

(2)所选诗歌仅限律绝二体，虽有利于读者吟诵，但却不利于人们全 面了解唐、宋诗的成就。事实上，唐宋时期有许多艺术价值极高，为人们千古传颂的佳作，只是因为体裁的原因而未能选入此书，这不能不说是个遗憾。

(3)少数诗歌选择欠妥，有“随手掇拾，工拙莫辩”之嫌，如王建的《宫词》便是一例。这些作品诗意平淡，内容庸陋，只能视为滥竽充数之作。

(4)《千家诗》经过多人的辗转传抄和增补删改，错误较多，如作者张冠李戴、诗题误写、诗句错传、编排有误等等。

尽管有这些不足，但瑕不掩瑜，《千家诗》作为一本影响广泛、流传几百年的优秀启蒙读物和诗歌选集，其地位早已为人们所认可了。

含英咀华

第一节　七言绝句

春日偶成[①]

程颢

云淡风轻近午天，傍花随柳过前川[②]。

时人[③]不识余心乐，将谓偷闲学少年。

【作者】

程颢(1032 年—1085 年)，字伯淳，学者称明道先生。河南洛阳人，出生于湖北黄陂。北宋哲学家、教育家、诗人和北宋理学的奠基者。和其弟程颐学于周敦颐，世称“二程”，后人集其言论所编的著述书籍《遗书》《文集》等，皆收入《二程全书》。

【注释】

①**偶成**：偶然所作，即兴所作。

②**川**：原野。

③**时人**：当前的人。

【评析】

作者用白描的手法，勾勒出风和日丽的春日景色。前两句写景，描绘出了一幅生机勃勃的春日景象，及作者的惬意心情。后两句抒情，言人不识，突出自己的快乐，强调自己的满足，进而抒发了春日郊游的愉快心情。诗歌风格平易自然，语言浅近通俗，感情丰富，充满真率与恬逸。

春夜[①]

王安石

金炉香烬漏[②]声残，剪剪轻风阵阵寒[③]。

春色恼人[④]眠不得，月移花影上栏杆。

【作者】

王安石(1021—1086 年)，字介甫，晚号半山，谥号“文”，世称王文公，自号临川先生，晚年封荆国公，世称临川先生又称王荆公，江西临川盐阜岭(今江西省抚州市临川区邓家巷)人，中国杰出的政治家、文学家、思想家、改革家。其诗“学杜得其瘦硬”，擅长于说理与修辞，善于用典故，风格遒劲有力，精辟精绝，也有情韵深婉的作品。著有《临川先生文集》。

【注释】

①诗题原作“夜直”。夜直，即在朝中值夜。宋制，翰林学士每夜轮流一人在学士院值夜。

②漏：古代计时用的漏壶。

③剪剪：形容初春的寒风削面，尖刻刺骨。

④恼人：引逗、挑逗人。

【评析】

这首诗写的是春天拂晓时的景象，金炉点出在宫中值夜；香烬、漏声，说明天快亮了；首句是视觉加听觉，以动衬静。次句以触觉写出了阵阵轻风拂动的寒意。第三四句叙事夹抒情，直说出因春色逗引而睡不着，痴痴地看着月动花影。但诗人留下问题：为什么“眠不得”，春色为何“恼人”呢？王安石于公元 1042 年进士及第，公元 1059 年上变法万言书，未被采纳。直到公元 1068 年，神宗准备实行新法，到四月才召他进京面对。经过二十六年的漫长岁月，王安石屈居下位不算，最大的憾事是变法主张未能实现。此时形势突变，遇到了赏识他主张的锐意变法的新帝，正是龙虎风云、君臣际遇的良机，大展宏图，即在眼前。因此，他在值宿禁中的时候，面对良宵春色，剪剪轻风，金炉香烬，月移花影，一派风光，激起了思想上难以自制的波澜，为自己政治上的春色撩拨得不能成眠。

元日①

王安石

爆竹声中一岁除②，春风送暖入屠苏③。

千门万户④曈曈日，总把新桃换旧符⑤。

【注释】

①**元日**：即农历正月初一，春节。

②**一岁除**：一年已尽。除：逝去。

③**屠苏**：药酒名。古代在正月初一有吟屠苏酒的习俗，以驱邪避瘟疫，求得长寿。

④**千门万户**：形容房屋广大或住户极多。曈曈：形容太阳初升光亮而温暖的样子。

⑤**桃、符**：即桃符。桃符是古代挂在门边的桃木板，上有神荼、郁垒两位神灵的名字，悬挂在门旁，用来压邪，也作春联。

【评析】

这首诗描写春节辞旧迎新、热闹欢乐的动人景象，抒发了作者革新政治的思想感情。诗歌以“爆竹声中一岁除”开篇，在阵阵轰鸣的爆竹声中送走旧岁，迎来新年，渲染春节热闹欢乐的气氛。和暖的春风、推杯换盏的畅饮屠苏酒，写出了人们的欢快气氛。第三句写旭日的光辉普照千家万户。用“曈曈”表现日出时光辉灿烂的景象，象征无限光明美好的前景。结句叙写民间习俗，又寓含除旧布新的意思。王安石在这首诗中充满了积极向上的奋发精神，也表现出对于新政充满信心。

伤春

朱淑真

连理枝①头花正开，妒花风雨便相催②。

愿教青帝③常为主，莫遣纷纷点④翠苔。

【作者】

朱淑真(约1135—1180年)，号幽栖居士，宋代女诗人，其父曾在浙西做官，家境优裕。自幼才华横溢，博通经史，能文善画，精晓音律，尤工诗词。素有才女之称。相传因父母做主，嫁予一文法小吏，婚后生活很不如意，抑郁而终，其墓在杭州青芝坞。朱淑真为唐宋以来留存作品最丰盛的女作家之一。

【注释】

①**连理枝**：两棵树的枝干合生在一起，连理枝又称相思树、夫妻树、生死树，古人常用来比喻夫妻恩爱。

②**催**：同“摧”，摧残。

③**青帝**：传说中的春之神及百花之神。

④**点**:点染。

【评析】

原本是并枝而放的花儿,却因风雨的摧残而飞落满地,女诗人不禁产生无尽的惋惜与伤掉之情。“妒花”以拟人的手法表达诗人对于风雨的不满,于是她乞求掌管百花的司春之神青帝来为花儿做主,让好花常开。深情的语言、凄婉的哀伤,深切地体现女子的惜春伤春之情。结合首句的“连理枝”,这份伤怀显然又隐含诗人自己不幸婚姻的伤痛,因此诗作格外地苦闷、消沉。

初夏睡起①

杨万里

梅子②流酸溅齿牙,芭蕉分绿③上窗纱。

日长睡起无情思④,闲看儿童捉柳花。

【作者】

杨万里(1127—1206年),汉族,字廷秀,号诚斋。吉州吉水(今江西省吉水县)人。南宋杰出的诗人。与尤袤、范成大、陆游合称南宋“中兴四大诗人”。杨万里诗歌大多描写自然景物,且以此见长,也有不少篇章反映民间疾苦抒发爱国感情;语言浅近明白,清新自然,富有幽默情趣;称为“诚斋体”。

【注释】

①本诗原为杨万里《闲居初夏午睡起二绝句》之一,此诗题为编者所改,并误

②**梅子**:一种味道极酸的果实。

③**芭蕉分绿**:芭蕉的绿色映照在纱窗上。

④**思**:情意,情绪。

【评析】

初夏梅子成熟,芭蕉翠绿,在唇齿间留香的梅子,满院的芭蕉浓绿映照纱窗,作者形象而生动地向我们描绘了一个夏日悠闲自得的景象。午睡而起,别无所思,只愿看着儿童追逐柳絮嬉戏。美好惬意的景色,悠然自得的生活,动中有静,情趣既悠闲又活泼,体现出了诗人对于生活的无比热爱。同时也体现出诗人善于描绘自然与日常生活的镜头,捕捉稍纵即逝的情感,灵活透脱。

山亭夏日

高骈

绿树阴浓①夏日长,楼台倒影入池塘。

水晶帘②动微风起,满架蔷薇③一院香。

【作者】

高骈(821—887年),字千里,南平郡王崇文孙。祖籍渤海蓚县(今河北景县),先世乃

山东(太行山以东)汉族名门渤海高氏。历官安南都护、剑南西川节度使、淮南节度使。黄巢起义,坐守扬州,割据一方,后为部将所杀。《全唐诗》录存其诗一卷。

【注释】

①**浓**:树丛的阴影很深。

②**水晶帘**:形容有水晶装饰的质地精细而色泽莹澈的门帘。

③**蔷薇**:花名。夏季开花,有红、白、黄等色,美艳而香。一种观赏性植物,它的茎长似蔓,须建架供其攀援生长。

【评析】

这是一首描写夏日风光的七言绝句。谢枋得言:“此诗形容山亭夏日之光景,极其妙丽,如图画然。”诗的前两句描绘了一幅树阴稠密、夏日长日的景象。“浓”写出了夏日树木的茂盛、树荫的浓密;“入”字用得极好:夏日午时,晴空骄阳,一片寂静,池水清澈见底,映在塘中的楼台倒影,当属十分清晰。这个“入”字就正好写出了此时楼台倒影的真实情景。诗的后两句写诗人陶醉于这夏日美景的时候,一阵微风,花香袭人,沁人心脾。幽静的景致,增添了鲜艳的色彩,充满了醉人的芬芳。全诗写夏日风光,近似绘画的手法:绿树阴浓,楼台倒影,池塘水波,满架蔷薇,构成了一幅色彩鲜丽、情调清和的图画,也仿佛看到了那个倚亭而立、悠闲自在的诗人。

村晚

雷震

草满池塘水满陂①,山衔落日浸寒漪②。

牧童归去横牛背③,短笛无腔信口吹④。

【作者】

雷震,宋代人,生平事迹不详。或以为眉州(今四川眉山)人,宋宁宗嘉定年间进士。又说是南昌(今属江西)人,宋度宗咸淳元年(1263 年)进士。其诗见《宋诗纪事》卷七十四。

【注释】

①**陂**(bēi):池塘。

②**衔**:口里含着。这里指落日西沉,半挂在山腰,像被山含住了。**浸**:淹没。**寒漪**(yī):带有凉意的水上波纹。

③**横牛背**:横坐在牛背上。

④**腔**:曲调。**信口**:随口。

【评析】

本诗为人们描绘了一幅牧童骑牛晚归图。诗前两句写景,春日池塘、落霞满天、倒影荡漾,描绘了一幅幽静美丽的晚景图。“满”字,写出了仲夏时令的景物特点,“衔”,写出日落

西山，拟人修辞的运用增添诗的活泼生动感，一个“浸”，写出山与落日倒映水中。在这样一个宁静背景下，小牧童横坐牛背，信口吹笛而来，表现了牧童的调皮可爱，天真活泼，淳朴无邪。这些景物，色彩和谐，基调清新，有了这样的环境，那牧童自然就是优哉游哉、其乐融融的了。同时，也表现出了牧童无忧无虑，悠闲自在的情致。悠然超凡、世外桃源般的画面，画中之景、画外之声的结合，该诗给人一种恬静悠远的美好感觉。

书湖阴先生壁①

王安石

茅檐长扫净无苔②，花木成畦③手自栽。

一水护田④将绿绕，两山排闼送青来⑤。

【注释】

①这首诗是王安石《书湖阴先生壁二首》中的第一首。书：书写，题诗。湖阴先生：本名杨德逢，隐居之士，是王安石晚年居住金陵时的邻居。

②**茅檐**：茅屋檐下，这里指庭院。**长**：常常。

③**畦**（qí）：田园中分成的土垅。

④**护田**：形容水流环绕田地。

⑤**排闼**（tà）：开门。闼指小门。

【评析】

这首诗是题写在湖阴先生家屋壁上的。前两句是近景，庭院清净无苔，花木丰美，整齐而不单独，写他家的环境，洁净清幽，暗示主人生活情趣的高雅。后两句转到院外，写远景，“护田”与“排闼”讲山水拟人化，表现出小溪曲折多姿，环绕绿地而行，山色深翠欲滴，竟欲扑向庭院而来，写出了山势若奔，活泼灵动的特点。同时也写山水对湖阴先生的深情，把山水化成了具有生命感情的形象，山水主动与人相亲，正是表现人的高洁。诗中虽然没有正面写人，但写山水就是写人，景与人处处照应，句句关合，融化无痕。

秋夕①

杜牧

银烛秋光冷画屏②，轻罗小扇扑流萤③。

天阶④夜色凉如水，坐看牵牛织女星⑤。

【作者】

杜牧（803—852 年），字牧之，号樊川居士，汉族，京兆万年（今陕西西安）人。杜牧是唐代杰出的诗人、散文家，是宰相杜佑之孙，杜从郁之子。因晚年居长安南樊川别墅，故后世称“杜樊川”，著有《樊川文集》。杜牧的诗歌以七言绝句著称，内容以咏史抒怀为主，其诗英发俊爽，多切经世之物，在晚唐成就颇高。杜牧人称“小杜”，以别于杜甫的“大杜”，与李商隐并称“小李杜”。

【注释】

①**秋夕**:秋天的夜晚。

②**银烛**:银色而精美的蜡烛。**秋光**:月光。**画屏**:画有图案的屏风。

③**轻罗小扇**:轻巧的丝质团扇。**流萤**:飞来飞去的萤火虫。

④**天阶**:露天的石阶。天,亦作“瑶”。

⑤**坐看**:坐着朝天看。坐:亦作“卧”。**牵牛织女星**:两个星座的名字,指牵牛星、织女星,亦指古代神话中的人物牵牛和织女。

【评析】

这首诗写失意宫女生活的孤寂幽怨。首句写秋景,着一“冷”字,暗示寒秋萧杀,白色的烛光、清冷的月色,投映到寂寞暗淡的花屏上更增添其凄冷的意味,衬出主人公内心的孤凄。二句写借宫女扑萤以打发时光,排遣愁绪。古人说腐草化萤,虽然是不科学的,但萤总是生在草丛冢间那些荒凉的地方。如今,在宫女居住的庭院里竟然有流萤飞动,宫女生活的凄凉也就可想而知了。夜晚百无聊赖、无事可做的宫女只好用小扇扑打着流萤,似乎想驱赶包围着她的孤冷与索寞。这里的小扇也别有韵味。相传汉成帝妃班婕妤失宠后住在长信宫,写诗云:“新裂齐纨素,皎洁如霜雪。裁为合欢扇,团团似明月。出入君怀袖,动摇微风发。常恐秋节至,凉飙夺炎热。弃捐箧笥中,恩情中道绝。”扇子本是夏天用来挥风取凉的,秋天就没用了,故古诗里出现的团扇、秋扇,便常常和失宠的女子联系在一起了,以秋扇比喻弃妇。三句写夜深仍不能眠,“天阶”指皇宫中的石阶。“夜色凉如水”暗示夜已深沉,寒意袭人,本该进屋睡觉了,可宫女仍然在石阶上坐着,仰往着牵牛星、织女星。民间传说,织女本为天上的仙女,嫁与牵牛为妻,后被王母娘娘以金簪划出天河分隔两地,每年只有七夕喜鹊搭桥才可相会。眺望夜空久久不肯入睡,宫女由织女故事想起自身处境的凄冷,内心无比感伤。

中秋月[1]

苏轼

暮云收尽溢[2]清寒,银汉[3]无声转玉盘[4]。

此生此夜不长好,明月明年何处看?

【作者】

苏轼(1037—1101年),字子瞻,又字和仲,号东坡居士,眉州眉山(今四川眉山市)人,北宋时期著名文人,“唐宋八大家”之一,与其父苏洵、其弟苏辙,并称“三苏”。其诗,词,赋,散文,均成就极高,且善书法和绘画,是中国文学艺术史上罕见的全才,也是中国数千年历史上被公认文学艺术造诣最杰出的大家之一。其散文与欧阳修并称欧苏;诗与黄庭坚并称苏黄,又与陆游并称苏陆;词与辛弃疾并称苏辛;其画则开创了湖州画派。诗文有《东坡七集》,词有《东坡乐府》留存。

【注释】

①**中秋**:农历八月十五日。

②**溢**:充满而流出来。

③**银汉**:银河。

④**玉盘**:月亮。

【评析】

本诗题为“中秋月”,诗人擒题写月,借“暮云”起兴,言“暮云收尽”的皎皎清光之景,着一“溢”字写出清寒霜冷之夜,曲折委婉地表达了月到中秋分外明之意。“玉盘”代指月色,无声地转动,天宇的辽阔、明月的皎然,中秋之月,月不思人,人自醉。后两句不禁由景入情,由月圆而思人团圆,月明星稀、银河冷落,从今年此夜不长好退想到明年明月的处境,归结到别情。全诗境界开阔悠远,语言流畅清丽,意味深长饶有情趣。

晓出净慈寺送林子方[1]

杨万里

毕竟[2]西湖六月中,风光不与四时[3]同。

接天莲叶无穷碧,映日荷花别样红。

【注释】

①**晓出**:太阳刚刚升起之时。**净慈寺**:全名“净慈报恩光孝禅寺”,与灵隐寺为杭州西湖南北山两大著名佛寺,现在今杭州西湖南岸。**林子方**:作者的朋友,官居直阁秘书。

②**毕竟**:到底。

③**四时**:春夏秋冬四个季节,在这里指六月以外的其他时节。

【评析】

六月的清晨,诗人送别好友林子方离开西湖南岸的净慈寺。湖中微波荡漾,风光自是其他季节所无从比拟的。首句“毕竟西湖六月中,风光不与四时同”,看似突兀,实则自有一种大气,使读者对于六月的西湖景色有一种向往和期待。三四两句抓住西湖美景最具有特色的景色加以描绘,写出接天的“莲叶”、映日的“荷花”,诗人用一“碧”一“红”的色彩对比,突出翠绿如碧的莲叶和朝晖映红的荷花,大红大绿、色彩惊艳的视觉冲击,将西湖的六月美景描摹得淋漓尽致。驻足六月西湖,送别友人,诗人通过对西湖美景的赞美与渲染,曲折表达了对友人离别的不舍与眷恋。

枫桥夜泊[1]

张继

月落乌啼[2]霜满天,江枫渔火对愁眠[3]。

姑苏城外寒山寺[4],夜半钟声[5]到客船。

【作者】

张继（生卒年不详），字懿孙，汉族，湖北襄州（今湖北襄阳）人。唐代诗人，生平事迹不详，约公元753年前后在世，与刘长卿为同时代人。公元七五三年考取进士，曾作过盐铁判官、检校祠部郎中，死于今江西南昌市。诗风爽朗激越，不事雕琢，比兴幽深，事理双切，对后世颇有影响。有《张祠部诗集》传世，全唐诗收录一卷，然仅《枫桥夜泊》一首，已使其名留千古，而“寒山寺”也拜其所赐，成为远近驰名的游览胜地。

【注释】

①**枫桥**：在今苏州市阊门西七里地方，原名为“封桥”，后因张继这首诗改“封”为“枫”，故沿用为“枫桥”。**夜泊**：夜间把船停靠在岸边。

②**乌啼**：乌鸦啼叫。乌，指乌鸦，亦指夜晚树上的栖鸟。

③**江枫**：江边枫树，江指吴淞江，源自太湖，流经上海，汇入长江，俗称苏州河。**渔火**：渔船上的灯火。

④**姑苏**：苏州的别称，因城西南有姑苏山而得名。**寒山寺**：在枫桥附近，始建于南朝梁代。相传因唐代僧人寒山、拾得曾住此而得名。

⑤**夜半钟声**：唐代寺庙有半夜敲钟的习惯。

【评析】

《枫桥夜泊》是唐朝安史之乱后，诗人张继途经寒山寺时，写下的一首羁旅诗。诗以一“愁”字统起。落月、啼乌、满天霜、江枫、渔火、不眠人，两句话六个密集的意象营造出一种意韵浓郁的审美情境。后两句意象疏宕：城、寺、船、钟声，是一种空灵旷远的意境。江畔秋夜渔火点点，羁旅客子卧闻静夜钟声。所有景物的挑选都独具慧眼：一静一动、一明一暗、江边岸上，景物的搭配与人物的心情达到了高度的默契与交融，精确而细腻地讲述了一个客船夜泊者对江南深秋夜景的观察和感受，勾画了月落乌啼、霜天寒夜、江枫渔火、孤舟客子等景象，有景有情有声有色。此外，这首诗也将作者羁旅之思，家国之忧，以及身处乱世尚无归宿的顾虑充分地表现出来，是写愁的代表作。

霜月[1]

李商隐

初闻征雁已无蝉[2]，百尺楼高水接天[3]。

青女素娥俱耐冷[4]，月中霜里斗婵娟[5]。

【作者】

李商隐（约813—858年），字义山，号玉溪生、樊南生，唐代著名诗人，祖籍河内（今河南省焦作市）沁阳，出生于郑州荥阳。他擅长诗歌写作，骈文文学价值也很高，是晚唐最出色的诗人之一，和杜牧合称“小李杜”，与温庭筠合称为“温李”，因诗文与同时期的段成式、温

庭筠风格相近，且三人都在家族里排行第十六，故并称为“三十六体”。其诗构思新奇，风格秾丽，尤其是一些爱情诗和无题诗写得缠绵悱恻，优美动人，广为传诵。但部分诗歌过于隐晦迷离，难于索解，至有“诗家总爱西昆好，独恨无人作郑笺”之说。因处于牛李党争的夹缝之中，一生很不得志。死后葬于家乡沁阳（今河南焦作市沁阳与博爱县交界之处）。作品收录为《李义山诗集》。

【注释】

①**霜月**：《礼记·月令》：“孟秋之月寒蝉鸣，仲秋之月鸿雁来，季秋之月霜始降。”

②**征雁**：大雁春到北方，秋到南方，不惧远行，故称征雁。此处指南飞的雁。**无蝉**：雁南飞时。已听不见蝉鸣。

③**水接天**：水天一色，不是实写水，是形容月、霜和夜空如水一样明亮。

④**青女**：主管霜雪的女神。《淮南子·天文训》，青女乃出，以降霜雪”。**素娥**：嫦娥。

⑤**斗**：比赛的意思。**婵娟**：美好，古代多用来形容女子，也指月亮。

【评析】

《霜月》是李商隐一首七言绝句，在这首诗中，诗借神话传说宛言月夜冷艳之美。首句以物候变化说明霜冷长天，深秋已至。次句言月华澄明，天穹高迴。三四句写超凡神女，争美竞妍。诗以想象为主，意境清幽空灵，冷艳绝俗。事本平常，景色也不过是月白霜清。夜寒秋凉。然而诗人将静景活写，栩栩然传达了一种生动而优美的景象。在此诗中颇可看出李义山诗之唯美倾向。

雪梅（其一）

卢梅坡

梅雪争春未肯降①，骚人②搁笔③费评章。

梅须逊雪三分白，雪却输梅一段香。

【作者】

卢梅坡，宋朝末年人，具体生卒年、生平事迹不详，存世诗作也不多，与刘过是朋友，以两首雪梅诗留名千古。

【注释】

①**降**（xiáng），服输。

②**骚人**：诗人。

③**搁笔**：放下笔。评章，评议的文章，这里指评议梅与雪的高下。

【评析】

古今不少诗人往往把雪、梅并写。雪因梅，透露出春的信息，梅因雪更显出高尚的品格。雪、梅都成了报春的使者、冬去春来的象征。但在诗人卢梅坡的笔下，二者却为争春发生了“摩擦”，都认为各自占尽了春色，装点了春光，而且谁也不肯相让。这种写法，实在是新颖别致，出人意料，难怪诗人无法判个高低。诗的后两句巧妙地托出二者的长处与不足：梅不如雪白，雪没有梅香，回答了“骚人搁笔费评章”的原因，也道出了雪、梅各执一端的根据。读完全诗，我们似乎可以看出作者写这首诗是意在言外的：借雪梅的争春，告诫我们人各有所长，也各有所短，要有自知之明。取人之长，补己之短，才是真理。这首诗既有情趣，也有理趣，值得咏思。

泊秦淮

杜牧

烟笼寒水月笼①沙，夜泊②秦淮近酒家。
商女③不知亡国恨，隔江犹唱后庭花④。

【作者】

杜牧(803—852 年)，字牧之，号樊川居士，汉族，京兆万年(今陕西西安)人。杜牧是唐代杰出的诗人、散文家，是宰相杜佑之孙，杜从郁之子。唐文宗大和二年 26 岁中进士，授弘文馆校书郎。后赴江西观察使幕，转淮南节度使幕，又入观察使幕，理人国史馆修撰，膳部、比部、司勋员外郎，黄州、池州、睦州刺史等职。因晚年居长安南樊川别墅，故后世称“杜樊川”，著有《樊川文集》。杜牧的诗歌以七言绝句著称，内容以咏史抒怀为主，其诗英发俊爽，多切经世之物，在晚唐成就颇高。杜牧人称“小杜”，以别于杜甫，“大杜”。与李商隐并称“小李杜”。

【注释】

①**笼：**笼罩。

②**泊：**停泊。

③**商女：**陈朝是歌妓、女伶。

④**后庭花：**《玉树后庭花》的简称。南朝陈后主所作，后世多称为“亡国之音”。

【评析】

诗是诗人夜泊秦淮时触景感怀之作，前半段写秦淮夜景，后半段抒发感慨，借陈后主(陈叔宝)因追求荒淫享乐终至亡国的历史，讽刺那些不从中汲取教训而醉生梦死的晚唐统治者，表现了作者对国家命运的无比关怀和深切忧虑的情怀。全诗寓情于景，意境悲凉，感情深沉含蓄，语言精当锤炼，艺术构思颇具匠心，写景、抒情、叙事有机结合，具有强烈的艺术感染力。

第二节　七言律诗

答丁元珍[1]

欧阳修

春风疑不到天涯[2]，二月山城[3]未见花。
残雪压枝犹有桔，冻雷[4]惊笋欲抽芽。
夜闻啼雁生相思[5]，病入新年感物华[6]。
曾是洛阳花下客[7]，野芳虽晚不须嗟[8]。

【作者】

欧阳修（1007—1072年），字永叔，号醉翁、六一居士，汉族，吉州永丰（今江西省吉安市永丰县）人，北宋政治家、文学家，且在政治上负有盛名。因吉州原属庐陵郡，以“庐陵欧阳修”自居。官至翰林学士、枢密副使、参知政事，谥号文忠，世称欧阳文忠公。后人又将其与韩愈、柳宗元和苏轼合称“千古文章四大家”。与韩愈、柳宗元、苏轼、苏洵、苏辙、王安石、曾巩被世人称为“唐宋散文八大家”。欧阳修是在宋代文学史上最早开创一代文风的文坛领袖。领导了北宋诗文革新运动，继承并发展了韩愈的古文理论。欧阳修在变革文风的同时，也对诗风词风进行了革新。在史学方面，也有较高成就。

【注释】

①**答丁元珍：**诗题原集作“戏答元珍”。这是作者被贬为峡州夷陵（今湖北宜昌市）县令时酬答丁宝臣的诗。丁宝臣，字元珍，时为峡州判官。

②**天涯：**天地。

③**山城：**指欧阳修当时任县令的峡州夷陵县。夷陵面江北山，故称山城。

④**冻雷：**指初春的雷，因为天气还很冷，故称“冻雷”。

⑤**夜闻啼雁生相思：**也作“夜闻归雁生乡思”。晚上听到雁的啼叫声，勾起了无尽的乡思。

⑥**物华：**眼前的景物。

⑦**花下客：**当时的洛阳园林花木十分繁盛，作者曾在那里做过留守判官，所以叫花下客。

⑧**野芳：**野花。**不须嗟：**不必叹息。

【评析】

夷陵小城，地处偏远，山重水满，虽然已是二月，却依然春风难到，百花未开。首联“春风疑不到天涯，二月山城未见花”，既叙写了作诗的时间、地点和山城早春的气象，又抒发了自己山居寂寞的情怀。“春风”之语，暗离皇恩不到，透露出诗人被贬后的抑郁情绪，大有

“春风不度玉门关”之怨旨。次联承“早春”之意，选择了山城二月最典型、最奇特的景物铺开描写，恰似将一幅山城早春画卷展现出来，写来别有韵味。夷陵是著名桔乡，桔枝上犹有冬天的积雪。可是，春天毕竟来了，枝梗上留下的不过是“残雪”而已。残雪之下，去年采摘剩下的桔果星星点点地显露出来，它经过一冬的风霜雨雪，红得更加鲜艳，在白雪的映衬下，如同颗颗跳动的火苗。它融化了霜雪，报道着春天的到来。这便是“残雪压枝犹有桔”的景象。夷陵又是著名的竹乡，那似乎还带着冰冻之声的第一响春雷，将地下冬眠的竹笋惊醒，它们听到了春天的讯息，振奋精神，准备破土抽芽了，可算是“状难写之景如在目前”的妙笔。第三联由写景转为写感慨：“夜闻归雁生乡思，病入新年感物华。”诗人远谪山乡，心情苦闷，夜不能寐，卧听北归春雁的声声鸣叫，勾起了无尽的“乡思”—自己被贬之前任西京留守推官的住所洛阳，正如同故乡一样令人怀念。然后由往事的回忆联想到目下的处境，抱病之身又进入了一个新的年头。时光流逝，景物变换，叫作者感慨万千。诗末两句诗人虽然是自我安慰，但却透露出极为矛盾的心情，表面上说他曾在洛阳做过留守推官，见过盛盖天下的洛阳名花名园，见不到此地晚开的野花也不须嗟叹了，但实际上却充满着一种无奈和凄凉，不须嗟实际上是大可嗟，故才有了这首借“未见花”的日常小事生发出人生乃至于政治上的感慨。

寒食①书事

赵鼎

寂寞柴门村落里，也教插柳②纪年华。
禁烟不到粤人国③，上冢亦携庞老家④。
汉寝唐陵无麦饭⑤，山溪野径有梨花。
一樽竟藉青苔卧⑥，莫管城头奏暮笳⑦。

【作者】

赵鼎（1085—1147年），字元镇，号得全居士。南宋解州闻喜东北（今属山西闻喜礼元镇阜底村）人。宋高宗时政治家、名相、词人。宋徽宗崇宁进士，绍兴中亮度任相，后受秦桧排挤、贬官，谪居潮州，绝食死。著有《忠正德文集》《得全居士词》等。

【注释】

①**寒食**：即寒食节，清明前一或两天。相传晋文公为答介子推割肉而食，相随左右之情，焚山以求之，介之推抱木而死，于是晋文公为纪念介子推禁火寒食，以寄哀思，后相沿成俗。

②**插柳**：宋时民俗，寒食节插柳于门上。

③**粤人国**：指岭南地区。

④**上冢**：上坟。**庞老家**：指庞德公一家。庞德公，东汉襄阳人，隐居在岘山种田。荆州刺史刘表几次邀他出来做官，他拒绝了，带领全家到鹿门山中采药。后来另一个隐士司马

徽来看他,正碰上他上坟扫墓归来。此泛指一般平民百姓全家上坟事。

⑤**汉寝唐陵**:汉唐时代帝王的坟墓。**麦饭**:麦粒煮成的饭,旧时作为祭品。

⑥**樽**:酒杯。**藉**:借。

⑦**笳**:古代北方边塞的乐器。

【评析】

这是一首寒食节的诗作。前三联写景,采用抑扬映照的手法,突出景物的冷清与心中的不堪。寒食节,村落冷清,柴门寂寞,遍插杨柳。唯有粤人,不事禁烟,村民携家,上冢踏青。前朝陵墓,荒芜萧条;山溪野径,梨花满树。一樽美酒,一曲笳声,古今更迭,非人力所能左右,诗人怅然而叹。这首诗是诗人被贬岭南所作,诗描写岭南的偏僻闭塞与中原文明之地不同的习俗,点明自己的身世处境。故作品中有作者被放逐的强烈不平与悲哀,显得曲而多讽,意兴无穷。

清明日对酒[1]

高翥

南北山头多墓田,清明祭扫各纷然[2]。
纸灰飞作白蝴蝶,泪血染成红杜鹃。
日落狐狸眠冢[3]上,夜归儿女笑灯前。
人生有酒须当醉,一滴何曾到九泉[4]。

【作者】

高翥(1170—1241年),字九万,号菊□,余姚(今属浙江)人。游荡江湖,布衣终身。是江南诗派中的重要人物,有“江湖游士”之称。

【注释】

①题目也作“清明”。清明,即清明节。在仲春与暮春之交,也就是冬至后的第108天,是中国传统节日之一,也是最重要的祭祀节日之一,是祭祖和扫墓的日子。

②**纷然**:众多、繁忙。

③**冢**:坟墓。

④**九泉**:人死后埋葬的地方,迷信人指阴间。

【评析】

这首清明对酒诗,前三联记事写景,紧扣“清明”题目,结尾处抒发情感。诗人主要表达的是“今日有酒今日醉”“对酒当歌,人生几何”的思想,因此通过清明上冢一事,进行对比。诗歌首联两句是远景,一句写物景,一句写人景。适逢清明,南北山头到处是忙于上坟祭扫的人群。颔联两句,诗人走上前去,镜头拉近,冥纸成灰,灰飞漫天,好似白色的蝴蝶;相思成泪,泪滴成血,仿佛红色的杜鹃。颈联虚实结合,出句借狐狸眠冢,突出荒凉意境,表现动

物对同伴、对“家庭”忠诚无二，狐犹如此，人何以堪！紧接着强烈的反差出现：晚上回到家来，看到孩子们在灯前玩闹嬉戏，他们怎么会知道“我”的心酸，怎么会知道生离死别的痛苦？尾联诗人表达自己及时行乐的人生态度。

秋千

僧惠洪

画架双裁翠络偏[1]，佳人春戏小楼前。
飘扬血色[2]裙拖地，断送玉容人上天[3]。
花板[4]润沾红杏雨，彩绳斜挂绿杨烟。
下来闲处[5]从容立，疑是蟾宫谪降仙[6]。

【作者】

僧惠洪（1071—1128年），字觉范，后改名德洪。宋代高僧，善画梅竹，又善诗词，诗意婉转，风格似秦少游，有乐府之韵味。著有《林间录》《冷斋夜话》等。

【注释】

①**画架**：有彩画的秋千架子。**裁**：截断、制作。**翠络**：绿色的绳索。

②**血色**：鲜红色。

③**断送**：打发，这里指秋千上扬。玉容：美丽的容颜。

④**花板**：雕花的脚踏板。

⑤**闲处**：空地，清幽之处。

⑥**蟾宫**：月宫，也称广寒宫，是汉族神话中神仙居住的房屋，传说月中有蟾蜍，故称蟾宫。**谪**：贬谪。

【评析】

这首诗描写了春日里佳人打秋千，在细微的刻画里，表达诗人对佳人的赞美与欣赏。彩色的秋千架彩绳飘向高空一端，妙龄佳人春天戏耍小楼前。摇曳的猩红裙子倏忽略过地面，危险啊，摆动的彩绳仿佛要把她送上青天。汗珠像杏花瓣雨点般飘落在秋千的踏板，彩绳似轻烟缭绕于翠绿的杨柳间。当她从容地下了秋千，潇洒地站立在花荫处，神采翩翩，好似月里的嫦娥降到人间。诗歌描写的极为精巧细微、浓艳绮丽，颇有晚唐温韦之风。

黄鹤楼[1]

崔颢

昔人[2]已乘黄鹤去，此地空余黄鹤楼。
黄鹤一去不复返，白云千载空悠悠[3]。
晴川[4]历历汉阳树，芳草萋萋鹦鹉洲[5]。
日暮乡关[6]何处是，烟波江上使人愁。

【作者】

崔颢(704—754 年),唐代诗人。汴州(今河南省开封市)人。公元 723 年(开元十一年)登进士第,官终尚书司勋员外郎。其早期诗作多写闺情,流于浮艳轻薄。后历边塞,诗风大振,忽变常体,风骨凛然,尤其是边塞诗慷慨豪迈,雄浑奔放。明人辑有《崔颢集》,《全唐诗》存其诗四十二首。

【注释】

①**黄鹤楼**:故址在湖北武昌县,民国初年被火焚毁,传说古代有一位名叫费祎的仙人,在此乘鹤登仙。也有人作昔人已乘白云去。

②**昔人**:传说中的仙人。因其曾驾鹤过黄鹤山(又名蛇山),遂建楼。

③**悠悠**:久远的意思。

④**川**:平原。历历:清晰、分明的样子。

⑤**鹦鹉洲**:在湖北省武昌县西南,根据后汉书记载,汉黄祖担任江夏太守时,在此大宴宾客,有人献上鹦鹉,故称鹦鹉洲。

⑥**乡关**:家乡。

【评析】

这首诗是吊古怀乡之佳作。诗前四句看似随口说出,一气旋转,顺势而下,绝无半点滞碍。双声、叠韵和叠音词或词组的多次运用,如“黄鹤”“复返”等双声词,双声词组,“此地”,“江上”等叠韵词组,以及“悠悠”“历历”“萋萋”等叠音词,造成了此诗声音铿锵,清朗和谐,富于音乐美。后四句整饬归正,实写楼中所见所感,写从楼上眺望汉阳城、鹦鹉洲的芳草绿树并由此而引起的乡愁。诗人登临古迹黄鹤楼,泛览眼前景物,即景而生情,诗兴大作,脱口而出,一泻千里。既自然宏丽,又饶有风骨。诗虽不协律,但音节嘹亮而不拗口。真是信手而就,一气呵成,成为历代所推崇的珍品。传说李白登此楼,目睹此诗,大为折服。说:“眼前有景道不得,崔颢题诗在上头。”严沧浪也说唐人七言律诗,当以此为第一。足见诗贵自然,纵使格律诗也无不如此。

答李儋[①]元锡

韦应物

去年花里逢君别,今日花开又一年。
世事茫茫难自料,春愁黯黯独成眠[②]。
身多疾病思田里[③],邑有流亡愧俸钱[④]。
闻道欲来相问讯[⑤],西楼望月几回圆。

【作者】

韦应物(737—792 年),长安(今陕西西安)人,因出任过苏州刺史,世称“韦苏州”。唐代山水田园诗派诗人,与王维、孟浩然、柳宗元并称“王孟韦柳”。其山水诗景致优美,感受深细,清新自然而饶有生意。今传有十卷本《韦江州集》、2 卷本《韦苏州诗集》、十卷本《韦苏州集》。

【注释】

①**李儋(dān)**:字元锡,武威(今属甘肃)人,曾任殿中侍御史,是作者的朋友。

②**春愁**:因春季来临而引起的愁绪。**黯黯**:心情低沉不快。

③**田里**:家乡、田园乡里,有归隐之思。

④**流亡**:离乡逃难的百姓。**愧俸钱**:感到惭愧的是自己食国家的俸禄,而没有把百姓安定下来。

⑤**问讯**:探望。

【评析】

诗是寄赠好友的,叙述了与友人别后的思念和盼望,表达了诗人感怀时事,思念友人的情怀,同时也抒发了国乱民穷造成的内心矛盾。开头意在说明花落花开,别来不觉又是一年。中间四句触景生情,写一年来的感受。世事渺茫难料,因而愁绪满怀;从自身来讲,既多病而思归,又为没有能做好父母官而自愧。最后两句表示渴望和友人畅叙。全诗章法严密,对仗工整,用语婉转,为七律中名篇。

夏日

张耒

长夏村墟风日清,檐牙燕雀已生成①。
蝶衣晒粉花枝舞②,蛛网添丝屋角晴。
落落疏帘邀月影③,嘈嘈虚枕纳溪声④。
久斑两鬓如霜雪,直欲樵渔过此生。

【作者】

张耒(1054—1114 年),字文潜,号柯山,人称宛丘先生、张右史,楚州淮阴人。因其仪观甚伟,魁梧逾常,所以人复称其“肥仙”。“苏门四学士”之一,诗学白居易、张籍,平易舒坦,不尚雕琢。著有《柯山集》《宛邱集》。

【注释】

①**檐牙**:屋檐如牙齿一般。

②**蝶衣**:蝴蝶的翅膀。晒粉:蝴蝶的翅膀上多粉。

③**落落**:稀疏的样子。

④**嘈嘈**:杂乱的声音。

【评析】

本诗通过夏日午夜燕雀、蝴蝶、蜘蛛等意象的描写表现了诗人对清净、安宁生活的喜

爱。抒发了诗人淡泊名利、厌恶世俗，想要归隐田园的情怀。前四句描写的是燕雀、蝴蝶、蜘蛛等的动景：夏日昼长，江村风日清丽，屋檐上栖息着许多小燕雀，羽翼都已长成；蝴蝶展翅停在午间的花枝上，在晴朗的天气里，蜘蛛在屋角悠然织网。这里诗人以燕雀、蝴蝶、蜘蛛等动景反衬乡村的清净。颈联描写月光照射在疏疏落落的帘子上，斜倚枕上，听着潺潺溪水声的景象，月影、溪水动静结合从侧面烘托了夏夜的清静。尾联直抒胸臆：久已花白的头发如今像霜雪一般白了，我现在只想做个樵夫或渔翁过完这一生，充分表达了诗人对隐居生活的满足，对乡间生活的由衷赞许。诗人喜欢这种悠闲的生活，希望到老能一直过着这种隐居生活，进而表达了诗人对繁华世界的反感，不与世间相争的高洁。

秋兴（其一）①

杜甫

玉露凋伤枫树林②，巫山巫峡气萧森③。
江间波浪兼天涌④，塞上风云接地阴⑤。
丛菊两开他日泪⑥，孤舟一系故园心⑦。
寒衣处处催刀尺⑧，白帝城高急暮砧⑨。

【作者】

杜甫（712—770年），字子美，自号少陵野老，世称“杜工部”“杜少陵”等，汉族，河南府巩县（今河南省巩义市）人，唐代伟大的现实主义诗人，杜甫被世人尊为“诗圣”，其诗被称为“诗史”。杜甫与李白合称“李杜”，为了跟另外两位诗人李商隐与杜牧即“小李杜”区别开来，杜甫与李白又合称“大李杜”。他忧国忧民，人格高尚，他的约1400余首诗被保留了下来，诗艺精湛，在中国古典诗歌中备受推崇，影响深远。759—766年间曾居成都，后世有杜甫草堂纪念。

【注释】

①这是八首中的第一首，写夔州一带的秋景，寄寓诗人自伤漂泊、思念故园的心情。

②**玉露**：洁白的露水。**凋伤**：使草木凋落衰败。

③**巫山**：指夔州（今奉节）一带的长江沿岸。**巫峡**：长江三峡之一，在巫山边。巫峡两岸都是山，水流湍急。**萧森**：萧瑟阴森。

④**兼天涌**：波浪滔天。

⑤**塞上**：巫山。**接地阴**：风云盖地。“接地”又作“匝地”。

⑥**两开**：再次开放。杜甫去年秋天在云安，今年秋天在夔州，从离开成都算起，已历两秋，故云“两开”。“开”字双关，一谓菊花开，又言泪眼开。**他日**：往日，指多年来的艰难岁月。

⑦**孤舟一系**：谓归舟长系。“系”字双关，既指舟系，又指心被牵系。**故园**：长安。

⑧**刀尺**：指赶裁冬衣。“处处催”，见得家家如此。

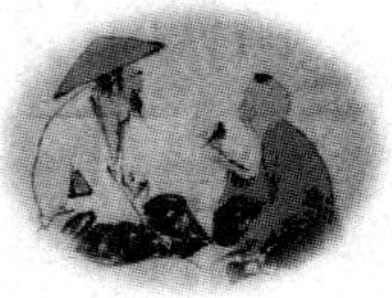

⑨**白帝城**：奉节城，在瞿塘峡上口北岸的山上，与夔门隔岸相对。**急暮砧**：黄昏时急促的捣衣声。砧，指捣衣石。

【评析】

秋兴者，遇秋而遣兴也，感秋生情之意。《秋兴八首》是杜甫晚年为逃避战乱而寄居夔州时的代表作品。本首诗是组诗的总纲，以下七首，都由本诗引发。诗从眼前秋景起笔，开门见山叙写景物，点明地点时间。秋天，草木摇落，白露为霜。夔州附近的巫山巫峡，笼罩着败落景象，气氛阴沉，定下全诗感情基调。颔连接着用对偶句展开“气萧森”的悲壮景象。波浪在地而兼天涌，风云在天而接地阴，可见整个天地之间风云波浪，极言阴晦萧森之状。前四句既写景也体现了诗人动荡不安、前途未卜的处境和胸中翻腾起伏的忧思与郁勃不平之气。颈联由继续描写景物转入直接抒情，即由秋天景物触动羁旅情思。见丛菊而流泪，足见羁留夔州心情的凄伤。孤舟停泊，舟系于岸；心念长安，系于故园。诗人之情感写得深沉含蓄，耐人寻味。尾联把身世之感与客观景物紧密相连，因砧声想到寒衣，客子羁旅之情更见艰难。这四句表面写情，但情中有景，极为含混。全诗情谊深挚，气势磅礴。

小至①

杜甫

天时人事日相催，冬至阳生②春又来。
刺绣五纹添弱线③，吹葭六琯动浮灰④。
岸容待腊将舒柳⑤，山意⑥冲寒欲放梅。
云物不殊乡国异⑦，教儿且覆⑧掌中杯。

【注释】

①诗题一作“冬景”，据杜甫集改。小至，指冬至前一日，一说冬至后一日。

②**阳生**：阳气初生。古人将季节的转换视为阴阳二气的消长，夏属阳，冬属阴，冬至为阴气已尽，阳气将生。

③**五纹**：五色彩线。《唐杂录》载，冬至后日渐长，宫中女工比常日增一线之功。**添弱线**：古代女工刺绣，因冬至后，白天渐长，就可以多绣几根丝线。

④**葭**：芦苇，此指葭灰。**琯**：古代乐器，用玉制成，六孔，像笛。**动浮灰**：古时为了预测时令变化，以玉制成十二管，分六律、六吕，将芦苇茎中的薄膜制成灰，放在律管内，每到节气到来，律管内的灰就相应飞出。

⑤**岸容**：水边景象。**腊**：腊月，即十二月。

⑥**山意**：山中景物意态。

⑦**云物**：景物。**乡国**：家乡。

⑧**覆**：倾倒，即饮尽。

【评析】

本首诗紧紧围绕“小至”的时令变化，叙事、写景、抒感，充满着浓厚的生活情趣，切而不泛。首联点出时令，以时事代序、日月相催，暗示今年时日无多。此联承接“人事”，冬至后，白天渐长，诗人先用刺绣添线写出了白昼增长，还用河边柳树即将泛绿，山上梅花冲寒欲放，生动地写出了冬天里孕育着春天的景象。诗的末二句写他由眼前景物唤起了对故乡的回忆。虽然身处异乡，但云物不殊，所以诗人教儿斟酒，举杯痛饮。这举动和诗中写冬天里孕育着春天气氛的基调是一致的，都反映出诗人难得的舒适心情。

梅花①

林逋

众芳摇落独暄妍②，占尽③风情向小园。
疏影横斜水清浅④，暗香浮动月黄昏⑤。
霜禽欲下先偷眼⑥，粉蝶如知合断魂⑦。
幸有微吟可相狎⑧，不须檀板共金樽⑨。

【作者】

林逋（967—1028 年），字君复，杭州钱塘人。幼时刻苦好学，通晓经史百家。书载性孤高自好，喜恬淡，勿趋荣利。长大后，曾漫游江淮间，后隐居杭州西湖，结庐孤山，终身不仕，未娶妻室，与梅花、仙鹤做伴，称“梅妻鹤子”。宋仁宗赐谥“和靖先生”。他的诗平淡清隽，著有《林和靖诗集》。

【注释】

①诗题一作“山园小梅”。

②**众芳**：百花。**摇落**：凋谢，被风吹落。**暄妍**：明媚美丽。

③**占尽**：独占。

④**疏影**：梅花疏疏落落。**横斜**：梅花的枝干投在水中的影子。

⑤**暗香**：指梅花散发出的清幽香味在飘动。**黄昏**：月色朦胧。

⑥**霜禽**：寒天的禽鸟。

⑦**合**：应该。**断魂**：伤感悲伤。

⑧**微吟**：低声地吟唱。**狎**：亲近。

⑨**檀板**：用檀木做成的拍板，歌唱时用来打拍子，这里指音乐唱歌。**金樽**：豪华的酒杯，此处指饮酒。

【评析】

这首咏梅诗，首联以梅不畏严寒、笑立风中起句，写出梅的峻洁清高。颔联是最轻笔勾勒出梅之骨，“疏影”状其轻盈；“横斜”传其妩媚；“水清浅”显其澄澈。下句浓墨描摹出梅之韵，“暗香”写其无形而香，随风而至，如同捉迷藏一样富有情趣；“浮动”言其款款而来，飘然而逝，颇有仙风道骨；“月黄昏”采其美妙背景，从时间上把人们带到一个动人时刻。颈联“以物观物”，霜禽偷眼，写见梅之色、梅之香的迫不及待之情；粉蝶断魂，略显夸张，用语极重，将梅之色、香、味推崇到“极致的美”。尾联表达出诗人愿与梅化而为一的生活旨趣和精神追求，至此诗人对梅的观赏进入了冯友兰所说的“天地境界”，人们看到的则是和“霜禽”“粉蝶”一样迫不及待和如痴如醉的诗人——一个梅化的诗人。

第三节　五言绝句

春晓

孟浩然

春眠不觉晓，处处闻啼鸟。
夜来风雨声，花落知多少①。

【作者】

孟浩然（689—740 年），名浩，字浩然，襄州襄阳（今湖北襄阳）人，世称“孟襄阳”。唐代诗人，少好节义，喜济人患难，工于诗。年四十游京师，唐玄宗诏咏其诗，至“不才明主弃”之语，玄宗谓：“卿自不求仕，朕未尝弃卿，奈何诬我？”因放还未仕，后隐居鹿门山，著诗二百余首。孟浩然与另一位山水田园诗人王维合称为“王孟”。著有《孟浩然集》。

【注释】

①**知多少**：犹云不知多少，极言其多，是唐人常用句法。

【评析】

这是一首惜春诗，诗人抓住春晨生活的一刹那，生动地表达了诗人对春天的热爱和怜惜之情。诗的前两句写诗人因春宵梦酣，天已大亮了还不知道，一觉醒来，听到的是屋外处处鸟儿的欢鸣。诗人惜墨如金，仅以一句“处处闻啼鸟”来表现充满活力的春晓景象。但人们由此可以知道就是这些鸟儿的欢鸣把懒睡中的诗人唤醒，可以想见此时屋外已是一片明媚的春光，可以体味到诗人对春天的赞美。正是这可爱的春晓景象，使诗人很自然地转入诗的第三、四句的联想：昨夜我在朦胧中曾听到一阵风雨声，现在庭院里盛开的花儿到底被摇落了多少呢？联系诗的前两句，夜里这一阵风雨不是急风暴雨，而当是轻风细雨，它把诗人送入香甜的梦乡，把清晨清洗得更加明丽，并不可恨。但是它毕竟要摇落春花，带走春光，因此一句“花落知多少”，又隐含着诗人对春光流逝的淡淡哀怨以及无限遐想。言浅意浓，景真情真，悠远深沉，韵味无穷，五言绝句中的堪称佳作。

送郭司仓[①]

王昌龄

映门淮水[②]绿，留骑[③]主人心。

明月随良掾[④]，春潮夜夜深。

【作者】

王昌龄，(698— 756年)，字少伯，汉族，河东晋阳(今山西太原)人，又一说京兆长安人(今西安)人。公元727年(开元十五年)进士及第，授汜水(今河南荥阳县境)尉，再迁江宁丞，故世称王江宁。晚年贬龙标(今湖南黔阳)尉，也称王龙标。安史之乱后，为刺史闾丘晓所杀。盛唐著名边塞诗人，后人誉为“七绝圣手”。其诗擅长七绝，边塞诗气势雄浑，格调高昂；也有愤慨时政及刻画宫怨之作。原有集，已散佚，明人辑有《王昌龄集》。

【注释】

①**郭司仓**：作者的朋友。司仓，管理仓库的小官。

②**淮水**：淮河，发源于河南桐柏山，流经安徽、江苏，注入长江。

③**留骑**(jì)：留客的意思。骑，坐骑。

④**良掾**(yuàn)：好官吏，此指郭司仓。掾，古代府、州、县属官的通称。

【评析】

这是一首送别诗，首句点明送别的时间、地点。在临水之畔，碧绿的淮河，静夜下平静的水面。诗人因天色已晚，因不忍离别而挽留好友。然离别终究还是到来，渐渐高升的明月追随朋友的远行，春季淮河的潮水见证我与友人的深情。这里以明月比喻朋友将要得到的发展，表明诗人不但希望他能高官厚禄，而且希望他能成为清正廉明的好官，诗人真是在用善良的心对待朋友。用潮水来表达浓浓地思念。化抽象的情感为具体形象的事物，使得诗句生动形象。

登鹳雀楼[①]

王之涣

白日依[②]山尽，黄河入海流。

欲穷千里目，更上一层楼。

【作者】

王之涣(688—742年)，字季凌，祖籍晋阳(今山西太原)，其高祖迁今山西绛县。盛唐诗人，常与高适、王昌龄等相唱和，以善于描写边塞风光著称。诗六首，其中《登鹳雀楼》《凉州词》二首(其一)和《送别》三首皆著名，又尤以前两首最脍炙人口，可谓“皤发垂髫，皆能吟诵”。

【注释】

①**鹳雀楼**：亦名鹳鹊楼，旧址在山西永济县，楼高三层，前对中条山，下临黄河。传说常

有鹳雀在此停留，故有此名。

②**依**：靠，傍。

【评析】

这是一道脍炙人口的五言绝句。诗的前两句描写了登楼所见，遥望群山、白日西坠；俯视楼下，黄河东流。寥寥十个字，便勾勒出一幅雄浑壮美的山水图画。后两句即景生情，不经意间引出了"登高望远"的哲理来。表现出诗人积极进取、高瞻远瞩的胸襟与气魄。全诗景、情、理不加雕琢地融合在一起，一气呵成。

竹里馆①

王维

独坐幽篁②里，弹琴复长啸③。

深林④人不知，明月来相照⑤。

【注释】

①**竹里馆**：辋川别墅胜景之一，房屋周围有竹林，故名。

②**幽篁**（huáng）：幽深的竹林。

③**长啸**：撮口而呼，这里指吟咏、歌唱。古代一些超逸之士常用来抒发感情。魏晋名士称吹口哨为啸。

④**深林**：指"幽篁"。

⑤**相照**：与"独坐"相应，意思是说，左右无人相伴，唯有明月似解人意，偏来相照。

【评析】

这是一首写隐者的闲适生活情趣的诗。独坐于竹林深处，与明月、幽篁、古琴相伴，描绘了诗人悠闲生活。诗歌的四句纯用白描手法，似乎随意呼出，然不经意间诗人的惬意情怀和闲居情趣得以显现。

送朱大入秦①

孟浩然

游人五陵去②，宝剑值千金③。

分手脱相赠④，平生一片心。

【注释】

①**朱大**：孟浩然的好友，生平不详。**秦**：长安：

②**游人**：游子、旅客，此诗指的是朱大。**五陵**：地点在长安，唐朝的时候是贵族聚居的地方。

③**值千金**：形容剑之名贵。**值**：价值。

④**脱**：解下。

【评析】

这是一首送别诗。首句破题，以“游人”代指朱大，五陵在长安，切题“秦”，隐含朱大的豪侠气质。“宝剑”承接五陵，进一步写出朱大的身份。“值千金”为下文的赠剑做铺垫。三四句写赠剑更突出了朱大的豪爽，以及二人友情的深厚。诗层层展开，写出了朱大的豪侠之气和自己与朱大的情谊。

秋风引①

刘禹锡

何处秋风至？萧萧送雁群②。

朝来入庭树③，孤客最先闻④。

【作者】

刘禹锡（772—842年），字梦得，洛阳（今属河南）人。公元793年（贞元九年）与柳宗元同榜登进士第，一同参与永贞革新，结果一同贬谪远郡，历尽坎坷。晚年回到洛阳，任太子宾客、秘书监分司东都的闲职，后加检校礼部尚书衔。世称刘宾客、刘尚书。其诗精炼含蓄，生前与白居易齐名，世称“刘白”，白居易则称他为“诗豪”，著有《刘禹锡集》。

【注释】

①**引**：一种文学或乐曲体裁之一，有序奏之意，即引子，开头。

②**萧萧**：形容风吹树木的声音。

③**朝**：清晨。庭树：庭园的树木。

④**孤客**：独居在外的人。

【评析】

诗以“秋风”为题，首句即题设问，点出诗人对秋天到来的惊悸与伤感，承句写出了秋风吹起的所闻与所见，萧萧风声、阵阵雁群。雁是古代诗词的常见意象，往往都与思亲怀乡相关，此处更是代指诗人的思归之情。诗的后两句，把笔触从秋空中的“雁群”移向地面上的“庭树”，再集中到独在异乡“归思方悠哉”的“楚客”，由远而近，步步换景。表达了诗人羁旅之情和思归之心。

寻隐者不遇①

贾岛

松下问童子②，言师采药去。

只在此山中，云深不知处。

【作者】

贾岛（779—843年），字浪仙，范阳（今北京房山）人。早年贫寒，落发为僧，号无本。后还俗，屡举进士不第。贾岛诗精于雕琢，喜写荒凉、枯寂之境，多凄苦情味，自谓“两句三年

得，一吟双泪流”，人称“诗囚”又被称为“诗奴”。著有《长江集》。

【注释】

①诗题一作“访羊尊师”。**隐者**：隐居山林的人，一般是有学问的贤士。

②**童子**：小孩。这是指隐者的弟子学生。

【评析】

这首诗写诗人拜访一位隐居的朋友，朋友恰巧采药去了，没能碰到。诗首句写寻者问童子，后三句都是童子的答话，诗人采用了寓问于答的手法，把寻访不遇的焦急心情，描绘得淋漓尽致。诗中以白云比隐者的高洁，以苍松喻隐者的风骨，写寻访不遇，愈衬出寻者对隐者的钦慕高仰之情。全诗遣词通俗清丽，言繁笔简，情深意切，白描无华，是一篇难得的言简意丰之作。

秋浦歌[1]

李白

白发三千丈，缘[2]愁似个长。

不知明镜里，何处得秋霜[3]。

【注释】

①**秋浦**：唐时属池州郡。故址在今安徽省贵池县西。李白共作十七首《秋浦歌》，此诗为第十五首。

②**缘**：由于，因为。**个**：这样。

③**秋霜**：形容头发白。

【评析】

这首诗是组诗中流传最广的一首。写诗人对镜悲白发的情景，运用夸张、比喻的手怯，写得十分生动传神。前两句“白发三千丈，缘愁似个长”，劈空而来，似大潮奔涌，似火山爆发，骇人心目。以“白发三千丈”之长喻愁之深之重，不得不让人惊诧又怎样的愁可以如此？三四句点明对镜而悲，“不知明镜里，何处得秋霜！”秋霜色白，以代指白发，似重复又非重复，它并具忧伤憔悴的感情色彩，不是白发的“白”字所能兼带。如此浓愁，从何而“得”？有诗人半生中所受到的排挤与压抑；有壮志不遂，愁生白发，鬓染秋霜的悲慨与愁苦。以此奇想奇句流传千古，是诗人的不平之鸣。

答武陵太守[1]

王昌龄

仗剑行千里，微躯[2]敢一言。

曾为大梁客[3]，不负信陵[4]恩。

【作者】

【注释】

①诗题一作"答武陵田太守"。作者离开武陵，武陵太守设筵相送，作者以诗相谢。答：回话，回复，回信，古时"答"是一种敬称。武陵：今湖南常德市。

②**微躯**：微贱的身躯，作者自谦之词。

③**大梁**：战国时魏国都城（今河南开封）。**大梁客**：信陵君的门客，此处代指诗人自己。

④**信陵**：这里代指魏国的信陵君魏无忌。信陵君曾养食客三千人，以礼贤下士闻名于世。信陵恩即指信陵君礼贤下士，此处代指武陵太守对作者的恩惠。

【评析】

本诗为答谢武陵太守对自己的礼遇而写的一首答谢诗。这类诗作很容易写得谄媚，而诗人化用典故，写得豪放雄奇，没有半点俗媚之气。首句是告辞，说明自己的去向；后一句就是表达对太守的谢意和尊敬，或者说是感激和忠实。诗人一腔侠义之情再现得淋漓尽致，显现出颇有英雄豪气的诗人形象。诗人借用信陵君的典故，直抒胸臆，有直接撼动人心的力量。

易水送别[①]

骆宾王

此地别燕丹，壮士发冲冠[②]。
昔时[③]人已没，今日水犹寒。

【作者】

骆宾王（619—？），字观光，婺州义乌（今浙江义乌）人，唐代诗人，与王勃、杨炯、卢照邻合称"初唐四杰"。7岁能诗，作《咏鹅》，有"神童"之称。辞采华胆，格律谨严。擅七言歌行，名作《帝京篇》为初唐罕有的长篇，当时以为绝唱。有《骆宾王集》。

【注释】

①诗题骆宾王集作"于易水送别"。易水：在今河北省易县。《史记·刺客列传》记载，荆轲为燕太子丹复仇，奉命入秦刺杀秦王，太子丹和众宾客送他到易水岸边。临别时，荆轲怒发冲冠，慷慨激昂地唱《易水歌》："风萧萧兮易水寒，壮士一去兮不复还！"复为羽声慷慨，"士皆瞋目，发尽上指冠"。

②**发冲冠**：因愤怒而使头发倒竖，顶起了帽子，是夸张的说法。冠，帽子。

③**昔时**：荆轲入秦之时。人：荆轲。没：死去。

【评析】

从诗题上看，这是一首送别诗；从诗的内容上看，这又是一首咏史诗。诗人在送别友人之际，发思古之幽情，表达了对古代英雄的无限仰慕，从而寄托他对现实的深刻感慨，倾吐了自己满腔热血无处可洒的极大苦闷。首句借咏怀古事，点出送别的地点，引用荆轲入秦的典故，营造慷慨激昂的诗境。“昔时人已没，今日水犹寒”两句，怀古伤今，一古一今，感叹往事已逝，易水犹寒。全诗含蓄凝重，苍凉悲壮。

第四节　五言律诗

和晋陵陆丞早春游望[1]

杜审言

独有宦游[2]人，偏惊物候[3]新。
云霞出海曙，梅柳渡江春。
淑气[4]催黄鸟，晴光转绿蘋[5]。
忽闻歌古调[6]，归思欲沾巾[7]。

【作者】

杜审言（约645—708年），字必简，襄州襄阳人，杜甫祖父。少与李峤、崔融、苏味道齐名，称“文章四友”，是唐代“近体诗”的奠基人之一，作品多朴素自然。其五言律诗，格律谨严。

【注释】

①**和**：指用诗应答。**晋陵**：现江苏省常州市。**陆丞**：晋陵县丞，名不详。

②**宦游**：离家作官。

③**物候**：自然界的气象和季节变化。

④**淑气**：温暖和煦的春风。

⑤**绿蘋（pín）**：也写作“绿苹”，水中植物，亦称水苹，浮萍。浮在水面，叶绿色，夏天开小白花。

⑥**古调**：指陆丞写的诗，即题目中的《早春游望》。

⑦**巾**：亦作“襟”。沾巾：泪湿衣襟，这里代指流泪。

【评析】

这首一首和诗，作者是用原唱同题抒发自己宦游江南的感慨和归思。首联由作者对春光的感受入笔，点出因“物候”的变化所引发的惊悸。颔联、颈联具体描写物候的变化，海边升起的云霞、江畔的梅柳，春风拂动，黄鹂鸣叫、晴光普照，绿蘋飘动，一幅江南早春瑰丽迷人的景色。尾联切题，点明诗旨“归思”，如此美好的景色，也反衬自己的宦游的身份。

送友人

李白

青山横北郭[1]，白水[2]绕东城。

此地一[3]为别,孤蓬[4]万里征[5]。

浮云游子意,落日故人情。

挥手自兹[6]去,萧萧班马鸣[7]。

【注释】

①**郭**:外城。

②**白水**:明净的水

③**一**:助词,加强语气。

④**孤蓬**:蓬草遇风吹散,飞转无定,诗人常用来比喻游子。

⑤**征**:征途。

⑥**兹**:此,现在。

⑦**萧萧**:马鸣声。**班马**:分道离群的马,离群的马,此处指友人所骑之马。

【评析】

这首诗通过对送别环境的描写,表达了李白与友人的依依惜别之情。在青山绿水间,作者与友人并肩而行,情意绵绵。这次一分别,友人就要像蓬草那样随风飞转,万里飘零,再见不知何日。"浮云游子意,落日故人情",形容友人行踪飘忽不定与自己对友人的依依不舍之情,即景取喻,浮云与落日也都有了人情味。末句"萧萧班马鸣"更增添了别时的惆怅,全诗声色俱佳,节奏明快,感情真挚热诚而又豁达乐观,虽感伤别离,却不使人灰心、颓废。

终南山[1]

王维

太乙近天都[2],连山接海隅[3]。

白云回望合,青霭[4]入看无。

分野[5]中峰变,阴晴众壑[6]殊。

欲投人处宿,隔水问樵夫。

【注释】

①**终南山**:又称中南山,古名太乙山、地肺山、周南山,是秦岭西自武功县境、东至蓝田县境的总称。

②**太乙**:终南山主峰,也是终南山别称。**天都**:天帝所居之所。这里指帝都长安。

③**连山**:山脉绵延。**海隅**:海边。终南山并不到海,此为夸张之词。

④**霭**:云气。

⑤**分野**:古天文学名词。古人以天上的二十八个星宿的位置来区分中国境内的地域,被称为分野。地上的每一个区域都对应星空的某一处分野。

⑥**壑**:山谷。

【评析】

全诗写景、写人、写物，动如脱兔，静若淑女，有声有色，意境清新、宛若一幅山水画。首联写终南山的远景，借用夸张手法勾画了终南山的总轮廓，极言山之高远。次联写终南山的近景，身在山中之所见，烟云变灭，移步换形，极富含蕴。颈联写山之南北辽阔和千姿百态的岩壑。尾联入山穷胜，想投宿山中人家。“隔水”二字写出作者的“远望”之处境。全诗写得恢宏壮阔，语言洗练，富有画意，是王维诗中有画的典范之作。

送杜少府之任蜀州[①]

王勃

城阙辅三秦[②]，风烟望五津[③]。
与君离别意，同是宦游人。
海内存知己，天涯若比邻[④]。
无为在歧路[⑤]，儿女共沾巾[⑥]。

【注释】

①**杜少府**：名不详。少府是唐代人对县尉的尊称。蜀州：犹言蜀地，今四川，又作“蜀川”。

②**城阙**：唐都城长安。阙，宫门前的望楼。**辅**：护卫。**三秦**：今陕西省一带，古时为秦国。项羽灭秦后分秦地为雍、塞、翟三国，分封秦降将章邯等三人为王，故称“三秦”。这里泛指长安附近的关中之地。

③**五津**：蜀中长江自灌县以下至键为一段的五个著名渡口，即白华津、万里津、江首津、涉头津、江南津。这里代指杜少府要去的四川。津，渡口。

④**比邻**：近邻。古代五家相连为比。

⑤**无为**：不要。**歧路**：岔道，指分别之地。

⑥**儿女**：青年男女。**沾巾**：沾湿衣巾。

【评析】

此诗为赠别之作，然而却一扫历代离别诗的悲伤愁苦之情，而显得格外爽朗开阔。首联对偶起，点明送别地点和友人赴任之处，突出宫阙的巍峨壮阔，场景开阔，气势雄伟。紧接着以“风烟”暗指地处偏远，流露出惜别之意、关切之情。颔联以流水对，将送别之情转而抒写与友人相同的宦游感受。颈联宕开一笔，申述对离别的看法，是慰人，也是自慰，情理交融。“海内”二句，气度非凡，意境深远，以超凡的襟怀，推出尾联的相互劝慰勉励。全诗开合顿挫，一以贯之，虽为送别，读着却令人胸怀顿开。

旅夜书怀[1]

杜甫

细草微风岸，危樯独夜舟[2]。

星垂平野阔[3]，月涌大江流[4]。

名岂文章著，官应老病休[5]。

飘飘何所似，天地一沙鸥[6]。

【注释】

①**旅夜**：旅途的夜晚。

②**危樯(qiáng)**：孤单而高耸的船桅杆。

③**星垂**：星空低垂。阔：广阔。

④**月涌**：月亮倒映，随水流涌。大江：指长江。

⑤**官应老病休**："老病应休官"的倒装。当时杜甫因病辞去检校工部员外郎的官职。

⑥**沙鸥**：一种水鸟，栖息在沙洲上。

【评析】

这首诗写旅夜的所见所思，纪昀评价为"通首神完气足，气象万千，可当雄浑之品。"(见《瀛奎律髓汇评》)。诗的前两联写旅夜所见，第一联为近景，微风吹拂着江岸上的细草，竖着高高桅杆的小船在月夜孤独地停泊着，凄清幽冷的意境为全诗奠定基调。次联极尽其远，写低垂的夜空，广阔的平原，奔涌的江月，"垂""涌"用字精当，上下对照、动静相间，描摹出旷远浩渺的夜景。后两联抒怀，以自嘲的口吻道出失意的处境。杜甫本有"致君尧舜上，再使风俗淳"的志向，然现实处境却恰恰相反，四处飘零，被排挤、被冷落，凡此种种，使得诗人不仅悲慨不已。尾联以沙鸥自比，道出漂泊无依的痛苦。全诗，气象深沉雄浑，是杜诗的典范之作。

登岳阳楼[1]

杜甫

昔闻洞庭水[2]，今上岳阳楼。

吴楚东南坼[3]，乾坤[4]日月浮。

亲朋无一字，老病[5]有孤舟。

戎马关山北[6]，凭轩涕泗流[7]。

【注释】

①**岳阳楼**：在今湖南省岳阳市，下临洞庭湖，为游览胜地。

②**洞庭水**：即洞庭湖。在今湖南北部，长江南岸，是我国第二淡水湖。

③**吴楚**：春秋时的吴国和楚国，其地略在洞庭湖一带，洞庭湖东为吴，洞庭湖西为楚。**坼(chè)**：分裂，这里引申为划分。这句是说辽阔的吴楚两地被洞庭湖一水分割。

④**乾坤**:日月。

⑤**老病**:年老多病。杜甫时年五十七岁,身患肺病,风痹,右耳已聋。

⑥**戎(róng)马**:指战争。**关山北**:北方边境。

⑦**凭轩**:倚着楼窗。**涕泗**:眼泪和鼻涕,此处指眼泪

【评析】

这首诗意境开阔宏伟,风格雄浑渊深,是杜甫诗中的五律名篇,前人称之为盛唐五律第一。首联虚实交错,今昔对照,写早闻洞庭盛名,然至暮年一睹风采。今昔的快速跳转中可见作者初登岳阳楼的喜悦,然实意在抒发早年抱负至今未能实现之情。颔联写洞庭的浩瀚无边,坼裂吴楚、浮动日月,浩瀚无边,壮阔无际。颈联由景生情,抒写政治生活坎坷,漂泊天涯,怀才不遇的心情。“无一字”,写尽杜甫的艰难处境与无任何支援的孤独境遇。唯系孤舟,漂泊度日。作此诗杜甫已57岁,既“老”且“病”,漂流湖湘,以舟为家,前途茫茫,何处安身,面对洞庭湖的汪洋浩渺,更加重了身世的孤危感。尾联“戎马”两字宕开愁苦之境,然国家动荡不安,自己报国无门,只有无尽的悲伤。全诗蝉联而下,诗人屏弃眼前景物的精微刻画,从大处着笔,吐纳天地,心系国家安危,悲壮苍凉,催人泪下。时间上抚今追昔,空间上包吴楚、越关山。其身世之悲,国家之忧,茫茫,与洞庭水势融合无间,形成沉雄悲壮、博大深远的意境。

野望

王绩

东皋薄暮望①,徙倚欲何依②。
树树皆秋色③,山山唯落晖④。
牧人驱犊返⑤,猎马带禽归⑥。
相顾无相识,长歌怀采薇⑦。

【作者】

王绩(585—644年),字无功,唐儒王通之弟,绛州龙门(今山西河津)人。常居东皋,号东皋子。仕隋为秘书省正字,唐初以原官待诏门下省,后弃官还乡。放诞纵酒,其诗多以酒为题材,赞美嵇康、阮籍和陶潜,嘲讽周、孔礼教,流露出颓放消极思想,表现对现实不满。后人辑有《东皋子集》(一名《王无功集》)。

【注释】

①**东皋(gāo)**:人隐居的地方。皋:水边的高地。薄暮:傍晚,太阳快落山的时候。薄,迫近。

②**徙倚(xǐyǐ)**:徘徊,来回地走。依:归依。

③**秋色**:亦作“春色”。

④**落晖**:落日的余晖。

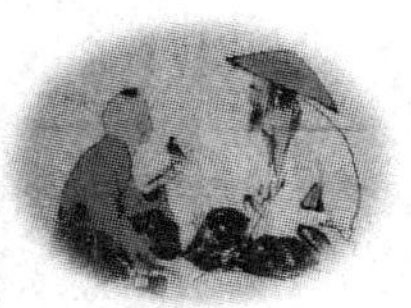

⑤**犊**(dú):小牛,这里指牛群。

⑥**禽**:鸟兽,这里指猎物。

⑦**采薇**:薇,是一种植物。相传周武王灭商后,伯夷、叔齐不愿做周的臣子,在首阳山上采薇而食,最后饿死。古时“采薇”代指隐居生活。

【评析】

这首诗写的是山野秋景,是隋唐早期的一首较为成熟的五言律诗。首联点出时间地点,傍晚时分,诗人登上水边的那片高地,凭高而望,来回徘徊着不知到哪里去。在萧瑟怡静的景色描写中流露出孤独抑郁的心情,奠定了全诗的基调。下面四句写薄暮中所见景物:举目四望,到处是一片秋色,在夕阳的余晖中越发显得萧瑟。在这静谧的背景之上,牧人与猎马的特写,带着牧歌式的田园气氛,使整个画面活动了起来。这四句诗宛如一幅山家秋晚图,光与色,远景与近景,静态与动态,搭配得恰到好处。尾联由景生情,表达自己在现实中孤独无依,只好追怀古代的隐士,从而抒发了自己惆怅、孤寂的情怀。

过香积寺[①]

王维

不知香积寺,数里入云峰[②]。

古木无人径,深山何处钟[③]。

泉声咽危石[④],日色冷青松[⑤]。

薄暮空潭曲[⑥],安禅制毒龙[⑦]。

【注释】

①**过**:过访,探望。香积寺:唐代著名寺院,在长安南三十里子午谷中。

②**入云峰**:登上入云的高峰。

③**钟**:寺庙的钟鸣声。

④**咽**:呜咽。**危**:高的,陡的。危石意为高耸的崖石。

⑤**冷青松**:为青松所冷。

⑥**薄暮**:黄昏。**曲**:水边。

⑦**安禅**:和尚坐禅时入定叫安禅。**毒龙**:佛家比喻俗人的邪念妄想。

【评析】

这是一首写游览的诗,主要在于描写山中古寺之幽深静寂。此诗意在写山寺,但并不正面描摹,而侧写周围景物,来烘托映衬山寺之幽胜。最后看到深潭已空,想到佛经中所说的其性暴烈的毒龙已经制服,喻指只有克服邪念妄想,才能悟到禅理的高深,领略宁静之幽趣。全诗不写寺院,而寺院已在其中。诗歌构思奇妙、炼字精巧,其中“泉声咽危石,日色冷青松”,历来被誉为炼字典范。

临洞庭上张丞相①

孟浩然

八月湖水平，涵虚混太清②。

气蒸云梦泽③，波撼岳阳城。

欲济无舟楫④，端居耻圣明⑤。

坐观垂钓者，徒有羡鱼情⑥。

【注释】

①**张丞相**：指张九龄，唐玄宗时著名贤相、诗人，字子寿，一名博物。

②**涵虚**：包含天空，指天倒映在水中。混太清：与天混成一体。

③**云梦泽**：古时云泽和梦泽指湖北南部，湖南北部一代低洼地区。

④**济**：渡。

⑤**端居**：安居、闲居。

⑥**羡鱼情**：《淮南子·说林训》中记载："临渊而羡鱼，不若归家织网。"这句仍是表示作者希望入仕，企盼有人引荐。

【评析】

这是一首"干禄"诗，即是向达官贵人所呈献诗文，以求引荐录用。此类诗作习惯流于俗媚，然本诗景色宏大、波澜壮阔，抒发自然，表达了急于用世的决心。颂对方，而不过分；乞录用，而不自贬，不亢不卑，十分得体。诗的前四句以洞庭湖起兴，八月水涨，湖水几乎与岸平，水天相接。"混"字点出虽为相接，然还是水是水、天是天。水面蒸发出的水气，把虚空包含，将整个云梦泽笼罩。"波撼岳阳城 "写得极为的霸气而有气魄。这四句勾勒出了洞庭湖的壮阔景象和湖波的声势。后四句是感怀。一句"欲济无舟楫"，点出面对洞庭湖，要渡过去却没有舟楫，暗喻自己想出仕建功，没有人引荐。"端居耻圣明 "，委婉表达想要出仕为官的想法。末联表示空有羡鱼的感情，希望对方推荐。这首诗的感怀部分，写得含蓄，不直白求荐。所用典故，与望洞庭湖密切结合，极为自然，而融化无迹。

望秦川

李颀

秦川朝望迥①，日出正东峰。

远近山河净②，逶迤城阙重③。

秋声万户竹④，寒色五陵松⑤。

客有归欤叹⑥，凄其霜露浓⑦。

【作者】

李颀（690—751 年），汉族，东川（今四川三台）人，唐代诗人。少年时曾寓居河南登封。开元十三年进士，做过新乡县尉的小官，诗以写边塞题材为主，风格豪放，慷慨悲凉，七言歌

行尤具特色。

【注释】

①**秦川**：泛指今秦岭以北平原地带。按此诗中意思指长安一带。**朝**（zhāo）：早晨。**迥**（jiǒng）：遥远。

②**山河**：大山、大河。**净**：明洁。

③**逶迤**（wēiyí）：曲折绵延的样子。城阙：京城。**重**：重叠。

④**秋声**：秋天里自然界的声音。**万户**：万家，万室。

⑤**寒色**：寒冷时节的颜色、景色。**五陵**：指长安城北、东北、西北汉代五个皇帝的陵墓：长陵（高祖刘邦）、安陵（惠帝刘盈）、阳陵（景帝刘启）、茂陵（武帝刘彻）、平陵（昭帝刘弗陵）。

⑥**客**：作者自指，因为当时在外做官是作客他乡。**归欤**（yú）：归去。辞官回乡叫“归”。

⑦**凄其**：凄然，心情悲凉的样子。**霜露浓**：比喻官场上不得志，就像是遭受风霜雨露那样，萎靡不振失去生机。

【评析】

这首诗由“望”字入手。前四句写景，旭日东升，登高而望。正东方山峰嵯峨，映照晨光，山形清晰。环顾四周，层峦叠嶂，泾渭纵横，山河互映。这四句既写出秦川的广阔视野，又衬托出长安城的巍峨雄姿，而眼界广阔，山河明净，正是秋高气爽时节观景的特点，不言秋而秋色已自见。下四句转而着重写秋。无数竹丛在寒风中摇曳，瑟瑟作响，一派秋声，五陵苍松翠柏，虽然不像其他树木那样黄叶凋零，但其森然凛冽，透露着浓重的寒意。写秋亦全然由具体的景物来作渲染和衬托。诗中对秋景的描写既有侧重，又互相交融，笔墨简淡，线条清晰，犹如一幅萧疏散淡的山水画卷。

知识链接

中国古代诗歌的鉴赏方法

中国古典诗歌是中国文化的一个最突出的代表，它的产生久远得可以追溯到没有文字的远古时期。《礼记》中记载了神农时代的一首祭祀歌谣：“土，反其宅！水，归其壑！昆虫，毋作！草木，归其泽！”《吴越春秋》也记载了一首反映原始人打猎的歌谣《弹歌》：“断竹，续竹，飞土，逐宍（肉）。”这些歌都是诗、乐、舞结合的典型例子，而诗、乐、舞的结合，正是中国诗歌产生时期的重要特征。先秦出现的《诗经》是中国诗歌史上第一部诗歌总集，奠定了中国诗歌的发展趋势和基本艺术手法。《离骚》的作者屈原更是中国诗歌史上第一位有名字可考的诗人。随后汉魏时期诗歌经历由四言到五言、七言的过渡，诗歌的艺术手法也不断成熟。唐代近体诗中的五言绝句、五言律诗、七言绝句、七言律诗真正成熟起来，从而开启了中国诗歌新的辉煌。

然在诗歌的鉴赏中中，我们应该从哪些方面入手呢？

一、结合背景，知人论诗

诗作创作往往是“感于哀乐，缘事而发”。诗歌常常是诗人经历、思想感情的外观，因此我们鉴赏时要掌握诗人的生平和诗歌风格，了解诗人所处的时代风貌，这也即“知人论诗”。如解读杜甫《登岳阳楼》，首先要了解杜甫“致君尧舜上，再使风俗淳”的壮志理想，理解杜甫“一饭不曾忘君”的耿耿衷情，以及杜甫写作这首诗时漂泊江南，无所依傍的现实处境。同时还应了解杜甫写此诗的时代特点。杜甫写这首诗时，安史之乱使得唐王朝元气大伤，虽与安禄山、史思明的作战已经平息，然各地的藩镇争权已经越演越烈，而此时的杜甫因年迈多病不得不辞官，面对满目疮夷的河山，内心不仅愁苦百结。

二、重视意境，体悟炼字

我们在鉴赏古诗时，品评词语妙处，分析形象意义，一定要重视整体形象，强化语境意识。如李华的《春行即兴》“宜阳城下草萋萋，涧水东流复问西。芳树无人花自落，春山一路鸟空啼。”

在鉴赏“花自落”和“鸟空啼”时，不但要考虑“自”和“空”本身表情达意的作用，还要联系此诗写于安史之乱后的创作背景，更要把握诗所描绘的凄清荒凉的意境。由此我们不难得出：诗句形象地写出了花开烂漫却无人欣赏，鸟鸣婉转却无人听闻的情景。作者以闹写静，以乐景写哀情，充分表现了安史之乱后宜阳城下的凄清荒凉。

三、打破定势，重视文本

在鉴赏诗歌之前，不少鉴赏主体已经设定了自己的思维定势，当运用定势思维去鉴赏不合“常理”的真理时，自然会产生矛盾。但“常理”未必都是真理，因此，鉴赏诗歌要勇于质疑，善于打破思维定势，要从诗歌本身出发实事求是地分析判定。如卢纶《塞下曲》“月黑雁飞高，单于夜遁逃。欲将轻骑逐，大雪满弓刀。”

有很多人对卢纶这首诗的真实性表示怀疑，因为“大雪”与“雁”矛盾、“月黑”与“雁飞高”矛盾。其实在这里人们存在两方面的定势思维。首先，以为“大雪”一定是在冬天，而秋雁南飞也是常识。其实在北方边塞地区，八月飞雪是常有的事情。所以深秋季节，雪落边地雁尚未归，实属正常。其次以为“月黑”必不见“飞雁”。常言道雁过留声，习惯走夜路的人，自然会感觉到雁从高天飞过。之所以对这首诗产生疑问，一方面是由于诗中内容与人们头脑中的生活常识相悖，另一方面是由于读者缺乏边塞生活的体验。

四、运用想象，展开联想

诗歌因想象的参与，跳跃性大，所以有时不可能按部就班地探寻出顺理成章的因果。因此，我们鉴赏诗歌，尤其是抒情诗，要以诗意的目光、形象的思维来解读。如李益《从军北征》“天山雪后海风寒，横笛遍吹行路难。碛里征人三十万，一时回首月中看。”

这首诗描绘了这样一个场景:沙漠里行军的三十万征人,同时回首望月。这个场景是否真实可信?从生活角度看,三十万人同时回首望月,不太符合生活真实。但诗人运用想象和夸张的手法,写出了征人在横笛渲染之下,产生了望月思乡的共同感受,这又是符合艺术真实性的。

五、以法论诗,深入鉴赏

诗词写作,都有一定的手法。鉴赏诗歌,一定要掌握诗歌创作的常用手法,依照这些方法分析诗歌,才会走进诗歌的深处,体味出诗意之美。下面是古代诗歌创作的常用手法,这些手法尤其值得注意。

(1)虚实相生。在诗歌欣赏中,虚与实是相对的,实是指客观世界中存在的实像、实事、实境。虚是指直觉中看不见摸不着,却又能从诗歌的字里行间中体味出的那些虚像和空灵的境界。如高翥《清明日对酒》中颈联运用了虚实结合的方法,出句借狐狸眠冢,突出荒凉意境,表现动物对同伴、对“家庭”忠诚无二,狐犹如此,人何以堪!于是晚上回到家,看到孩子们在灯前玩闹嬉戏,写出作者的心酸,道出生离死别的痛苦。

(2)渲染烘托。利用事物间近似或对立的条件,以一些事物为陪衬,或用环境气氛渲染来突出某种事物的手法。如王安石《元日》诗歌以阵阵轰鸣的爆竹声,渲染春节热闹欢乐的气氛,写出辞旧迎新的喜庆气氛。

(3)动静互衬。为了突出某种意境,有时以动衬静,或化静为动,动静结合,相得益彰。如张耒《夏日》的颈联描写月光照射在疏疏落落的帘子上,斜倚枕上,听着潺潺溪水声的景象,月影、溪水动静结合从侧面烘托了夏夜的清静。

(4)化用典故。古人常用典故在作品中或鲜明强烈,或含蓄曲折地表达自己的感情,增强作品的表现力和感染力,如《临洞庭上张丞相》中就巧妙地运用了《淮南子·说林训》中:“临渊而羡鱼,不若归家织网。”的典故。将恳求引荐之情委婉含蓄而又得体准确地表达出来。

教学建议

德国奥尔格·哈曼说诗是“人类的母语”,古希腊人也认为人类语言起因于诗性冲动。中国自古就是一个诗的国度,我们的文化从来就不缺少诗这种富有灵性的文学样式。我们的祖先运用了最灵动的、最睿智、最精辟的诗的语言来表达对自然和人生的深刻理解和感悟。中国古诗音韵和谐,意境深远,句式工整,诵之朗朗上口,唱之悠悠古韵,是中国古老文化的经典。在21世纪的今天,学习和继承中华传统的优秀文化,对于振奋民族精神,弘扬民族文化是十分必要的。记得伟大的孔子曾经语重心长地教育自己的儿子——不学诗,无以言,我相信前人留下来的东西让我们这些后辈值得一生去学习、继承和发扬。

幼儿园开展古诗教学具有重要的意义:3~6岁是幼儿语言发展的黄金期,在这一思想

最为纯净、记忆力最为旺盛、语言求知欲最为强烈的时候，教会孩子脍炙人口的诗歌，将会对幼儿的语言发展、情趣培养、审美形成等方面都具有最有价值的意义。同时让孩子从小诵读经典、接受诗教，可以让幼儿从小就接触中华民族博大精深的文化，使他们从小受到良好的文化熏陶。

收录唐宋名篇的《千家诗》是中国古代对儿童进行诗教的启蒙读本，他所选录的作品均为五七言的律诗和绝句，具有浅显易懂、便于吟诵的特点，也是现阶段对幼儿进行古诗教学的最佳选本之一。然中囿于时代和辑录者个人因素的限制，《千家诗》的作品也并非都适合幼儿诵读。那么，如何利用这个选本在幼儿园如何开展古诗教学呢？

一、教学建议

（一）教学内容选择

《千家诗》作品多达226篇，涉及爱国、送别、边塞、山水、田园、唱和、怀古、写景、抒怀等多个题材，依据幼儿的年龄特点和心理特征，可以尝试从以下几个方面选择篇目以供幼儿诵读。

1. 从幼儿心理出发，选择富有童趣的古诗

幼儿的年龄幼小、认知能力和生活经历有限决定了幼儿喜欢并乐于接受与他们生活相关的事物。中国古诗中有一类诗歌，诗的作者或是诗的描写对象是儿童，在这类诗歌中往往描绘儿童的生活，塑造儿童形象，描摹儿童的情趣，我们习惯性把这类诗歌称之为童趣诗。如骆宾王七岁时所创作的一首五言诗《咏鹅》，开篇三个字，连贯而出，仿佛可以看到儿童边追着白鹅边奔跑，这是第一次看到白鹅的惊诧与喜悦，儿童特有的对事物的新鲜感、天真、顽皮的个性跃然纸上。再如白居易《池上》中描绘了一个小孩儿偷偷地撑着小船去摘了又赶紧划了回来。他还不懂隐藏自己偷摘莲蓬的踪迹，以为谁都不知道；可小船驶过，水面原铺着的绿色浮萍分出了一道的水线，泄露了他的秘密。好一个天真活泼、憨厚可爱的儿童形象。在这类诗歌中语言生动活泼，儿童形象惟妙惟肖，极其富有儿童的童趣，便于幼儿接受，也定会被幼儿所喜爱。

2. 配合节日或节气，选择富有民族特色的古诗

古人的生活处处充满诗，诗也存在于古人生活的方方面面。中国有八大传统节日，二十四节气，这些都可以在古诗中找到。在这类古诗中大多描绘了节日或节气的特征、习俗和传统，是我们了解中国古代节日文化的宝贵材料。同时，在弘扬中华传统文化的今天，倘若能将幼儿园的每一个传统文化节日或节气庆祝活动中都诵读相关的古诗，也是幼儿感性了解古人生活，接触中国传统文化的绝好机会。如王安石《元日》中介绍了春节燃放爆竹、张贴桃符的习俗，渲染了春节辞旧迎新、欢乐喜庆的节日气氛。杜甫《东至》描写了冬至前后的时令变化，白昼增长，河边柳树即将泛绿，山上梅花冲寒欲放，从而生动地写出了冬天里孕育着春天的景象。

3. 结合生活教育,选择具有积极意义的古诗

古人无事不可入诗,生活中的种种感悟、感慨、感叹都可以在古诗中找到,所以我们看到王绅《悯农》可以想到要珍惜每一粒粮食,浪费是一件可耻的事情;看到孟郊《游子吟》可以感受到妈妈为我们缝制衣裳的温度,想象出母爱的体贴与细腻,当然还有母亲对我们的牵挂和游子对母亲的爱;看到朱熹《劝学》不仅会感叹时间流逝,珍惜每一寸光阴,还会意识到读书从小做起,优秀从小培养……这里处处有我们的生活,珍惜时间、孝敬父母、辛勤劳作等等,选择和幼儿生活相切近的古诗,让幼儿是抑扬顿挫的诵读间接受生活的教育。

4. 映衬季节或景物,选择特征鲜明写景古诗

儿童是天然的诗人,在一年四季不同景色的变化中,儿童的愉悦情绪也会随着起伏。春天看到湖边的杨柳摆动,和孩子一同吟诵"碧玉妆成一树高,万条垂下绿丝绦。不知细叶谁裁出,二月春风似剪刀。"听到外面滴滴答答的春雨,不妨吟一首:"好雨知时节,当春乃发生。随风潜入夜,润物细无声。"……在一首首应景的诗文诵读中激发幼儿良好的诗情诗趣,引导幼儿良好审美倾向的形成,培养幼儿高雅的情趣。

(二)教学方法举要

1. 环境陶冶法

环境是教育的重要资源,幼儿园的环境创设更是一种隐形的课程。一个富有灵性的、互动性的、颇具审美特性的幼儿园的环境无疑可以激发幼儿潜力,开发幼儿智力,促进幼儿身心和谐发展。故在幼儿园的环境创设中不妨加人中国化元素,可以让幼儿在古色古香的环境中陶冶性情。例如在端午节时,可以用粽子、艾蒿、龙船等装饰布置教室,同时将端午节的古诗书写在墙壁上,并配以晨读的吟诵音频背景,让每一个清晨入园的孩子都可以在脉脉粽香中感受端午节的节日气氛,同时也可以以端午诗来启发幼儿心智。再如融融春日下,不妨带领幼儿到户外踏青,一边散步在青青草地上,一边与幼儿一同吟诵"草长莺飞二月天……"。在无形的生活中、环境中为孩子提供一个诗性的环境,让幼儿从小就徜徉在诗的国度中,感受诗歌的魅力。

2. 故事讲解法

由于幼儿心理的不成熟,抽象的道理和复杂的情感,幼儿接受起来较为困难。但是幼儿对于故事有着天然的亲近感,故在古诗教学中不妨一首首古诗变成一个个小故事,让幼儿在故事欣赏中诵读古诗,感受古韵。如贺知章的《回乡偶书》不妨在引领幼儿诵读前,先给幼儿讲一个关于少小离家,老大回家的故事,将诗歌的语言故事化,让幼儿通过故事了解事件的经过,理解作者回乡的所见所闻与所感,同时也激发幼儿学习古诗的兴趣,增进对古诗有亲近感。

3. 情境表演法

参与表演是幼儿获取新知的最有效的方法之一,古诗中有许多诗歌具有丰富的情节和表演因素,因此在幼儿古诗教学中可以尝试将古诗改篇称情景剧,让幼儿在体味感悟、参与

表演中轻松掌握古诗。例如孟郊的《游子吟》,慈母一针一线的拳拳爱子之心,牵挂这远方游子的浓浓爱意。教学中不妨由教师扮演慈母,幼儿扮演游子,通过游子与慈母的分别来激发幼儿心中的爱母之情。再如杜牧的《清明》,多次被人修改,曾有一位剧作者曾略添数字,并变换一下形式,将它改成了一出精巧古雅的戏曲小品:“时间:清明时节。布景:雨纷纷。地点:路上。(幕启)行人(欲断魂):借问,酒家何处有? 牧童(遥指):杏花村!”教学中不妨和幼儿一同尝试排练这个戏曲小品。

此外,再如吟唱诵读法、创作绘画法、欣赏歌唱法等都是幼儿喜闻乐见的古诗教学方法。正所谓“教无定法、贵在得法”,教学中只有一切有利于幼儿接受、快乐学习的教学方法都可以尝试,让中国的经典真正走进孩子的心灵。

二、实施建议

1. 教学对象

《千家诗》是集唐宋名家名篇的一本诗歌选集,包括七言绝句、七言律诗、五言绝句、五言律诗四个部分的选诗。为此在幼儿园使用《千家诗》教材,建议依据幼儿不同的年龄特点选择不同诗体的诗歌。建议小班多选择五言绝句、七言绝句的篇目诵读;中班可以在五七言绝句基础上,尝试接触简单的五言律诗;大班可以在五七言绝句基础上,初步接受并诵读七言律诗。

2. 学时分配

建议幼儿园将古诗诵读常态化,可以选择精当篇目尝试一周一首或两首加以诵读。

3. 活动设计示例

活动名称	幼儿园大班古诗教案《静夜思》
活动目标	(1)可以流利的朗读古诗,知道大概的意思。进而培养幼儿对古诗的兴趣。 (2)知道“举头”“低头”的含义,知道是个动词,并且可以做出来动作。 (3)可以控制自己的朗读能力,尽量不拉长音,不结巴。 (4)能够和其他小朋友沟通,享受讨论的快乐。 (5)让幼儿体会到什么是思乡之情。
活动重点	能够理解古诗之中的含义。体会到诗中的美好意境,和诗人的思乡之情。
活动难点	能够知道“举头”“低头”的含义,知道是个动词,并且可以运用到生活和游戏之中。
活动准备	(1)PPT 文档中的《静夜思》诵读视频。 (2)幼儿在语言教育活动中已经会吟诵《静夜思》这首诗歌
活动内容	设计意图

续表

一、引入新课 教师在 PPT 上出示月亮、或者夜空等有意境的图片。问小朋友这些图片好不好看？这些图片分别是什么？这些图片里有什么？对，有月亮，那么今天我给你们讲一个由月亮引出来的故事好不好？ 二、授新课，学习《静夜思》	课件图片构建意境引发幼儿兴趣，故事讲解教学法运用。
(1)在这晴朗的夜空中，有许多星星一闪一闪，亮晶晶的，一轮又大又圆的月亮挂在蓝蓝的天空中，真美！在许多许多年以前，(出示课件)有一位叫李白的诗人在外面游历，他很久很久没回家了，在这静静的夜晚，面对这圆圆的月亮，思念起家乡的亲人，由此而写下了一首诗，叫《静夜思》(揭晓古诗名字，齐读一遍静夜思)。	把诗的大概解释放在前面，引出古诗，提高兴趣。
(2)小朋友听完了老师讲的古诗想到了什么呢？ 谈话：如果小朋友在小的时候离开爸爸妈妈到很远的地方，会是什么样的心情呢？	引发生活感悟，培养幼儿语言表达能力。
(3)下面和老师一起来学习这首诗(出示古诗)。 静夜思 唐，李白 床前明月光， 疑是地上霜。 举头望明月， 低头思故乡。	诵读教学法
出示古诗时，伴有一些符合内容的图片，目的是让小朋友理解古诗内容，更容易理解到思乡之情。 注：PPT 上不会出示翻译的内容，教师口述讲解，这样小朋友在看图的同时，听老师的讲解，会更容易理解，字数多了幼儿会厌倦。 4. 互动：看了刚才的图画，你能用动作表现一下李白是怎样思念故乡的吗(用你的表情、语言、动作都可以)？	利用参与表演的方式目的了解一下幼儿了解到什么程度，方便讲解；加深幼儿对思乡的理解。
5. 下面让我们一起读一次《静夜思》，出示静夜思，儿童随便读，不用齐。教师主要是听，看看幼儿有没有拉长音、读错、结巴的问题。 6. 下面小朋友自己读一遍这首诗，然后和周围的小朋友讨论，找出你认为不好读的字，一会问老师。如果你都会读，可以找出你觉得我会读错的字，来考考我，每个人都要参与(找出来的字，一会集体读三遍)。 7. 老师的一个朋友读《静夜思》很好听呢，让我们一起听一下吧(播放视频，视频中会有古诗解释，再一次解释，加强理解古诗意思)。 谈话：读的好听么？有谁可以给我讲一下这首诗讲了什么故事？ 下面老师有感情地读一句，你们一个一个地重复好不好，要求尽力模仿我。	利用视频引导幼儿模仿古诗诵读节奏，掌握古诗诵读方法。实现每个幼儿读一遍，听三遍的效果，运用模仿的方法，可以纠正朗读的恶习。
三、游戏，加强理解，提高朗读能力，培养沟通能力 1. 老师把小朋友两两分组，两个组同时朗读古诗，一人一句，朗读古诗。在有韵律有感情的情况下，看看哪一组快。齐读。 2. 游戏会分出胜负，老师和输的小朋友说，不要灰心，我们还有一个游戏。一个组内的两个小朋友，一个读古诗，一个表演。“举头”“低头”动作对的，会有小贴纸作为礼物，下课领取。	学中玩，玩中学，让孩子快乐诵读。
四、活动延伸 可有小朋友回到家里，和爸爸妈妈一起赏月，并且和爸爸妈妈一起背诵这首诗。	巩固理解

附录

《笠翁对韵》(节选)

清·李渔

一东

天对地，雨对风。大陆对长空。山花对海树，赤日对苍穹。雷隐隐，雾蒙蒙。日下对天中。风高秋月白，雨霁晚霞红。牛女二星河左右，参商两曜斗西东。十月塞边，飒飒寒霜惊戍旅；三冬江上，漫漫朔雪冷渔翁。

河对汉，绿对红。雨伯对雷公。烟楼对雪洞，月殿对天宫。云叆叇，日曈曚。蜡屐对渔篷。过天星似箭，吐魄月如弓。驿旅客逢梅子雨，池亭人挹藕花风。茅店村前，皓月坠林鸡唱韵；板桥路上，青霜锁道马行踪。

山对海，华对嵩。四岳对三公。宫花对禁柳，塞雁对江龙。清暑殿，广寒宫。拾翠对题红。庄周梦化蝶，吕望兆飞熊。北牖当风停夏扇，南帘曝日省冬烘。鹤舞楼头，玉笛弄残仙子月；凤翔台上，紫箫吹断美人风。

二冬

晨对午，夏对冬。下饷对高舂。青春对白昼，古柏对苍松。垂钓客，荷锄翁。仙鹤对神龙。凤冠珠闪烁，螭带玉玲珑。三元及第才千顷，一品当朝禄万钟。花萼楼间，仙李盘根调国脉；沉香亭畔，娇杨擅宠起边风。

清对淡，薄对浓。暮鼓对晨钟。山茶对石菊，烟锁对云封。金菡萏，玉芙蓉。绿绮对青锋。早汤先宿酒，晚食继朝饔。唐库金钱能化蝶，延津宝剑会成龙。巫峡浪传，云雨荒唐神女庙；岱宗遥望，儿孙罗列丈人峰。

繁对简，叠对重。意懒对心慵。仙翁对释伴，道范对儒宗。花灼灼，草茸茸。浪蝶对狂蜂。数竿君子竹，五树大夫松。高皇灭项凭三杰，虞帝承尧殛四凶。内苑佳人，满地风光愁不尽；边关过客，连天烟草憾无穷。

三江

奇对偶，只对双。大海对长江。金盘对玉盏，宝烛对银釭。朱漆槛，碧纱窗。舞调对歌腔。兴汉推马武，谏夏著龙逄。四收列国群王服，三筑高城众敌降。跨凤登台，潇洒仙姬秦弄玉；斩蛇当道，英雄天子汉刘邦。

颜对貌，像对庞。步辇对徒杠。停针对搁竺，意懒对心降。灯闪闪，月幢幢。揽辔对飞艎。柳堤驰骏马，花院吠村尨。酒量微酡琼杏颊，香尘没印玉莲双。诗写丹枫，韩女幽怀流御水；泪弹斑竹，舜妃遗憾积湘江。

四支

泉对石，干对枝。吹竹对弹丝。山亭对水榭，鹦鹉对鸬鹚。五色笔，十香词。泼墨对传卮。神奇韩干画，雄浑李陵诗。几处花街新夺锦，有人香径淡凝脂。万里烽烟，战士边头争保塞；一犁膏雨，农夫村外尽乘时。

菹对醢，赋对诗。点漆对描脂。璠簪对珠履，剑客对琴师。沽酒价，买山资。国色对仙姿。晚霞明似锦，春雨细如丝。柳绊长堤千万树，花横野寺两三枝。紫盖黄旗，天象预占江左地；青袍白马，童谣终应寿阳儿。

箴对赞，缶对卮。萤炤对蚕丝。轻裾对长袖，瑞草对灵芝。流涕策，断肠诗。喉舌对腰肢。云中熊虎将，天上凤凰儿。禹庙千年垂橘柚，尧阶三尺覆茅茨。湘竹含烟，腰下轻纱笼玳瑁；海棠经雨，脸边清泪湿胭脂。

……

《神童诗》（节选）

宋·汪洙

天子重英豪，文章教尔曹；万般皆下品，唯有读书高。
少小须勤学，文章可立身；满朝朱紫贵，尽是读书人。
学向勤中得，萤窗万卷书；三冬今足用，谁笑腹空虚？
自小多才学，平生志气高；别人怀宝剑，我有笔如刀。
朝为田舍郎，暮登天子堂；将相本无种，男儿当自强。
学乃身之宝，儒为席上珍；君看为宰相，必用读书人。
莫道儒冠误，诗书不负人；达而相天下，穷亦善其身。
遗子黄金宝，何如教一经；姓名书锦轴，朱紫佐朝廷。
古有千文义，须知后学通；圣贤俱间出，以此发蒙童。
神童衫子短，袖大惹春风；未去朝天子，先来谒相公。
年纪虽然小，文章日渐多；待看十五六，一举便登科。
大比因自举，乡书以类升；名题仙桂籍，天府快先登。
喜中青钱选，才高压俊英；萤窗新脱迹，雁塔淡书名。
年少初登第，皇都得意回；禹门三汲浪，平地一声雷。
一举登科日，双亲未老时；锦衣归故里，端的是男儿。
玉殿传金榜，君恩赐状头；英雄三百辈，随我步瀛洲。
慷慨丈夫志，生当忠孝门；为官须作相，及第必争先。
宫殿岧峣耸，街衢竞物华；风云今际会，千古帝王家。
日月光天德，山河壮帝居；太平无以报，愿上万年书。
久旱逢甘雨，他乡遇故知；洞房花烛夜，金榜挂名时。

土脉阳和动，韶华满眼新；一枝梅破腊，万象渐回春。
柳色侵衣绿，桃花映酒红；长安游冶子，日日醉春风。
淑景余三月，莺花已半稀；浴沂谁氏子，三叹咏而归。
数点雨余雨，一番寒食寒；杜鹃花发处，血泪染成丹。
春到清明好，晴天锦绣纹；年年当此节，底事雨纷纷？

下编　大学之道

正德修身篇

一、修身

(1)地势坤,君子以厚德载物。

【出处】《周易·乾卦·象辞》

【译文】大地的气势宽厚、和顺,君子也应当涵养自身的道德,以容载万物。

(2)曾子曰:“吾日三省吾身:为人谋而不忠乎？与朋友交而不信乎？传不习乎？”

【出处】《论语·学而》

【译文】曾子说:“我每天多次反省自己,给别人做事是不是尽力了？与朋友交往是不是做到诚信了？老师传授的知识是不是已经实践了？”

(3)敖不可长,欲不可从,之不可满,乐不可极。

【出处】《礼记·曲礼上》

【译文】傲慢之心不能让其滋长,个人欲念不能放纵,心思意志不能自满,享乐的行为不能过度。

(4)夫君子之行,静以修身,俭以养德。非淡泊无以明志,非宁静无以致远。夫学须静也,才须学也。非学无以广才,非静无以成学。

【出处】三国·诸葛亮《诫子书》

【译文】德才兼备人的品行,是依靠内心集中来修身养性的,是依靠俭朴的作风来培养品德的。不看轻世俗的名利,就不能明确自己的志向,不是身心宁静就不能实现远大的理想。学习必须专心致志,增长才干必须刻苦学习。不努力学习就不能增长才智,不内心宁静就不能在学习上获得成就。

(5)立德之本,莫上乎正心。

【出处】晋·傅玄《傅子·正心篇》

【译文】修身立德最根本的是要使自己的心地纯正。

(6)见善,修然必以自存也;见不善,愀然必以自省也。

【出处】《荀子·修身》

【译文】见到善良的行为,必定端端正正地反问自己;见到不善良的行为,必定引起忧惧,认真地检讨自己。

(7)所守者道义,所行者忠信,所惜者名节。以之修身,则同道而相益;以之事国,则同心而共济。

【出处】宋·欧阳修《朋党论》

【译文】君子坚持的是道义，履行的是忠信，珍惜的是名节。用这些来提高自身修养，那么志趣一致就能相互补益。用这些来为国家做事，那么观点相同就能共同进退。

(8)孔子曰："君子有九思：视思明，听思聪，色思温，貌思恭，言思忠，事思敬，疑思问，忿思难，见得思义。"

【出处】《论语·季氏》

【译文】孔子说："君子要在九个方面要考虑：看的时候要考虑是否看清楚了；听的时候要考虑是否听明白了；要考虑神态是否温和；要考虑态度是否谦恭；要考虑说话是否忠实；做事时，要考虑是否严肃认真；遇到疑难问题，要考虑如何向人请教；发怒时，要考虑会有什么不好的后果；看见可以得到的东西，要考虑是否符合道义。"

(9)自天子以至于庶人，壹是皆以修身为本。其本乱而末治者否矣；其所厚者薄，而其所薄者厚，未之有也！

【出处】《大学》

【译文】无论是天子还是普通平民，都要把修养自己的品德当做根本原则。根本原则混乱却能治理好国家、家庭，那是不可能的。就像自己尊重的人却轻视自己，自己轻视的人却很尊重自己，这是从来没有的事。

(10)正心以为本，修身以为基。

【出处】宋·司马光《交趾献奇兽赋》

【译文】把端正心性作为根本，把修养身心作为根基。

(11)见贤思齐焉，见不贤而内自省也。

【出处】《论语·里仁》

【译文】看见贤德的人就要想着向他看齐；看见不贤德的人就要反省自己。

(12)君子博学而日参省乎己，则知明而行无过矣。

【出处】荀子《劝学》

【译文】君子广博地学习知识外，而且每天对自己进行反省和检查，那么就会见识高远而行动不会错误。

(13)见善则迁，有过则改。

【出处】《周易·益·象》

【译文】见到美好的人和事就努力学习，有了错误就马上改正。

(14)改身之过，迁身之善，谓之"修身"。

【出处】颜元《颜习斋先生言行录》

【译文】改正自身的过错，发扬自身的优点，这就是所说的"修身"。

(15)(孟子)曰："古之人，得志，泽加于民；不得志，修身见于世。穷则独善其身，达则

兼善天下。”

【出处】《孟子·尽心上》

【译文】（孟子）说：“古代的人，得意时，恩泽加于百姓；不得意时，修养个人品德，以此向世人表现。穷困时自己修养成高贵品质，得意时便把一些善事给予天下之人。”

（16）有匪君子，如切如磋，如琢如磨。

【出处】《诗·卫风·淇奥》

【译文】有一位文雅的君子，修养自己的道德，好像做一件精美的骨器、精良的玉器一样（认真地加工、制作方能成功）。

（17）子曰：“好学近乎知，力行近乎仁，知耻近乎勇。知斯三者，则知所以修身……”

【出处】《中庸》

【译文】孔子说：“喜欢学习的品格接近于智慧，努力行善的品格接近于仁爱，知道羞耻的品格接近于勇敢。一个人懂得这三点，也就懂得如何修养自己的品德了……”

（18）修身之要：言忠信，行笃敬，惩忿窒欲，迁善改过。

【出处】《朱子大全·白鹿洞书院提示》

【译文】修身的要点包括：说话要忠诚、信实，行为要实际、恭敬，惩戒愤恨，消除贪欲，向好处去做，把过错改掉。

（19）自昔孔门相传之法，一则曰慎独，再则曰慎独。

【出处】刘宗周《刘子全书·人谱续》

【译文】当年孔子及其门人相传（修养自己）的主要方法，一是在无人监督之下控制自己修德避恶的慎独，再一个还是慎独。

（20）我有三宝，持而保之。一曰慈，二曰俭，三曰不敢为天下先。

【出处】《老子》

【译文】我有三件宝贝，一直保持并坚守着。第一是慈爱，第二是节俭，第三是不敢领先于天下人。

二、诚信

（1）一言既出，驷马难追。

【出处】《增广贤文》

【译文】一句话一旦说出口了，就是用四匹马拉的车去追也难以追回。（比喻话说出口就不能再收回。）

（2）诚者，天之道者，思诚者，人之道也。

【出处】《孟子·离娄上》

【译文】诚是宇宙万物存在的基础，追求诚是做人的根本要求。

（3）言必信，行必果，硁硁然小人哉。

【出处】《论语·子路》

【译文】说了的话就一定要守信用，做事一定要办到，不拖拉。

(4)孔子曰：与朋友交，言而有信。

【出处】《论语 · 学而》

【译文】孔子说：与朋友交往，说话要守信用。

(5)人之所助者，信也。

【出处】《周易》

【译文】对人最有帮助的是诚实守信。

(6)不宝金玉，而忠信以为宝。

【出处】《礼记》

【译文】金银玉帛不能算作宝贝，真正的宝贝应该是忠信

(7)丈夫一言许人，千金不易。

【出处】《资治通鉴 · 唐纪》

【译文】大丈夫答应别人一句话，即使许以千金也不会改变。

(8)马先驯而后求良，人先信而后求能。

【出处】《淮南子》

【译文】马先看是否驯服而后看是否优良；人应当先看是否讲信用，然后再看他的能力如何。表明用人应重视他的品德。

(9)子曰："人而无信，不知其可也。

【出处】《论语 · 为政》

【译文】一个人不讲信用，真不知道怎么能行。指人不讲信用是不行的。

(10)志不强者智不达，言不信者行不果。

【出处】《墨子》

【译文】意志不坚强的人，智慧也不通达；言语不诚实的人，做事也不会有成果。

(11)诚者，天之道也；思诚者，人之道也。

【出处】《孟子 · 离娄上》

【译文】诚是自然规律，追求诚是做人的规律。

(12)小信诚则大信立。

【出处】《韩非子》

【译文】小小的信诚建立大大的信誉。

(13)以诚感人者，人亦诚而应。

【出处】宋 · 程颐

【译文】用真诚感动别人的人，别人也会用真诚来回应。

(14)人无忠信，不可立于世。

【出处】宋 · 程颐

【译文】一个人如果不讲忠诚，信义。那么他将无法在世界上立足。

(15)人背信则名不达。

【出处】西汉·刘向

【译文】人不守信用，说过的话做不到。人的诚信度就降低了，别人也就不相信你了。你的名誉，信誉，在别人眼里就一钱不值了。

(16)诚信者，天下之结也。

【出处】《墨子》

【译文】诚信，是社会人际关系的精神纽带。

(17)不须犯一口说，不须着一意念，只凭真真诚诚行将去，久则自有不言之信，默成之孚。

【出处】明·吕坤

【译文】做人要讲诚信，不管别人怎么说怎么想，你只要有真诚真诚的做事时间长了不用说别人都会相信你的，会默许你是个有信用的人。

(18)民无信不立。

【出处】《论语·颜渊》

【译文】人没有信用就没有立足之地。一个国家不能得到老百姓的信任就要垮掉。

(19)以信接人，天下信人；不以信接人，妻子疑之。

【出处】三国·杨泉《物理论·卷一》

【译文】以诚信的态度对人，天下人都会信任他；而不以诚信态度对人，连妻儿都会怀疑他。

(20)信犹五行之土，无定位，无成名，而水金木无不待是以生者。

【出处】宋·朱熹

【译文】诚信就像是五行之中的土一样，默默无闻，没有(浮华的)地位，没有(显赫的)威名，然而五行之中的水、金、木(等元素)没有不依赖土而存在的。

三、仁德

(1)孟子曰："君子所以异于人者，以其存心也。君子以仁存心，以礼存心。仁者爱人，有礼者敬人。爱人者，人恒爱之；敬人者，人恒敬之。"

【出处】《孟子·离娄下》

【译文】孟子说："君子之所以不同于一般人，是因为他内心所怀的念头不同。君子内心所怀的念头是仁和礼。仁爱的人爱别人，守礼的人尊敬别人。爱别人的人，人们总是爱他；尊敬别人的人，别人会一直尊敬他。"

(2)君子无终食之间违仁，造次必于是，颠沛必于是。

【出处】《论语·里仁》

【译文】君子没有一顿饭的时间离开仁德。匆促急遽的时候一定和仁德同在，就是在颠沛流离的时候一定和仁德同在。

(3)平生德义人间颂,身后何须更立碑。

【出处】唐·徐寅

【译文】一生中道德和节义得到人们颂扬,死后何须再树碑立传。

(4)勿以恶小而为之,勿以善小而不为。

【出处】《三国志·蜀书·先主传》

【译文】对任何一件事,不要因为它是很小的、不显眼的坏事就去做;相反,对于一些微小的却有益于别人的好事,不要因为它意义不大就不去做它。

(5)仁人者,正其道不谋其利,修其理不急其功,致无为而习俗化,可谓仁圣也。

【出处】秦·吕不韦《春秋繁露·对胶西王越大夫不得为仁》

【译文】有仁德的人,端正好他们的道德,不谋求他们的利益;修整好他们的准则,不急于求其功效。达到无为而治,习俗风尚惇化,就可称谓仁圣境界了。

(6)君子莫大乎与人为善。

【出处】《孟子·公孙丑上》

【译文】君子最大的长处就是用高尚、仁义的心去对待别人。

(7)秉德无私,参天地兮!

【出处】战国楚·屈原《橘颂》

【译文】怀抱美德,没有私念,可以参天配地,与天地长存。

(8)仁者与天地万物为一体,莫非己也。认得为己,何所不至?若不有诸己,自不与己相干。如手足不仁,气已不贯,皆不属己。故"博施济众",乃圣之功用。

【出处】宋·程颐《河南程氏遗书》

【译文】有仁德的人同天地万物成为一体,没有一物不属自身。都看作自身,还有什么仁爱的事不能做呢?如果不属于自身,自然不与自己相关。如同手足麻木不仁时,血气已经不贯通了,好像不属于自身了。所以,"广施恩惠,救济众人",是圣德的功用。

(9)子夏曰:"三王之德参与天地,敢问如何斯可以参天地矣?"孔子曰:"奉三无私以劳天下。"子夏曰:"敢问何谓三无私?"孔子曰:"天无私覆,地无私载,日月无私照,奉斯三者以劳天下,此之谓三无私。"

【出处】《礼记·孔子闲居》

【译文】子夏问道:"夏禹、商汤、周文王的德行与天地相配,请问先生,怎样才可以称为与天地相配?"孔子说:"要奉行三无私来为天下操劳。"子夏又问:"请问什么叫三无私?"孔子说:"像天无私地覆盖大地,像地无私地承载万物,像日月无私地照耀人间,奉行这三种无私的精神为天下人操劳,这就叫三无私。"

(10)君子之于物也,爱之而弗仁;于民也,仁之而弗亲。亲亲而仁民,仁民而爱物。

【出处】《孟子·尽心上》

【译文】君子对待万物，爱惜它，却不用仁德对待它；对于百姓，用仁德对待他，却不亲近他。君子先亲爱亲人，因而仁爱百姓；仁爱百姓，因而爱惜万物。

(11)德不广不能使人来，量不宏不能使人安。

【出处】明·刘基《郁离子·德量》

【译文】恩德不广博，则不能招揽人才；气量不宏大，则不能安定人才。

(12)士有百行，以德为首。

【出处】《三国志》

【译文】志士有百种品行，把德看作是第一位。后来用来说明做人要把“美德”放在首位。

(13)子曰：“唯仁者能好人，能恶人。”

【出处】《论语·里仁》

【译文】孔子说：“只有仁人才能够以正确的态度去关爱人，也才能够以正确的态度去憎恨人。”

(14)子曰：“志士仁人，无求生以害仁，有杀身以成仁。”

【出处】《论语·卫灵公》

【译文】孔子说：“志士仁人，不能为求生而损害仁德，只能牺牲自己来成全仁德。”

(15)子曰：“君子道者有三，我无能焉：仁者不忧，知者不惑，勇者不惧。”子贡曰：“夫子自道也。”

【出处】《论语·宪问》

【译文】孔子说：“君子达到的三个方面，我都没有做到：仁德的人遇事不忧愁，智慧的人不迷惑，勇敢的人无所畏惧。”子贡说：“这三点正是老师的自我评论啊。”

(16)子曰：“君子义以为质，厉以行之，孙以出之，信以成之。君子哉！”

【出处】《论语·卫灵公》

【译文】孔子说：“君子把义作为做人的根本，用礼仪来实行它，用谦虚的话来表达它，用诚实的态度来完成它。这才是君子啊！”

(17)子曰：“出门如见大宾，使民如承大祭。及所哺育，勿施于人。在邦无怨，在家无怨。”

【出处】《论语·颜渊》

【译文】孔子说：“出门做事就像接待贵宾一样认真，役使老百姓就像承担重大祭祀一样慎重。凡是自己不愿做的事，也不要强加给别人。无论在邦国里做事，在家族里做事，都不要让人怨恨自己。”

(18)子曰：“刚、毅、木、讷，近仁。”

【出处】《论语·子路》

【译文】孔子说：“刚强、果断、朴实、言语谨慎，这些品格接近于仁。”

(19)子曰:“里仁为美。择不处仁,焉得知?”

【出处】《论语·里仁》

【译文】孔子说:“居住在有仁德风气的地方是美好的。挑选住处,不选有仁风的地方,怎么能说是聪明呢?”

(20)子曰:“当仁,不让于师。”

【出处】《论语·卫灵公》

【译文】孔子说:“面对着合乎仁德的事,可以不必对老师讲谦让。”

研史悟志篇

一、为政

(1)则是天地交而万物通也;上下交而其志同也。

【出处】《周易·泰卦·象辞》

【译文】天与地的阴阳之气互相交流,世间万物就能顺利生长繁衍;君主和民众互相沟通,就能做到君民一心。

(2)故官无常贵,而民无终贱。有能则举之,无能则下之。

【出处】《墨子·尚贤》

【译文】官员不会永远是高贵的,平民也不会永远是低贱的。有才能的人就把他提拔起来,没才能的人就罢免他的官职。

(3)克明俊德,以亲九族。九族既睦,平章百姓。百姓昭明,协和万邦。

【出处】《尚书·尧典》

【译文】(尧)能发扬自己的崇高品德,使整个家族亲密和睦。整个家族和睦了,就能明察并公平表彰宫廷百官。明察并公平表彰宫廷百官,就能使诸侯国友善和睦。

(4)从来治国者,宁不忘渔樵。

【出处】明·谢榛

【译文】从来治理国家的人,都不能忘记最普通的老百姓。

(5)制国有常,而利民为本;从政有经,而令行为之。

【出处】《战国策·赵策》

【译文】国家的制度有其平常规律,而有利于民众作为根本,做官从政有规范原则,而使政令通达实行作为最主要的。

(6)君子不以口誉人,则民作忠。故君子问人之寒,则衣之;问人之饥,则食之;称人之美,则爵之。

【出处】《礼记·表记》

【译文】君子不是只在口头上称赞别人,百姓就会兴起忠实的风气。所以君子通过询问(确定)别人寒冷,就给他衣服穿;通过询问(确定)别人饥饿,就给他饭吃;称赞别人的品行,就授予他官职。(注:此处君子指在高位的人。)

(7)仓廪实则知礼节,衣食足则知荣辱。

【出处】《管子·牧民》

【译文】百姓的粮仓满了,才会知道礼仪和规矩;百姓丰衣足食了,才会知道荣誉和耻辱。

(8)先王之立礼也,有本有文。忠信,礼之本也。义理,礼之文也。无本不立,无文不行。

【出处】《礼记·礼器》

【译文】前代君王制定社会的典章制度和社会规范,有内在的精神基础也有外在的表现形式。忠诚守信,是制度规范内在的精神基础;天地间的规律,人心中的道理,是制度规范外在的表现形式。如果没有内在的精神基础,那么制度规范就不能成立;如果没有外在的表现形式,那么制度规范就不能施行。

(9)为天地立心,为生民立命,为往圣继绝学,为万世开太平。

【出处】《横渠语录》

【译文】(君子要)为天地建立一套精神价值体系,为百姓确立一套正确的思想准则,继承历史上的圣人中断的学术传统,为未来的时代开辟太平基业。

(10)子曰:"其身正,不令而行;其身不正,虽令不从。"

【出处】《论语·子路》

【译文】孔子说:"自己身正,即使不下达命令,群众也会自觉去做;自身不正,即使下达了命令,群众也不会服从。"

(11)子曰:"道之以政,齐之以刑,民免而无耻。道之以德,齐之以礼,有耻且格。"

【出处】《论语·为政》

【译文】孔子说:"统治者用政令来引导百姓,用刑罚来整顿不服从政令者,老百姓只求能免于犯罪受惩罚,却没有廉耻之心。统治者用道德引导百姓,用礼制去约束他们,百姓不仅会有羞耻之心,而且会自觉地走到正道上来。"

(12)或问:"何以治国?"曰:"立政。"曰:"何以立政?"曰:"政之本,身立则政立矣。"

【出处】《法言·先知》

【译文】有人问:"怎样治国呢?"回答是:"要确立政令。"又问:"怎样确立政令呢?"回答是:"确立政令的根本在于每个人(加强自己的修养后)立正自己的身子,这样国家的政令自然能确立了。"

(13)主不可以怒而兴师,将不可以愠而致战。合于利而动,不合于利而止。怒可以复喜,愠可以复悦,亡国不可以复存,死者不可以复生。故明君慎之,良将警之。此安国全军之道也。

【出处】《孙子兵法·火攻篇》

【译文】国君不可因一时的愤怒而发动战争,将帅不可因一时的怨恨而出兵交战。符合国家的利益才用兵,不符合国家的利益便停止行动。愤怒之后还可以再次欢喜,怨恨之后也可以再次高兴，但是国家灭亡了便不可能再次存在，人死了也不会再次复活。所以，明智的国君要慎重对待战争，贤能的将帅对战争要小心警惕。这是安定国家、保全军队的基本原则。

(14)凡为天下国家有九经。曰：修身也，尊贤也，亲亲也，敬大臣也，体群臣也，子庶民也，来百工也，柔远人也，怀诸侯也。

【出处】《中庸》

【译文】通常治理国家有九条刚要，分别是：修养自己的品德，尊重有贤德的人，关爱自己的亲人，敬重朝中的重臣，体恤群臣，爱护百姓如同爱护自己的儿子，招纳各种有技术的工匠，感化偏远地方的民族，安抚各地的诸侯。

(15)所任者得其人，则国家治、上下和、群臣亲、百姓附；所任非其人，则国家危、上下乖、群臣怨、百姓乱。

【出处】汉·刘安《淮南子》卷九《主术训》

【译文】如所任用的人得当，就会使国家安宁、上下和睦、群臣关系融洽、老百姓归附；人用的人不得当，就会国家危难、上下不协调、群臣互相怨恨、老百姓作乱。

(16)所谓天下平，在治其国者：上老姥，而民兴孝；上长长，而民兴弟；上恤孤，而民不倍。是以君子有絜矩之道也。

【出处】《大学》

【译文】之所以说使天下太平在于治理好自己的国家，是因为：君主若能孝敬老人，那么民众就会崇尚孝道；君主若能敬重长辈，那么民众就会盛行恭敬长辈之风；君主若能体恤孤弱，那么民众绝不会背弃他。因此，君子应以身作则，用自己的言行来示范。

(17)位在十人之上者，必处十人之下；位在百人之上者，必处百人之下；位在天下人之上者，必处天下人之下。

【出处】清·唐甄《潜书》

【译文】所处的职位在十人之上的人，必须把自己放在十人之下，职位在百人之上，必须把自己放在百人之下，职位在天下人之上的人，必须把自己放在天下人之下。

(18)礼以行义，以义生利，利以平民，政之大节也。

【出处】《左传·成公二年》

【译文】人人遵守礼法才会做仁义之事，对人仁义则利人利己，使普通的百姓都能享受利益，这才是治理国家的大事啊。

(19)先圣王之治天下，必先公，公则天下平矣。

【出处】《吕氏春秋·贵公》

【译文】历代贤明君主治理天下，都以公字为先，所以国家安定。

(20)治国之道，富民为始。

【出处】汉·司马迁《史记·平津侯主父偃列传》

【译文】治理国家的道理,应从让人民富裕开始。

二、爱国

(1)天下兴亡,匹夫有责。

【出处】明·顾炎武《日知录·正始》

【译文】国家的兴旺、衰败,每一个人都负有很大的责任。

(2)小来思报国,不是爱封侯。

【出处】唐·岑参《关人赴安西》

【译文】从小就想着报效祖国,而不是想着要封侯当官。

(3)有益国家之事虽死弗避。

【出处】明·吕坤《呻吟语·卷上》

【译文】对国家有利的事情要勇敢地去做,就算有死亡的危险也不躲避。

(4)风声、雨声、读书声,声声入耳;家事、国事、天下事,事事关心。

【出处】明·顾宪成《名联谈趣》

【译文】风声、雨声、琅琅读书声,都进入我们的耳朵,所以,作为一个读书人,家事、国事,天下的事情,各种事情都应该关心,不能只是死读书.

(5)忧国忘家,捐躯济难。忠臣之志也。

【出处】三国·曹植《求自诫表》

【译文】忧虑国家大事忘记小家庭,为拯救国家危难而捐躯献身,这都是忠臣的志向。

(6)大丈夫处世,当扫除天下,安事一室乎?

【出处】汉·陈蕃

【译文】有志气的人活在世上,应当敢于跟各种不利于国家的行为作斗争,哪能只满足于处理好自己小家的小事呢?

(7)报国之心,死而后已。

【出处】宋·苏轼《杭州召还乞郡状》

【译文】报效祖国的志向到死都不会变。

(8)临患不忘国,忠也;思难不越官,信也;图国忘死,贞也。谋主三者,义也。

【出处】《左传·昭公元年》

【译文】临祸患而不忘国家,这是忠心的表现,;想到危难而不放弃职守,这是诚意的体现;为了国家的利益而置生死于度外,这是坚贞的表现。计谋以这三者为主体,这是行为合于道义的体现。

(9)长太息以掩涕兮,哀民生之多艰。

【出处】屈原《离骚》

【译文】我长叹一声啊,止不住那眼泪流了下来,我是在哀叹那人民的生活是多么的艰难!

(10)苟利国家,不求富贵。

【出处】《礼记·儒行》

【译文】如果这个事有利于国家,那么就算会影响个人的富贵也要去做。就是以大体为重,不计个人得失。

(11)烈士之爱国也如家。

【出处】东晋·葛洪《抱朴子·外篇·广譬》

【译文】烈士爱国就如爱他的家一样。

(12)王师北定中原日,家祭无忘告乃翁。

【出处】宋·陆游《示儿》

【译文】当大宋军队收复了中原失地的那一天到来之时,你们举行家祭的时候,千万别忘把这好消息告诉你们的父亲。表达了诗人至死念念不忘“北定中原”、统一祖国的深挚强烈的爱国感情。

(13)精忠报国。

【出处】《宋史·岳飞列传》

【译文】为国家竭尽忠诚,牺牲一切。

(14)人生自古谁无死,留取丹心照汗青。

【出处】宋·文天祥《过零丁洋》

【译文】自古人生在世,谁没有一死呢?为国捐躯,死得其所,(让我)留下这颗赤诚之心光照青史吧!

(15)捐躯赴国难,视死忽如归。

【出处】三国·曹植《白马篇》

【译文】为了解除国难献身,把死亡看作回家一样。意思是为国献身,去血洒疆场,赢得胜利与自由的荣光。

(16)丈夫不报国,终为贫贱人。

【出处】清·陈恭尹《射虎射石头》

【译文】每个人都要有报国的精神,爱护自己的国家,为国做事(献身)!

(17)位卑未敢忘忧国,事定犹须待盖棺。

【出处】宋·陆游《病起书怀》

【译文】虽然自己地位低微,但是从没忘掉忧国忧民的责任。

(18)了却君王天下事,赢得生前身后名。

【出处】宋·辛弃疾《破阵子·为陈同甫赋壮词以寄之》

【译文】一心想替君主完成收复国家失地的大业,取得世代相传的美名。

(19)先天下之忧而忧,后天下之乐而乐。

【出处】宋·范仲淹《岳阳楼记》

【译文】为国家分忧时。比别人先。比别人急;享受幸福,快乐时,却让别人先,自己居后。

(20)苟利国家生死以,岂因祸福避趋之。

【出处】清·林则徐《赴戎登程口占示家人》

【译文】只要对国家有利,即使牺牲自己生命也心甘情愿,绝不会因为自己可能受到祸害而躲开。

三、励志

(1)路漫漫其修远兮,吾将上下而求索。

【出处】《楚辞·离骚》

【译文】无论前面的道路多么漫长而遥远,我将继续追求真理努力探索。

(2)鞠躬尽瘁,死而后已。

【出处】三国蜀·诸葛亮《后出师表》

【译文】不辞辛劳,勤勤恳恳,小心谨慎,竭尽全力,贡献出全部精神和力量,一直到逝世为止。

(3)莫等闲,白了少年头,空悲切。

【出处】宋·岳飞《满江红》

【译文】不要空空等到头发都斑白了,徒劳地在那里悲切,人生应该趁着年轻去追求。

(4)老骥伏枥,志在千里。烈士暮年,壮心不已。

【出处】曹操《龟虽寿》

【译文】老马虽然卧在马棚里,却仍然有驰骋千里的志向;有抱负的人即使到了晚年,雄心壮志也不会衰减。

(5)天行健,君子以自强不息。

【出处】《周易·乾卦·象辞》

【译文】大自然的运行强劲有力、奔腾不息,君子也应如此,努力进取,永不停止。

(6)夫志当存高远,慕先贤,绝情欲,弃疑滞,使庶几之志,揭然有所存,恻然有所感。

【出处】《诸葛亮集·诫外甥书》

【译文】一个人应当有高尚远大的志向,仰慕先贤,戒绝情欲,抛弃阻碍前进的因素,使先贤的志向,在自己身上显著地得到存留,在自己内心深深地引起震撼。

(7)锲而舍之,朽木不折;锲而不舍,金石可镂。

【出处】《荀子·劝学》

【译文】刻几下就放弃不做了,即使是腐烂的木头也刻不断。坚持不懈地刻下去,即使是金属和石头也可以雕刻成功。

(8)曾子曰:“士不可以不弘毅,任重而道远。仁以为己任,不亦重乎?死而后已,不亦远乎?”

【出处】《论语·泰伯》

【译文】曾子说："有抱负的人不可以不宽宏大量、刚强勇敢，(因为)他责任重大，奋斗的历程又很遥远。把实现仁的理想看作自己的使命，责任能不重大吗？到死了才停止，路途能不遥远吗？"

(9)孟子曰："故天将降大任于是人也，必先苦其心志，劳其筋骨，饿其体肤，空乏其身，行拂乱其所为，所以动心忍性，曾益其所不能。"

【出处】《孟子·告子下》

【译文】孟子说："所以上天如果要把重任交付这个人，那么首先必定要磨炼他的心志，劳累他的身体，使他忍受饥饿，使他的体力消耗殆尽，在他做事情的时候干扰他。这样可以让他的内心受到震撼、性格变得坚忍，从而增加他所不具备的才能。"

(10)不积跬步，无以至千里；不积小流，无以成江海。

【出处】《荀子·劝学》

【译文】不小步一小步地累积行程，就不能到达千里远的地方；不汇聚细小的流水，就无法形成浩瀚的江海。

(11)有志者事竟成。

【出处】《后汉书·耿列传》

【译文】有志气有毅力的人，最后一定能把事情作成功。

(12)贫不足羞，可羞是贫而无志。

【出处】明·吕坤

【译文】贫穷不足以令你感觉羞耻，让你觉得羞耻的应该是既贫穷又没有志气。

(13)富贵不能淫，贫贱不能移，威武不能屈，此之谓大丈夫。

【出处】《孟子·滕文公下》

【译文】高官厚禄收买不了，贫穷困苦折磨不了他的心志，强暴武力威胁不了，这就是所谓大丈夫。大丈夫的这种种行为，表现出了英雄气概，我们今天就叫作有骨气。

(14)取乎其上，得乎其中；取乎其中，得乎其下；取乎其下，则无所得矣。

【出处】《论语》

【译文】定高目标有利于激发人的动力和斗志，即使达不到目标，退其次而求之也不错。或者说做事要作最充分的准备，要付出高于目标的努力来达到目标。

(15)不以穷变节，不以贱易志。

【出处】桓宽《盐铁论》

【译文】不因为不得志而改变气节，不因为地位卑下而改变志向。

(16)为者常成，行者常至。

【出处】《晏子春秋》

【译文】坚持不懈做事的人，总会成功；不停步向前走的人，总会到达目的地。

(17)穷当益坚,老当益壮。

【出处】《后汉书》

【译文】处境越穷困,意志应当越坚定。老年人越是年长,精神应当越壮豪。

(18)驽马十驾,功在不舍。

【出处】《荀子》

【译文】马不停地走十天(也能走很远的距离),他的成功在于不断行走。

(19)老当益壮,宁移白首之心;穷且益坚,不坠青云之志。

【出处】唐·王勃《滕王阁序》

【译文】年纪老迈而情怀更加豪壮,岂能因白发而改变人的心愿?境遇艰难而意志越发坚定,决不会坠掉直凌青云的志向。

(20)有志者,事竟成。

【出处】《后汉书·耿弇传》

【译文】只要志向坚定,就一定能完成既定的目标。

思辨博文篇

一、勤学

(1)故学然后知不足,教然后知困。知不足,然后能自反也。知困,然后能自强也。故曰教学相长。

【出处】《礼记·学记》

【译文】所以说只有通过学习,才能知道自己的不足;只有通过教学实践,才能知道自己仍然有困惑的地方。知道自己的不足,才能自我反省;知道自己的困惑,才能发愤图强。所以说:“教与学二者是相互促进的”。

(2)子曰:“三人行,必有我师焉。择其善者而从之,其不善者而改之。”

【出处】《论语·述而》

【译文】孔子说:“几个人同行,其中一定有可以做我老师的人。我选择他们的优点加以学习,看到他们的缺点,就反思自己应该改正的地方。”

(3)青,取之于蓝而青于蓝。

【出处】《荀子·劝学》

【译文】靛青这种染料,是从蓝草中提取出来的,但比蓝草的颜色更青(比喻学生超过老师或后辈超过前辈)。

(4)汤之《盘铭》曰:“苟日新,日日新,又日新。”

【出处】《大学》

【译文】商汤在《盘铭》(沐浴用的水盘上刻的座右铭)上说:“如果能每天除旧更新,就要在新的基础上每天继续更新,永不间断。”

(5)虽有佳肴,弗食,不知其旨也。虽有至道,弗学,不知其善也。是故学然后知不足,教然后知困。知不足,然后能自反也;知困,然后能自强也。

【出处】《礼记·学记》

【译文】即使有美味佳肴,不去品尝,就不知道它的味道鲜美;即使有最好的方法,不去学习,就不知道它的益处。所以学习以后就会知道不足,教学以后就会知道困难。知道不足,然后就能反过来要求自己;知道困难,然后就能自强不息。

(6)心不欲杂,杂则神荡而不收;心不欲劳,劳则神疲而不入。

【出处】清·金兰生《传世言·学问类》

【译文】治学不能心念芜杂，因为心态太杂就会动摇不定，难以集中；读书不能过分勤苦，因为过分勤苦就会精神疲惫，不能深入。

(7)子曰："吾十有五志于学，三十而立，四十而不惑，五十而知天命，六十而耳顺，七十而从心所欲，不逾矩。"

【出处】《论语·为政》

【译文】孔子说："我十五岁有志于学问；三十岁就可以独立处事了；四十岁便遇事不迷惑；五十岁就已经认识到了自己这一生的道路；六十岁，一听别人言论便可以分辨真假，判明是非；到了七十岁便随心所欲，做任何事都不越出规矩。"

(8)孔子曰：敏而好学，不耻下问。

【出处】《论语·公冶长》

【译文】天资聪明而又好学的人，不以向地位比自己低、学识比自己差的人请教为耻。形容谦虚好学。

(9)圣人之道，未有不一者也。一则未有不贯者也，二三则非道也。

【出处】清·朱舜水《朱舜水集》

【译文】圣人做学问的方法是专一，能专一就可融会贯通；如果三心二意，就不是圣人的方法。

(10)人非生而知之者，孰能无惑？

【出处】韩愈《师说》

【译文】人不是生来就什么都知道的，谁能没有疑难问题呢？说明向他人求学的重要性。

(11)非学无以广才，非志无以成学。

【出处】三国·诸葛亮《诫子书》

【译文】不努力学习就不能增长才智，不立志就无法成就学业。

(12)读书百遍，其义自见。

【出处】西晋·陈寿《三国志》

【译文】读书读的多了，书中的意思就自然能够领会。

(13)君子之学必日新。日新者，日进也。不日新者必日退，未有不进而不退者。【出处】《二程语录》

【译文】一个君子学习时一定要天天新。能天天新，就能天天进步。不天天进步必然天天后退，从来没有既不进又不退的事情。

(14)一日无书，百事荒芜。

【出处】西晋·陈寿

【译文】一日没有看到书，就觉得人生所有的事情都没有了兴趣。

(15)读书破万卷，下笔如有神。

【出处】唐·杜甫《奉赠韦左丞丈二十二韵》

【译文】将万卷书破透了，下笔写文章就犹如有神助。

(16)立身以立学为先，立学以读书为本。

【出处】宋·欧阳修《欧阳文忠公文集》

【译文】修养品行从学习开始，学习以读书为根本

(17)黑发不知勤学早，白首方悔读书迟。

【出处】唐·颜真卿《劝学诗》

【译文】年轻的时候不知道勤奋学习，到了满头白发的晚年就会后悔。

(18)书卷多情似故人，晨昏忧乐每相亲。

【出处】明·于谦《观书》

【译文】书本就如我的恋人、古人一般多情，每日从清晨到晚上和我忧乐相伴就如同亲人。

(19)发奋识遍天下字，立志读尽人间书。

【出处】宋·苏轼

【译文】鸟要想飞得高就首先要振动翅膀，人要想追求上进就应该先读书。

(20)读万卷书，行万里路。

【出处】明·刘彝《画旨》

【译文】这句话有两层含义，"读万卷书"是指应该全面吸收书本知识，使自己具有渊博、扎实的文化素养；"行万里路"是指不能单纯地沉迷于书本，还必须广泛了解、认识和接触社会，并把书本知识应用于社会实践。综合这两句话的整体内涵，就是既要重视书本知识，也要重视社会实践，或者说必须注重理论与实践的有机结合。

二、处世

(1)乱之所生也，则言语以为阶。君不密则失臣，臣不密则失身，几事不密则害成。是以君子慎密而不出也。

【出处】《周易·系辞上》

【译文】很多暴乱的发生，都是由言语引起的。国君不能保密，就会失去大臣；大臣不能保密，就会丧失性命；决定命运的秘密如果泄露出去，一定会带来灾祸。因此，君子都严守秘密不随意乱说话。

(2)《易》穷则变，变则通，通则久。是以自天佑之，吉无不利。

【出处】《周易·系辞下》

【译文】《易经》的法则是：天下事物到了穷尽的时候就会变化，变化才能通达，通达才能保持长久。因此，只要我们顺应自然的规律，就会事事顺利，所到之处没有阻碍。

(3)君子安而不忘危，存而不忘亡，治而不忘乱，是以身安而国家可保也。

【出处】《周易·系辞下》

【译文】君子在安全的时候，不会忘记危险；在生存的时候，不会忘记灭亡的危机；在国家安定时，不会忘记存在发生祸乱的可能。这样，才能保全自己，并且保住国和家。

(4)夫爱人者，人必从而爱之。利人者，人必从而利之。恶人者，人必从而恶之；害人者，人必从而害之。

【出处】《墨子·兼爱》

【译文】爱别人的人，别人也必然会爱他；为别人谋利的人，别人也必然会为他谋利；讨厌别人的人，别人也必然会讨厌他；伤害别人的人，别人也必然会伤害他。

(5)沧浪之水清兮，可以濯吾缨；沧浪之水浊兮，可以濯我足。

【出处】《楚辞·渔夫》

【译文】沧浪之水如果清澈啊，可以用来洗我帽子上的丝带；沧浪之水如果浑浊啊，可以用来洗我的双脚。

(6)不恒其德，无所容也。

【出处】《易经·咸传·恒》

【译文】人不能永远保持自己的高尚品德，就会招来人家的猜疑，这样的人就不能立身在世间了。

(7)子曰："巧言乱德。小不忍，则乱大谋。"

【出处】《论语·卫灵公》

【译文】孔子说："花言巧语会败坏德行。小事情不能忍耐，就会扰乱大计划。"

(8)子曰："己所不欲，勿施于人。"

【出处】《论语·颜渊》

【译文】孔子说："自己不喜欢的事，也不要强加给别人。"

(9)孟子曰："鱼，我所欲也，熊掌，亦我所欲也；二者不可得兼，舍鱼而取熊掌者也。生亦我所欲也，义亦我所欲也；二者不可得兼，舍生而取义者也。"

【出处】《孟子·告子上》

【译文】孟子说："鱼，是我想得到的；熊掌，也是我想得到的，如果两者不能同时得到，便舍弃鱼而选择熊掌。生命，是我所热爱的；道义，也是我所热爱的，如果两者不能同时得到，便舍弃生命而选择道义。"

(10)孟子曰："君子有三乐，而王天下不与存焉。父母俱存，兄弟无故，一乐也；仰不愧於天，俯不怍于人，二乐也；得天下英才而教育之，三乐也。"

【出处】《孟子·尽心上》

【译文】孟子说："有三件能让君子真正感到快乐的事情，但是称王于天下不包括在内。父母都健在，兄弟没有灾难变故，这是第一件事；抬头无愧于天，低头无愧于人，这是第二件事；得到天下的优秀人才并且教导、培育他们，这是第三件事。"

(11)穷则独善其身，达则兼济天下。

【出处】《孟子·尽心上》

【译文】困顿的时候就修养好自己的品德，发达的时候就帮助天下人修养好自己的品德。

(12)不自见，故明；不自是，故彰；不自伐，故有功；不自矜，故长。夫唯不争，故天下莫能与之争。

【出处】《老子》

【译文】不炫耀，反而能够显明自己；不自以为是，反而能够彰显自己；不自我夸耀，反而能显现自己的功德；不自高自大，反而能保持长久。这样的人正因为不与别人争，所以天下没有人能与他争。

(13)知人者智，自知者明。胜人者有力，自胜者强。知足者富，强行者有志，不失其所者久，死而不亡者寿。

【出处】《老子》

【译文】能了解别人的人是有智慧的人，能认识自己的人是清醒的人。能够战胜别人的人有力量，能够战胜自己的人才真正强大。能够知足的人才算真正的富有，能够努力不懈的人才算有志气。不丧失根基立场，才能长久，人死亡而精神仍存留人间的，才算真正的长寿。

(14)人之有德于我也，不可忘也；吾有德于人也，不可不忘也。

【出处】《战国策·魏策四》

【译文】别人对我的恩德，是不能忘记的；而我对别人的恩德，却不能总是不忘。

(15)人不能有傲气，但不可无傲骨。

【出处】国画大师·徐悲鸿

【译文】人不可以骄傲自大，但也不可以失去尊严。

(16)财物轻，怨何生。言语忍，忿自泯。

【出处】清·李毓秀《弟子规·出则悌》

【译文】把财物看轻了，与人相处不斤斤计较财物，怨恨就无从生起。说话相互忍让了，言语能够包容忍让，多说好话，不说坏话，忍住气话，不必要的冲突、怨恨的事情自然消除了。

(17)修己以清心为要，涉世以慎言为先。

【出处】清·金缨《格言联璧·接物》

【译文】所谓自身修养的关键是屏除私心杂念，与人交往首先要言语谨慎。

(18)强中自有强中手，莫向人前满自夸。

【出处】《警世通言》

【译文】尽管你是一个强者，可是一定还有比你更强的人，所以不要在别人面前骄傲自满，自己夸耀自己。

(19)君子欲讷于言而敏于行。

【出处】《论语·里仁》

【译文】君子说话要谨慎而行动要敏捷。

(20)予人方便,予己方便。

【出处】吴承恩《西游记》

【译文】在自己有能力时要尽量为别人提供帮助,在自己无能为力时,才能得到别人的救助。

三、生活

(1)凡人做一事,便需全副精神注在此一事,首尾不懈,不可见异思迁。

【出处】《曾文正公全集》

【译文】一个人做一件事,就一定要把全部的精力都用在这件事上,从头到尾都不能懈怠,不能看见另外的事就改变主意了。

(2)天下古今之庸人,皆以一惰字致败;天下古今之才人,皆以一傲字致败。【出处】《曾文正公全集》

【译文】从古至今,平庸的人大都因为懒惰而导致失败;有才华的人大都因为骄傲自满而导致失败。

(3)盈缩之期,不但在天;养怡之福,可得永年。

【出处】曹操《龟虽寿》

【译文】人寿命的长短,不全是由上天决定的;只要自己把身心调养好,就可以延年益寿。

(4)二人同心,其利断金;同心之言,其臭如兰。

【出处】《周易·系辞上》

【译文】两个人齐心协力,可以把坚硬的金属折断;同心同德的人说的话,就像兰花散发出来的清香。

(5)知足常乐,能忍自安。

【出处】清·金缨《格言联璧》

【译文】知道满足的人经常觉得快乐,能够忍让的人自然感到安逸自在。

(6)天下皆知取之为取,而莫知与之为取。

【出处】南朝刘宋时期·范晔《后汉书》

【译文】人们都知道只有获取别人的东西才是收获,却不知道给予别人也是一种收获。

(7)智者千虑,必有一失;愚者千虑,必有一得。

【出处】《史记》

【译文】不管多聪明的人,在很多次的考虑中,也一定会出现个别错误。平凡的人在许多次考虑中,也会有一次是正确的。

(8)起居时,饮食节,寒暑适,则身利而寿命益。

【出处】《管子·形势解》

【译文】生活作息按时,有规律,饮食上有所节制,不暴饮暴食,穿着适应冷暖变化,那么就会身体健康而益于延长寿命。

(9)临渊羡鱼,不如退而结网。

【出处】汉·班固《汉书·礼乐志》

【译文】人只是站在河边,望着河中肥美的鱼,徒然羡慕,是永远的不到鱼儿的,还不如回家结张网来捕鱼。

(10)子曰:"知之为知之,不知为不知,是知也。"

【出处】《论语·为政》

【译文】孔子说:"知道的事就说自己知道,不知道的事就说自己不知道,这才是真正的智慧。"

(11)凡事豫则立,不豫则废。言前定则不跲,事前定则不困,行前定则不疚,道前定则不穷。

【出处】《中庸》

【译文】做事情时,事先做好准备才有可能成功,不做好准备就会失败。讲话之前考虑好了,语言就不会不流畅;做事之前考虑好了,就不会遇到困难;行动之前考虑好了,就不会事后感到懊悔;执行目标之前考虑好了,就不会陷入困境。

(12)天作孽,犹可违;自作孽,不可逭。

【出处】《尚书·太甲中》

【译文】老天爷(自然规律)造成灾害,还可以避开;如果自己造成灾害,那就不能逃避了。

(13)合抱之木,生于毫末;九层之台,起于累土;千里之行,始于足下。

【出处】《老子》

【译文】伸开两只手臂才能抱住的大树,是从小树苗慢慢长大的;九层的高台,是逐渐用泥土堆积出来的;千里远的行程,是从脚下开始一步一步走出来的。

(14)前事之不忘,后事之师。

【出处】《战国策·赵策一》

【译文】汲取以前的经验教训,并把它作为以后做事的借鉴。

(15)入山问樵,入水问渔。

【出处】《叔苴子·内篇》

【译文】到了大山里,就要请教打柴的人;到了江河边,就要请教捕鱼的人。

(16)乐而不淫,哀而不伤。

【出处】《论语·八佾》

【译文】快乐却不是没有节制，悲哀却不至于过于悲伤。

(17)数罟不入洿池，鱼鳖不可胜食也；斧斤以时入山林，材木不可胜用也。

【出处】《孟子·梁惠王上》

【译文】密孔的渔网不入池沼，鱼鳖就吃不完；斧子、砍刀按季节进入山林，木材就用不完。

(18)毋意，毋必，毋固，毋我。

【出处】《论语·子罕》

【译文】讲事实，不凭空猜测；遇事不专断，不任性，可行则行；行事要灵活，不死板；凡事不以“我”为中心，不自以为是，与周围的人共同完成任务。

(19)孔子曰：君子爱财，取之有道。

【出处】《论语·里仁》

【译文】孔子说：君子爱财，获取它们要有合理的途径。

(20)孔子曰：人无远虑，必有近忧。

【出处】《论语·卫灵公》

【译文】孔子说：一个人如果没有长远打算，一定会有眼前的忧患。

参考文献

[1] 中国国学文化艺术中心.幼儿字源识字教材.北京:语文出版社,2015.

[2] 中国国学文化艺术中心.中华典句.北京:语文出版社,2015.

[3] 王祥之.图解汉字起源.北京:北京大学出版社,2009.

[4] 吴苏仪.画说汉字.西安:陕西师范大学出版社,2011.

[5] 李强.蒙学经典研读.成都:西南交通大学出版社,2015.

[6] 李逸安.三字经·百家姓·千字文·弟子规.北京:中华书局,2009.

[7] 李小龙.千字文全解.北京:人民文学出版社,2009.

[8] 杨忠.千字文新读.北京:科学技术文献出版社,2012.

[9] 顾静.三字经.上海:上海古籍出版社,2007.

[10] 刘宏毅.三字经讲记.海南:海南出版社,2007.

[11] 钱文忠.钱文忠解读三字经.北京:中国民主法制出版社,2009.

[12] 钱文忠.钱文忠解读弟子规.北京:中国青年出版社,2010.

[13] 蔡践.弟子规全鉴.北京:中国纺织出版社,2015.

[14] 冯国超.弟子规.北京:商务印书馆,2015.

[15] 徐梓.蒙学读物的历史透视.武汉:湖北教育出版社,1996.

[16] 徐梓.中华蒙学读物通论:"中华诵经典诵读行动"之名师对话.北京:中华书局,2014.

[17] 钟茂森.朱子治家格言研习报告.北京:中国华侨出版社,2010.

[18] 李里.蒙书讲义.桂林:广西师范大学出版社,2009.

[19] 刘墨菊,陈兵.朱子家训解析.北京:金盾出版社,2013.

[20] 程门立雪.北大国学课.北京:人民邮电出版社,2013.

[21] 宗周,曾睿.蒙学宝典.青岛:青岛出版社,2009.

[22] 李鸣.声律启蒙.北京:中华书局,2013.

[23] 李梦生.千家诗全解.上海:复旦大学出版社,2007.

[24] 张立敏.千家诗.北京:中华书局,2009.

[25] 张玮.神童诗 续神童诗.北京:中华书局,2013.

[26] 王国轩.大学 中庸 孝经.北京:中华书局,2012.